SERVIÇO SOCIAL:
resistência e emancipação?

Dados Internacionais de Catalogação na Publicação (CIP)
(Câmara Brasileira do Livro, SP, Brasil)

Silva, José Fernando Siqueira da
Serviço social : resistência e emancipação? / José Fernando Siqueira da Silva. -- 1. ed. -- São Paulo : Cortez, 2013.

ISBN 978-85-249-2034-9
1. Serviço social - Aspectos políticos 2. Serviço social - Brasil 3. Serviço social - Filosofia 4. Serviço social como profissão I. Título.

13-05274 CDD-361.981

Índices para catálogo sistemático:

1. Brasil : Serviço social 361.981

José Fernando Siqueira da Silva

SERVIÇO SOCIAL:

resistência e emancipação?

CORTEZ EDITORA

SERVIÇO SOCIAL: resistência e emancipação?
José Fernando Siqueira da Silva

Capa: de Sign Arte Visual
Revisão: Maria de Lourdes de Almeida
Composição: Linea Editora Ltda.
Assessoria editorial: Elisabete Borgianni
Editora-assistente: Priscila F. Augusto
Coordenação editorial: Danilo A. Q. Morales

Obra em conformidade ao NOVO ACORDO da Língua Portuguesa

Direitos para esta edição
CORTEZ EDITORA
Rua Monte Alegre, 1074 – Perdizes
05014-001 – São Paulo – SP
Tel. (11) 3864-0111   Fax: (11) 3864-4290
E-mail: cortez@cortezeditora.com.br
www.cortezeditora.com.br

Impresso no Brasil — junho de 2013

Em memória de meu pai, professor "Zé Índio", um atleta da vida.

Para Fátima, Paula e Chico, com carinho.

A Raquel, amiga guerreira de sempre.
Em nome dela aos demais que teimam lutar.

[...] É certo que a arma da crítica não pode substituir a crítica das armas, que o poder material tem que ser derrubado pelo poder material, mas a teoria converte-se em força material quando penetra as massas. A teoria é capaz de se apossar das massas ao demonstrar-se *ad hominem*, e demonstra-se *ad hominem* logo que se torna radical. Ser radical é agarrar as coisas pela raiz. Mas, para o homem, a raiz é o próprio homem. [...] (Marx, 2005b, p. 151).

[...] A democracia para uma ínfima minoria, a democracia dos ricos — tal é a democracia da sociedade capitalista. Se observamos mais de perto o seu mecanismo, só veremos, sempre e por toda parte, restrições ao princípio democrático [...] (Lênin, 2007, p. 105).

[...] Entre os dois extremos, a teoria revisionista ocupa uma posição intermediária. Não visa levar à maturidade as contradições capitalistas e suprimi-las por meio de uma transformação revolucionária, e sim atenuá-las, suavizá-las. [...] (Luxemburgo, 1999, p. 63).

[...] Déjeme decirte, a riesgo de parecer ridículo, que el revolucionario verdadero está guiado por grandes sentimientos de amor. [...] *(Guevara, discurso — 12 de marzo 1965).*

[...] Se eu tivesse de modificar as palavras dramáticas de Rosa Luxemburgo com relação aos novos perigos que nos esperam, acrescentaria a "socialismo ou barbárie" a frase "barbárie se tivermos sorte" — no sentido de que o *extermínio da humanidade* é um elemento inerente ao curso do desenvolvimento destrutivo do capital. [...] (Mészáros, 2003, p. 108-9).

SUMÁRIO

APRESENTAÇÃO
Myrian Veras Baptista 11

CONSIDERAÇÕES INTRODUTÓRIAS: SITUANDO O TEMA PROPOSTO 15

PARTE 1

Sociabilidade burguesa e Serviço Social

CAPÍTULO 1 Reprodução ampliada do capital, intensificação da pobreza e gênese do Serviço Social como profissão ... 29

CAPÍTULO 2 A constituição da ordem burguesa no Brasil e o Serviço Social brasileiro 63

CAPÍTULO 3 Autocracia burguesa e renovação do Serviço Social no Brasil 83

PARTE 2

Serviço Social e mundialização do capital: trabalho e formação profissional em tempos de acumulação flexível

CAPÍTULO 1 Pragmatismo, utilitarismo e decadência teórico-prática no Serviço Social: retomando velhas-novas tensões 119

CAPÍTULO 2 Serviço Social: de qual emancipação se fala? 184

CAPÍTULO 3 Reafirmando o debate marxista no Serviço Social...... 221

COMENTÁRIOS INCONCLUSIVOS 257

REFERÊNCIAS 267

APRESENTAÇÃO

Apresentar este livro, escrito por José Fernando Siqueira da Silva, tem para mim um significado especial: é uma produção madura e crítica de um intelectual engajado, que tive a felicidade de acompanhar em seus primeiros passos — quando já se evidenciava sua capacidade intelectual de reflexão e seu compromisso com a sociedade e com a profissão.

Neste seu novo livro — *Serviço social: resistência e emancipação?* — José Fernando Siqueira da Silva desenvolve análises de especial importância para o equacionamento dos desafios postos aos assistentes sociais quando eles assumem a teoria social marxiana como fonte dos princípios e da estrutura compreensivo-explicativa que fundamentam seu trabalho profissional: analisa as possibilidades e os limites inscritos no debate entre a teoria social de Marx e o Serviço Social no Brasil, tendo por eixo os desafios postos nos chamados "processos emancipatórios" e de "resistência" inscritos na atuação de seus profissionais.

Este livro, como o próprio autor assinala, expressa uma jornada crítica de pelo menos quatorze anos, nos quais ele intensificou seus estudos sobre a sociabilidade burguesa e suas particularidades históricas no Brasil e sobre a gênese e o desenvolvimento histórico do Serviço Social no país, destacando os principais desafios de ordem teórica e prática que lhe foram sendo postos à medida que a teoria marxiana foi sendo assumida como norte para seus conhecimentos da realidade e para sua intervenção.

Os desafios por ele enfrentados não se limitam ao aprofundamento do modo de compreensão teórico/filosófica e técnico-operativa dessa teoria. Toma de partida, como referência, que a teoria social marxiana tem em sua gênese e no decorrer de sua construção histórica uma tradição revolucionária e radical de luta comprometida com a superação da sociedade burguesa, ou seja, com a transformação do modo de ser, de produzir e de se relacionar do mundo social e com a construção de uma sociedade que supere o capital.

Com base nessa referência, o autor indaga-se sobre quais seriam os principais limites e desafios implícitos na apropriação dessa teoria por uma profissão interventiva, que opera inserida na divisão social e técnica do trabalho em uma sociedade burguesa, monopólica, sob o mando do capital financeiro. Pergunta-se se essa profissão, sendo *centrada no gerenciamento de programas e de projetos sociais vinculados à administração da pobreza*, teria algo a contribuir para o objetivo da emancipação humana — o que está muito além dos limites postos a qualquer profissão — e, caso tenha, como realizá-lo sem correr o risco de executar uma ação idealista e messiânica?

Ainda assim, reitera a importância do debate com a teoria social marxiana que considera central para fundamentar, não apenas a crítica das relações historicamente estabelecidas entre o pensamento conservador e o trabalho profissional dos assistentes sociais em espaços marcados por ações tuteladoras e reiteradoras da ordem burguesa, mas também a busca de alternativas estratégicas para sua intervenção. É esse debate que irá permitir o seu envolvimento *real com coisas reais*, exercendo uma *militância propositiva, crítica e autocrítica*.

No contexto dessa discussão, Siqueira, por um lado, faz um alerta aos profissionais para o risco de reduzir a dimensão teórica à sistematização do empírico-operativo e a uma atuação que ofereça apenas respostas imediatas às questões postas ao Serviço Social. E, por outro lado, recomenda a busca de conhecimentos que irão capacitá-los para agir criticamente no campo profissional: as especificidades das questões tratadas — como particularidades de uma totalidade, incluindo nesse conhecimento o de seu contexto e o do contexto da instituição; as políticas sociais, suas fontes e suas formas de financiamento.

Em seus comentários inconclusivos, José Fernando Siqueira da Silva reitera a utilidade — eu diria, a importância — da ação profissional para os processos crescentes e organizados de resistência e de emancipação e sua articulação com os segmentos sociais comprometidos com demandas sociais genuinamente humanas e civilizatórias, tendo o cuidado de não atribuir-se o que não é afeto ao seu âmbito de atuação. Em suas palavras: *unificar sem identificar, resguardando as particularidades das instâncias inseridas no processo.*

Myrian Veras Baptista

CONSIDERAÇÕES INTRODUTÓRIAS

situando o tema proposto

Todo começo é difícil: isso vale para qualquer ciência. (Marx, 1983, p. 11)

O livro que vem a público, originalmente organizado na forma de uma tese de livre-docência, possui como tema central o tenso, contraditório, mas necessário debate entre o Serviço Social, Marx e parte de sua tradição. O objetivo deste estudo é perquirir essa trama analisando os problemas e as vantagens desse diálogo iniciado na segunda metade da década de 1960, destacando os principais desafios de ordem teórica e prática que assolam o Serviço Social como profissão na ordem burguesa monopólica sob o mando do capital financeiro. O que se pretende, precisamente, é *polemizar sobre as potencialidades e os problemas para um debate propositivo entre a teoria social de Marx, seu legado e o Serviço Social no Brasil, considerando os desafios relacionados com o que genericamente, e até vulgarmente, tem sido denominado como "processos emancipatórios" e de "resistência" no âmbito da atuação profissional do assistente social.* É preciso salientar, no entanto, que não é objetivo deste texto discutir detalhadamente as diferentes tendências no interior do Serviço Social vinculadas, de uma forma ou de outra, aos "marxismos" com os quais alguns expoentes desta profissão se identificaram e desenvolveram suas análises, ainda que seja impossível desconsiderar essas referências históricas no conjunto das argumentações que serão apresentadas a seguir (pertinente e detalhadamente tratadas nos estudos de Netto, 1991, 1992 ou de Iamamoto, 2007).

É importante destacar que o Serviço Social é uma profissão inegavelmente interventiva, precisamente centrada no gerenciamento de programas e de projetos sociais vinculados à administração da pobreza (embora não deva eliminar ou subsumir a sua necessária sustentação teórica). Por outro lado, a teoria social de Marx está comprometida com a formulação de uma perspectiva macroscópica empenhada em explicar o metabolismo da ordem burguesa que permite a reprodução ampliada do capital (análise sustentada no ponto de vista do trabalho e da perspectiva da totalidade — Marx, 2004, p. 79; 1989, p. 409), apontando objetivamente a possibilidade histórica da revolução e da emancipação humana (considerando a historicidade em que a sua obra foi escrita). A proposta marxiana e de sua tradição (na sua diversidade) insiste precisamente na direção da superação da ordem burguesa por meio de um processo revolucionário gestado a partir das contradições objetivo-ontológicas contidas nessa própria ordem, formulando uma crítica radical da propriedade privada, do processo de apropriação privada da riqueza socialmente produzida (Marx, 1983, 1984a, 1984b, 1985a e 1985b) e do trabalho alienado-estranhado — com sua divisão e organização — que impede a emancipação humana dos homens (Marx, 2004, 2009a; Lukács, 1979b). O pauperismo, travestido de "questão social", como o ponto de intersecção entre Marx, sua tradição e o Serviço Social se expressa, portanto, com uma diferença estrutural, ontologicamente dada, uma oposição entre o Serviço Social inserido no metabolismo do capital com a função específica de administrar suas insuperáveis tensões que se particularizam na esfera da vida social e, por outro lado, uma perspectiva revolucionária comprometida com a construção de uma sociedade "para além do capital" (Mészáros, 2002).

Posto isso, é preciso reconhecer que não se trata de um debate tranquilo, *muito embora entendamos que seja uma interlocução absolutamente necessária para a sobrevivência da massa crítica e de projetos que tenham a emancipação humana como horizonte, também no âmbito do Serviço Social.*

Nesse sentido, algumas indagações são importantes: partindo do pressuposto de que se trata de um debate legítimo (mesmo que repleto de problemas e armadilhas), quais os principais limites e desafios nele implícitos? Ainda que o Serviço Social, como qualquer profissão, esteja inserido na sociabilidade burguesa, sofra o impacto do trabalho assalariado-estranhado e cumpra uma função no processo de reprodução social (especificamente em relação ao pauperismo), essa profissão teria algo a dizer à emancipação humana (Marx, 2009a), que se coloca muito além de seus limites? Em caso afirmativo, em que medida poderia se objetivar essa contribuição sem uma recaída idealista e messiânica?

A elaboração deste livro não responde a um puro ritual acadêmico capaz de unicamente rechear as prateleiras das bibliotecas. Longe do academicismo e da reflexão medíocre que dificulta a formação de intelectuais e deforma a razão crítica (Lukács, 1981, p. 109), o que se pretende é objetivar e sintetizar uma produção intelectual inscrita em um dado momento sócio-histórico onde se inserem individualidades sociais e as classes sociais a que pertencem, com intenções, projetos e posições socialmente assumidas (explicitamente ou não). Sendo assim, a análise ora apresentada se esforça em perseguir a "lógica da coisa" (Marx, 2005a, p. 39), em perquirir a trama do real e reconstruí-la como "concreto pensado" (Marx, 1989, p. 410), produção essa sistematizada por uma individualidade, com sua contribuição peculiar, embora não solitária e muito menos neutra. Como afirma Marx,

> O concreto é concreto, porque é a concentração de muitas determinações, isto é, unidade do diverso. Por isso, o concreto aparece no pensamento como o processo de concentração, como resultado, não como ponto de partida e, portanto, o ponto de partida também da intuição e da representação. No primeiro caminho a representação plena volatiliza-se na determinação abstrata;[1] no segundo, as determinações abstratas condu-

1. Marx critica, aqui, o procedimento metodológico abstrato-especulativo dos economistas do século XVII que partia, sempre, de um "todo vivo: a população, a nação, o Estado, vários Estados etc.".

> zem à reprodução do concreto por meio do pensamento. Assim é que Hegel chegou à ilusão de conceber o real como resultado do pensamento que se concentra, que se aprofunda em si mesmo e se apreende a partir de si mesmo como pensamento móvel; enquanto que o método que consiste em elevar-se do abstrato ao concreto não é senão a maneira de proceder do pensamento para se apropriar do concreto, para reproduzi-lo espiritualmente como coisa concreta [...]. (Marx, 1989, p. 410).

A discussão ora apresentada expressa um balanço intelectual de uma produção intensificada a partir de nossa pesquisa de doutoramento, uma retomada crítica de pelo menos quatorze anos. Ao longo desse período, foi possível intensificar nossos estudos sobre a sociabilidade burguesa e suas particularidades históricas no Brasil, bem como explicar a gênese do Serviço Social brasileiro, como profissão, dentro desse complexo contexto. Isso permitiu um importante sobrevoo "por fora" do Serviço Social, para além de suas fronteiras, rompendo com qualquer espécie de endogenia capaz de explicar o significado dessa profissão a partir dela própria. Para tanto, três aspectos centrais interagiram entre si, sobretudo nos estudos que realizamos a partir de 1998 (depois de nossa defesa de doutorado na PUC) e intensificamos a partir de 2004, após nossa contratação como docente na Unesp:

a) um aprofundamento sobre o funcionamento da ordem burguesa mundial sustentada, ao mesmo tempo, na intensificação de mecanismos que permitem sua reprodução ampliada e sua decadência (estudo esse necessariamente assessorado pela teoria social de Marx e por parte de sua tradição);
b) o cuidado ao tratar e explicar a realidade brasileira e suas particularidades (com o apoio de literatura nacional especializada);
c) o estudo sobre o significado do Serviço Social nesse contexto de robustez do capital sobre o trabalho, intensificação do pauperismo (genérica e imediatamente identificado como a "questão social") e de generalização de programas e projetos sociais destinados a administrá-lo (falsamente vistos como a possibilidade de "inclusão social" dos ditos "excluídos" — na verdade, expropriados).

A análise que se segue retoma os estudos realizados pelo autor e publicizados por meio de livros, capítulos de livro, artigos e trabalhos de congresso. Destaca e examina dados empíricos da pesquisa que mantivemos junto ao CNPq como bolsista produtividade em pesquisa (2009-2012), informações essas utilizadas para explicitar tensões, dificuldades e possibilidades relacionadas à inserção profissional do assistente social na divisão social e técnica do trabalho e a sua atuação profissional na ordem monopólica do capital (especificamente em relação à assistência social objetivada por meio de programas e de projetos sociais destinados a gerenciar a pobreza). Vale reafirmar que as reflexões aqui apresentadas se inspiram nessa pesquisa e nos seus resultados, mas não se identificam ou se limitam aos objetivos da investigação financiada pelo CNPq. As diversas falas de profissionais e de pesquisadores da área de Serviço Social — documentadas por meio de entrevistas gravadas, transcritas e devolvidas aos informantes ou por meio de questionários — foram incorporadas com base nas preocupações pontuadas no primeiro parágrafo desta introdução. Destaca-se, aqui, por exemplo, os depoimentos de profissionais de Serviço Social que diariamente atuam com a pobreza nos Centros de Referência de Assistência Social (Cras — atendimento básico) e nos Centros de Referência Especializados de Assistência Social (Creas — atendimento especializado),[2] nas cidades de São Carlos, Franca e Ribeirão Preto. Vale lembrar, também, os depoimentos fornecidos por cinco docentes-pesquisadores reconhecidos nacionalmente pela interlocução com o Serviço Social, indicados por região do país, vinculados ao eixo fundamentos teóricos, assistência social e violência (que orientou a pesquisa financiada pelo CNPq), bem como a fala de pessoas atendidas pelos serviços oferecidos pelo conjunto Cras-Creas.

Assim, embora este livro discuta um tema específico que não se confunde com a proposta da pesquisa financiada pelo CNPq, é necessário reconhecer que as informações empíricas e o acúmulo crítico de vários anos de estudo, enriqueceram a discussão ora apresentada. Por

2. A identidade de cada um desses profissionais foi rigorosamente preservada. Para tanto, foram utilizados nomes fictícios.

isso, este livro está longe de ser uma compilação de textos anteriormente escritos, muito menos se reduz a um relatório detalhado de pesquisa. Precisamente se propõe a incorporar criticamente esses dois níveis e a produção dela originada (até o presente momento), indo além da simples justaposição de ambos, levando em consideração temas concretamente postos na vida material e diretamente vinculados ao Serviço Social, ao trabalhador assalariado assistente social e à vida real das pessoas atendidas por tais profissionais.

O estudo que será apresentado lida com a vida de seres sociais, com assuntos relacionados à reprodução de suas vidas, inseridos no mundo material, repletos de historicidade como parte da história coletiva dos homens. Isto exige posicionamentos claros, propositivos e intencionais sem qualquer trégua à impossível neutralidade científica ou ao caminho fácil da síntese eclética. Reivindica-se, então, no processo da pesquisa, a unidade-diversa entre a ontologia (fundada na vida real de determinados seres que possuem concretude histórica) e a gnosiologia (o movimento intelectual que persegue, indaga, desmonta e remonta à realidade com o inseparável auxílio da razão), não identificando ou separando totalmente essas dimensões. O singular (parte constitutiva da categoria da totalidade), ou seja, a forma como o real imediatamente se revela aos olhos dos homens — frequentemente por meio de múltiplas, caóticas e fragmentadas demandas —, é parte de um processo comprometido com a busca da mediaticidade. Perseguir o não aparente é passo necessário para apanhar a complexidade na sua totalidade (jamais capturada, exatamente, pelo sujeito), momento em que transbordam múltiplas mediações, isto é, conexões e passagem explicativas inseridas na própria realidade, que revelam as particularidades de um dado processo que unem a universalidade (composta por determinações mais gerais) e a singularidade (a forma parcial de manifestação dessas relações).[3] Sobre o método da teoria social em Marx, Lukács (1979b, p. 27 e 35) destaca que se trata de

---

3. A crítica marxiana a qualquer forma de idealismo (na sua expressão mais complexa, o de Hegel) e ao materialismo vulgar, a-histórico ou que reduz a vida material e sua complexidade ao imediatamente sensível, pode ser detalhadamente analisada nas produções de Marx de

> [...] uma estrutura de caráter completamente novo: uma cientificidade que, no processo de generalização, nunca abandona esse nível, mas que, apesar disso, em toda verificação de fatos singulares, em toda reprodução ideal de uma conexão concreta, tem sempre em vista a totalidade do ser social e utiliza essa como metro para avaliar a realidade e o significado de cada fenômeno singular; uma consideração ontológico-filosófica de realidade em-si, que não se põe acima dos fenômenos considerados, coagulando-os em abstrações, mas se coloca, ao contrário — crítica e autocriticamente —, no máximo nível de consciência, com o único objetivo de poder captar todo ente na plena concreticidade da forma de ser que lhe é própria, que é específica precisamente dele [...] Do ponto de vista metodológico, é preciso observar desde o início que Marx separa nitidamente dois complexos: o ser social, que existe independentemente do fato de que seja ou não conhecido corretamente; e o método para captá-lo no pensamento, da maneira mais adequada possível [...]

Nas palavras de Marx,

> [...] a totalidade concreta, como totalidade de pensamento, como uma concreção de pensamento, é, na realidade, um produto do pensar, do conceber; não é de nenhum modo o produto do conceito que se engendra a si mesmo [...]. O todo, tal como aparece na cabeça, como um todo de pensamento, é um produto da cabeça pensante, que se apropria do mundo da única maneira em que o pode fazer, maneira que difere do modo artístico, religioso e prático-espiritual de se apropriar dele. O objeto real [reale Subjekt] permanece em pé antes e depois, em sua independência e fora da cabeça ao mesmo tempo, isto é, a cabeça não se comporta senão especulativamente, teoricamente [...] (Marx, 1989, p. 410-411).

1843/44/45, particularmente, de forma sintética, mas densa, nas teses sobre Feuerbach (Marx; Engels, 2007). Os estudos de Lukács (1979b), Labica (1990), Löwy (2002) e Frederico (1995), também auxiliam nesta análise. Nunca é demais afirmar que o método marxiano sempre deve ser retomado a partir de dois outros pontos centrais, insuprimíveis e inseparáveis no conjunto de sua obra: a teoria valor-trabalho (considerando a centralidade da categoria trabalho — nela a ontologia do ser social destacada por Lukács, 2010) e a perspectiva da revolução (como possibilidade histórica).

Tendo por base o referencial aqui sugerido, é preciso reconhecer, portanto, que as categorias não são construções puramente teóricas promovidas pela razão humana e sistematizadas em "títulos conceituais"; elas são, ao contrário, reconstruções de elementos que fazem parte da estrutura do real e exprimem "formas de vida, determinações de existência" (Marx, 1989, p. 415).[4] Toda produção de conhecimentos autêntica extrai da realidade e do próprio movimento sócio-histórico os elementos de sua elaboração (com o apoio do pensamento), processo que permite capturar (ainda que não exatamente) a universalidade do complexo social estudado e explicar, por meio de múltiplas mediações, os fatos singulares da vida que também se expressam em dramas imediatamente pessoais com os quais os assistentes sociais lidam cotidianamente.[5] Ainda que esse profissional opere a realidade social em uma esfera que quase sempre gerencia situações caóticas e terminais, a possibilidade de ele conhecer o processo e a trama que desemboca no seu cotidiano profissional é passo crucial para uma atuação crítica e propositiva. Assim, o ponto de partida da ciência autêntica deve considerar as categorias centrais para a produção e a reprodução da existência do ser (no plano ontológico), capaz de afetar objetivamente sua vida e, com isso, níveis crescentes de emancipação social. É nesse sentido que para Marx a categoria valor encontra sua concretude na

---

4. Isso não significa que toda "problemática" extraída concretamente da realidade deva ser considerada, para Marx, uma categoria em igualdade de condições com outras categorias ricas em "determinações de existência", centrais à reprodução do ser social. Trabalho (como a categoria fundante do ser e de sua sociabilidade), totalidade (nela a contradição e a mediação — como componentes do método marxiano), a luta de classes, a consciência de classe e a possibilidade histórica da revolução, por exemplo, são categorias centrais na teoria social de Marx. Outras importantes categorias, tais como a emancipação política e a emancipação humana, estão imediatamente vinculadas às categorias mais centrais. Determinados complexos sociais — embora importantes — não possuem, em si, potência para serem tomados como "determinação de existência", no sentido de serem centrais à reprodução do ser e à sua humanização, como categorias que fundam a sua sociabilidade: pauperismo, violência, entre outros. São, por isso, mais determinados do que determinantes ainda que careçam, evidentemente, de uma reconstrução como "concreto-pensado".

5. O cotidiano, aqui, é entendido conforme as excelentes observações oferecidas por Agnes Heller (1989): como uma esfera insuprimível da vida humana, rica e plena, repleta de múltiplas determinações, porém revelada apenas imediatamente.

categoria trabalho desdobrando-se em outras categorias — não centrais — que compõem a sociabilidade burguesa e que atingem o Serviço Social como profissão: o pauperismo, a violência, a família, entre outras, nas suas formas particulares de objetivação na vida social. *Portanto, situar o Serviço Social como uma profissão inserida no metabolismo do capital, como parte de sua produção e reprodução em escala ampliada, em um espaço complexo, contraditório e rico em mediações, é condição básica para explicar o significado social dessa profissão e para endossar uma atuação profissional inspirada no ponto de vista da totalidade.* Encontram-se, aqui, os pontos mais fecundos que sustentam um debate contraditório e necessário entre o Serviço Social e a Teoria Social de Marx.

Assim sendo, a análise que será exposta a seguir não se limita, em hipótese alguma, a reproduzir formalmente o percurso dos estudos e das pesquisas que estamos realizando nos últimos quatorze anos (mais intensamente a partir de 2004). Além disso, a organização de um texto na forma de exposição para o leitor, assentada em um método, em absoluto segue os mesmos caminhos imediatamente caóticos da pesquisa formatada para perseguir o movimento do real. Ao contrário, a forma de exposição incorpora os vários momentos da pesquisa reorganizando-os por meio de inúmeras conexões explicativas que paulatinamente vão se compondo ao longo do processo investigativo necessariamente grudado ao movimento do real. As idas e vindas, as reconstruções, os imprevistos, os destaques e acertos — longe de qualquer neutralidade — são resgatados e reorganizados pela razão crítica empenhada em reconstruir o mais fielmente possível a realidade objetivamente dada. Esse será o nosso percurso nas próximas linhas ao lidar com o Serviço Social, considerando o debate que os assistentes sociais estabeleceram com a Teoria Social de Marx a partir de 1960, seus problemas e potencialidades. No posfácio da segunda edição de *O capital*, Marx é muito claro ao tecer seus comentários sobre os métodos de pesquisa e de exposição:

> É, sem dúvida, necessário distinguir o método de exposição formalmente, do método de pesquisa. A pesquisa tem de captar detalhadamente a

> matéria, analisar as suas várias formas de evolução e rastrear sua conexão íntima. Só depois de concluído esse trabalho é que se pode expor adequadamente o movimento real. Caso se consiga isso, e espelhada idealmente agora a vida da matéria, talvez possa parecer que esse esteja tratando de uma construção *a priori* [...]. (Marx, 1983, p. 20)

A primeira parte deste livro, *Sociabilidade burguesa e Serviço Social*, recupera e analisa processos que explicam a gênese do Serviço Social (particularmente no Brasil) e estabelecem as suas bases ontológicas na ordem burguesa monopólica. Desenvolvido por meio de três capítulos denominados, "Reprodução ampliada do capital, intensificação da pobreza e gênese do Serviço Social como profissão", "A constituição da ordem burguesa no Brasil e o Serviço Social brasileiro" e "Autocracia burguesa e renovação do Serviço Social no Brasil", essa parte não se propõe a promover uma recuperação cronológica e evolucionista daquela profissão, muito menos reescrever sua história já suficientemente explorada,[6] mas tecer, com base na literatura especializada e nas informações obtidas por meio de pesquisa empírica, comentários relevantes para o tema proposto neste livro. Analisar-se-á o sincrético e eclético processo de reconceituação a que foi submetido o Serviço Social em tempos de autocracia burguesa e suas marcas deixadas para as décadas seguintes.[7] Não é proposta dessa parte promover uma análise dessa revisão teórico-metodológica nas suas diferentes vertentes (particularmente aquelas sustentadas, de diferentes formas, na modernização conservadora ou na reatualização do tradicionalismo no Serviço Social — já suficientemente estudadas por Netto, 1991), mas

---

6. Diversos estudos foram desenvolvidos para analisar o que genericamente foi denominado de "história do Serviço Social". Poucos, no entanto, apanharam sua gênese como profissão. Destaque deve ser dado aos estudos de Iamamoto e Carvalho (1985), Netto (1991, 1992) e Castro (1989). Informações interessantes estão registradas em Martinelli (1993) e Yazbek (1980).

7. O processo de reconceituação, no geral, foi um movimento de cunho latino-americano que durou cerca de 10 anos (1965-1975) e se propôs a promover uma profunda discussão e revisão teórico-metodológica e ético-política do Serviço Social tradicional (de forte base doutrinária [Netto, 1991]). Caracterizou-se por diferentes tendências que reafirmaram, modernizaram ou questionaram, com maior ou menor intensidade e por meio de um profundo sincretismo e ecletismo, o passado tradicional. Retomaremos essa questão mais adiante.

situar esse contexto e recuperar o legado crítico, de inspiração marxista, do Serviço Social brasileiro.

A segunda parte, denominada "Serviço Social e mundialização do capital: trabalho e formação profissional em tempos de acumulação flexível", é desenvolvida por meio de outros três capítulos: "Pragmatismo, utilitarismo e decadência teórico-prática no Serviço Social: retomando velhas-novas tensões", "Serviço Social: de qual emancipação se fala?" e "Reafirmando o debate marxista no Serviço Social". Nesta etapa são analisados os principais desafios atuais para uma interlocução propositiva entre a tradição marxiana e o Serviço Social, indicando as potencialidades e os problemas disso em tempos de radicalização do receituário burguês e de reafirmação e refinamento das desigualdades sociais na era de acumulação flexível-financeirizada do capital. Essa discussão terá como interlocutor central a inserção profissional do assistente social na área da assistência (que compõe o tripé da seguridade social brasileira), responsável primeira pelo gerenciamento do "moderno" pauperismo.

Desenvolver pesquisas no atual estágio de desenvolvimento e de crise do capital exige mais do que capacidade (embora não prescinda dela). É preciso delimitar temas de estudo que assumam o ponto de vista do trabalho, que sejam relevantes para quem vive do trabalho e participa da produção social sem ser beneficiada pela riqueza por ela gerada. É necessário investigar os porões da sociedade contemporânea estruturada sob a ordem do capital (e esse é um fato incontestável e não uma afirmação "contaminada de ideologia"), tendo claro que isso exigirá, sempre, de uma forma ou de outra, atitudes políticas (assumidas ou não), indo muito além de "conclusões científicas" comprometidas com a naturalização da propriedade privada ou, no máximo, com certo tipo de crítica resignada. Obviamente que, sob essa perspectiva, não é nada tranquilo produzir conhecimentos. Combater a mercantilização da academia e das unidades educacionais e de fomento à pesquisa é tarefa necessária para a democracia e para a liberdade (no sentido amplo e qualificado dessas terminologias). Mais do que isso, é condição básica para a consolidação da massa crítica, da crítica-crítica (como queria Marx). Certamente que essa insana tarefa, cada vez mais difícil, não será obra de uma profissão e de alguns poucos abnegados. Depende, sobretudo, de um projeto societário coletivo — sem abdicar das potências e características individuais — que adote a emancipação humana como horizonte ainda que, nas condições atuais, isso sirva apenas para reunir forças isoladas e espalhadas e resistir à barbárie já anunciada. É preciso reafirmar essa radicalidade!

> Ser radical é agarrar as coisas pela raiz. Mas, para o homem, a raiz é o próprio homem [...]. (Marx, 2005b, p. 151)

PARTE 1

Sociabilidade burguesa e Serviço Social

CAPÍTULO 1

Reprodução ampliada do capital, intensificação da pobreza e gênese do Serviço Social como profissão*

A análise sobre a gênese do Serviço Social como profissão é impensável fora dos marcos da ordem burguesa, da sua sociabilidade e de suas inerentes contradições fundadas na propriedade privada dos meios de produção e na apropriação privada da riqueza socialmente produzida. A reprodução ampliada do capital, intensificada e aprofundada com a Revolução Industrial do final do século XVIII e de todo o XIX, criou as condições objetivas para o surgimento da classe operária já claramente constituída na segunda metade do século XIX (Marx, 1986 e 1987). Esse contexto se revela em um cenário em que a burguesia já havia cumprido seu papel revolucionário solapando e varrendo as formas feudais de organização social em decadência na Europa. Nesse

* A exposição aqui apresentada foi inspirada nas reflexões contidas no capítulo de livro denominado "Reprodução do capital, trabalho estranhado e violência", na obra recentemente publicada (e por mim também organizada com outras docentes), denominada "Avesso do trabalho II: trabalho, precarização e saúde do trabalhador". Embora o texto tenha sido elaborado em coautoria com uma orientanda de doutorado (Maria Izabel da Silva — a quem agradeço pelo pontapé inicial), a forma aqui apresentada se encontra amplamente adensada.

sentido, Löwy (1988) destaca que o ideário burguês sofre inflexões na medida em que a classe burguesa assume a tarefa de desenvolver e manter o capitalismo como ordem societária hegemônica comprometida com a reprodução ampliada do capital. No âmbito da produção do conhecimento essa tendência se explicitará, por exemplo, no pensamento de Augusto Comte (sobretudo nas três primeiras décadas do século XIX), aprofundando-se no século XX com Émile Durkheim.

> Na medida em que se desenvolve o capitalismo, as ciências naturais desabrocham e "desideologizam-se". Isso se deve não somente à necessidade de conhecimentos científicos e técnicos do capital em geral e da grande indústria em particular, mas também ao fato de que o modo de produção capitalista está fundado sobre mecanismos diretamente econômicos da extração de excedentes (a pseudotroca de equivalentes entre salário e força de trabalho e a apropriação da mais-valia pelo capitalista), exigindo um cimento ideológico de tipo econômico-social e político e não tendo que construir uma cosmologia religiosa. No momento em que o capitalismo torna-se o modo de produção dominante nas primeiras metrópoles europeias[1] (no fim do século XVIII, início do século XIX), a ciência da natureza pode se emancipar definitivamente de toda a dependência para com as ideologias religiosas ou éticas do passado [...]. A burguesia revolucionária tinha interesses particulares a defender, diferentes dos interesses gerais das massas populares; ela lutava ao mesmo tempo contra o feudalismo e para instaurar uma nova dominação de classe, o que implicava a ocultação ideológica (consciente ou não) de seus verdadeiros objetivos e do verdadeiro sentido do processo histórico [...] (Löwy, 1988, p. 190 e 199).

É importante ressaltar que a transição entre o feudalismo e o capitalismo, como todo processo revolucionário, não foi tranquila e pacífica, ou seja, os camponeses e produtores rurais não se converteram em trabalhadores assalariados por livre e espontânea vontade ou por considerarem isso um "bom negócio". A fase da acumulação originária

1. Também potencializada pela Revolução Francesa de 1789.

do capital, como capital comercial, no seu momento mercantilista, fundou-se na esfera da circulação como momento determinante que teve na imposição política e na violência seu instrumento principal. Como "pré-história do capital e do modo de produção capitalista" (Marx 1984a), o monopólio comercial baseou-se na satisfação dos interesses da metrópole que impulsionou a acumulação primitiva do capital. Como fase da acumulação originária, pré-capitalista, não era possível existir, ainda, na sua forma plena, o trabalhador livre e assalariado, como subsunção efetiva do trabalho ao capital capaz de gerar mais-valia relativa ou absoluta (Hirano, 2008, p. 37). É nesse sentido, por exemplo, que o escravo jamais pode reproduzir uma relação essencialmente monetária, capaz de vender sua força de trabalho por "vontade própria" (ainda que sirva à fase de acumulação mercantilista do capital — pré-capitalista), uma vez que ele é um instrumento de produção, parte das condições necessárias à produção, como capital fixo, servo de uma gleba (plenamente afeito a castas e/ou estamentos).[2]

O trabalhador assalariado, ao contrário, estabelece uma relação puramente econômica na produção, como "vendedor de si mesmo", como força viva na relação orgânica entre homem-natureza subsumida ao capital, à sua racionalidade técnico-científica, como capital variável produtor de mais-valia (relativa ou absoluta, na sua forma produtiva ou improdutiva), como trabalho social combinado. Nota-se, também aqui, o vínculo entre a base estrutural da produção (a infraestrutura) e a reprodução da vida social, ou seja, a forma como os homens se organizam em sociedade para reproduzir a própria vida, e a organização deles em castas, estamentos ou classes sociais. As classes sociais no capitalismo se constituem como tais, na sua forma essencial como burguesia e proletariado e suas posteriores derivações como frações de classe (a partir da segunda metade do século XIX), somente com a

2. Enquanto as castas são estruturas mais rígidas, de caráter religioso, um grupo privilegiado e hereditário que se perpetua por gerações, nos estamentos os indivíduos revelam sua marca pessoal, sua qualificação, sua honra como pessoa. Os estamentos, como destaca Marx, vinculam-se aos indivíduos e têm o ponto de vista privado e os interesses particulares como referências que vão além dos interesses gerais (Hirano, 2008, p. 149 e 156-7).

produção e apropriação capitalista. Em outras palavras, se formam dissolvendo gradativamente os ranços e resquícios feudais sustentados em castas ou estamentos cuja mobilidade social inexiste ou é extremamente rígida, frequentemente baseada em poderosos núcleos familiares que reproduzem a servidão e o poder político-pessoal.[3] O processo histórico que culmina com a transformação da burguesia comercial-mercantil ("terceiro estado") em burguesia capitalista dissolve as relações pré-capitalistas, transforma suas relações marcadamente estamentais em relações burguesas, "de estamento comercial a classe capitalista dominante" (Hirano, 2008, p. 95). Como lembra Marx (1984a, p. 262), ao tratar da "assim chamada acumulação primitiva",

> [...] o movimento histórico que transforma os produtores em trabalhadores assalariados, aparece, por um lado, como sua libertação da servidão e da coação corporativa; e esse aspecto é o único que existe para nossos escribas burgueses da História. Por outro lado, porém, esses recém-libertados só se tornaram vendedores de si mesmos depois que todos os seus meios de produção e todas as garantias de sua existência,

---

3. Sedi Hirano (2008), em seu livro *Formação do Brasil colonial*, tece interessantes comentários sobre o capitalismo e o pré-capitalismo, suas expressões no Brasil colonial e o amplo e diverso debate sobre a constituição de castas, estamentos e/ou classes sociais em território nacional. Recupera, para isso, sobretudo (mas não unicamente) um debate direto com as fontes originais marxianas e com ampla literatura nacional: Caio Prado, Florestan Fernandes, Fernando Henrique Cardoso, Octávio Ianni, Luiz Pereira, entre outros. Sobre a necessidade de vincular o surgimento das classes sociais ao modo de produção capitalista já constituído, Hirano (2008, p. 93) lembra que: "[...] as relações de produção, no modo capitalista, são relações sociais de classes e não relações pessoais de dependência; o processo de produção manifesta-se como resultado de relações de apropriação, pelo capital, de mais-valia produzida pelos trabalhadores diretamente produtivos, apropriação essa que adquire diretamente a forma de contrato e não de relação de poder pessoal [...] não existem as classes fundamentais. Elas não existem na medida em que os produtores são os possuidores ou os proprietários legais dos meios de produção. A apropriação do sobretrabalho, em suas variadas formas, ocorre no âmbito externo à produção, comandada pela esfera da superestrutura, e se materializa na forma de relações políticas de dominação pessoal, jurídico-políticas ou ainda ideológicas (a forma religiosa) dessa espécie. [...]". O autor, portanto, considera que "as classes sociais são exclusivas do modo de produção capitalista" (Hirano, 2008, p. 67). De nossa parte interessa ressaltar, nesse debate nada consensual, que o capitalismo somente se apresenta como tal, com suas classes fundamentais constituídas, se as relações de produção-apropriação estiverem plenamente submetidas ao capital (portanto, com trabalho assalariado e expropriado). Sem isso não há classe operária, classe burguesa e suas frações, no seu sentido pleno; não há sociedade burguesa plenamente constituída.

oferecidas pelas velhas instituições feudais, lhes foram roubados. E a história dessa expropriação está inscrita nos anais da humanidade com traços de sangue e fogo [...].

É nesse contexto marcado pela industrialização acelerada sob o mando do capital — nas condições sócio-históricas do final da primeira metade do século XIX e sua segunda metade — que Marx formula (particularmente a partir de 1843) a crítica radical à ordem burguesa e à categoria trabalho que se objetiva sob suas condições: o trabalho abstrato.[4] Todavia, o trabalho concreto, no seu sentido ontológico, como lembra Marx, não deixa de ser a categoria central da sociabilidade humana. O trabalho como ato teleológico previamente ideado como finalidade-causalidade está na gênese do processo de sociabilidade do homem como condição básica para a reprodução da sua própria vida (como ser humano-genérico). Em outras palavras, os homens, por meio do trabalho (na sua forma concreta), humanizam a natureza e, ao mesmo tempo, se autotransformam conforme se apropriam das propriedades mecânicas, físicas e químicas das coisas, pondo-as em movimento (Silva, J. F. et al., 2010). A ação humana muda a natureza (embora ela não perca suas características originais), o próprio homem e as relações por ele estabelecidas, através do qual transforma objetos naturais em valores de uso, sendo o resultado final um produto social (não natural — embora o contenha), como natureza humanizada (Silva, M. I., 2007). Nessa perspectiva, o trabalho deve ser considerado "[...] tanto como momento de surgimento do *pôr teleológico* quanto como *protoforma*[5] da práxis social. [...]" (Antunes, 2000, p. 136; Lukács, 1979b), como "trabalho concreto", útil, central à sociabilidade humana, para a autoprodução do homem como ser social.

> [...] o trabalho é antes de mais nada, em termos genéticos, o ponto de partida da humanização do homem, do refinamento de suas faculdades,

4. Como insistimos anteriormente, essa crítica não pode se descolar de outros dois pontos centrais insuprimíveis para a teoria social de Marx: o método dialético e a perspectiva da revolução.

5. Grifos de Antunes.

> processo do qual não se deve esquecer o domínio sobre si mesmo. Além do mais, o trabalho se apresenta, por um longo tempo, como o único âmbito desse desenvolvimento; todas as demais formas de atividade do homem, ligadas aos diversos valores, só se podem apresentar como autônomas depois que o trabalho atinge um nível relativamente elevado [...] (Lukács, 1979b, p. 46, 87).

Ou, nas palavras do próprio Marx (1983, p. 150, 153),

> Uma aranha executa operações semelhantes às do tecelão e a abelha envergonha mais de um arquiteto humano com a construção dos favos de suas colmeias. Mas o que distingue, de antemão, o pior arquiteto da melhor abelha é que ele construiu o favo em sua cabeça, antes de construí-lo em cera. No fim do processo de trabalho obtém-se um resultado que já no início deste existiu na imaginação do trabalhador, e portanto idealmente. Ele não apenas efetua uma transformação da forma da matéria natural; realiza, ao mesmo tempo, na matéria natural seu objetivo, que ele sabe que determina, como lei, a espécie e o modo de sua atividade e ao qual tem de subordinar sua vontade. [...] O processo de trabalho, como apresentamos em seus elementos simples e abstratos, é atividade orientada a um fim para produzir valores de uso, apropriação do natural para satisfazer a necessidades humanas, condição universal do metabolismo entre o homem e a Natureza, condição natural eterna da vida humana e, portanto, independente de qualquer forma dessa vida, sendo antes igualmente comum a todas as suas formas sociais [...].

Contudo, vale salientar que, na sociedade capitalista, o trabalho deixa de ser, em grande medida, uma realização humana, no sentido ontológico, concreto, transformando-se no trabalho coisificado (reificado), alienado-estranhado, abstrato, subjugado ao capital, configurando-se numa forma histórica do trabalho, devendo ser, portanto, historiado. Nas palavras de Netto (1981, p. 56),

> [...] a realização da vida genérica do homem deixa de ser o objeto do seu trabalho; agora, esta atividade descentrou-se, inverteu-se mesmo: é a

vida genérica do homem que se torna um instrumento para a consecução da sua sobrevivência física (orgânica, animal, natural). [...].

O trabalho alienado-estranhado — a forma como historicamente o trabalho se objetiva no capitalismo — separa o homem (força de trabalho), os instrumentos de produção (máquinas, ferramentas etc.) e o produto do trabalho (mercadoria). Ao fazer isso, transforma a força de trabalho em uma mercadoria específica, reifica (coisifica) as relações humanas por meio de um fetiche mercadológico, institui a propriedade privada fundada na privatização da produção social e, portanto, causa um estranhamento entre o homem e o produto do seu trabalho (Silva, J. F. et al., 2010). Portanto, as potencialidades emancipadoras contidas na categoria trabalho são, sob o reino do capital, subsumidas — embora não sejam eliminadas — por uma forma de trabalho que submete o ato de criação (trabalho concreto) à valorização do capital por meio do trabalho alienado-estranhado, abstrato e assalariado destinado à pura sobrevivência e à satisfação de carências humanas mínimas (Marx, 2004, p. 79-90). Enquanto o trabalho abstrato vincula-se à reprodução ampliada do capital (podendo deixar de existir com a superação da sociedade capitalista), o trabalho concreto, por ser uma categoria mediadora da sociabilidade humana, deve ser libertado como componente insuprimível à emancipação humana conquistada, pelo homem individual, com suas "forças próprias" como "forças sociais" (Marx, 2009a, p. 71). Nos dizeres de Marx (1983, p. 154):

> O trabalhador trabalha sob o controle do capitalista a quem pertence seu trabalho. O capitalista cuida de que o trabalho se realize em ordem e os meios de produção sejam empregados conforme seus fins, portanto, que não seja desperdiçada matéria-prima e que o instrumento de trabalho seja preservado, isto é, só seja destruído na medida em que seu uso no trabalho o exija [...]. A partir do momento em que ele entrou na oficina do capitalista, o valor de uso de sua força de trabalho, portanto, sua utilização, o trabalho, pertence ao capitalista. O capitalista, mediante a compra da força de trabalho, incorporou o próprio trabalho, como fer-

> mento vivo, aos elementos mortos constitutivos do produto, que lhe pertencem igualmente. Do seu ponto de vista, o processo de trabalho é apenas o consumo da mercadoria, força de trabalho por ele comprada, que só pode, no entanto, consumir ao acrescentar-lhe meios de produção. O processo de trabalho é um processo entre coisas que o capitalista comprou, entre coisas que lhe pertencem. O produto desse processo lhe pertence de modo inteiramente igual ao produto do processo de fermentação em sua adega [...].

Conforme indica Antunes (1999), o trabalho é instância de realização do ser social e condição para sua existência e humanização, considerando seu caráter ontológico e sua centralidade como protoforma do ser social e da práxis social. Entretanto, no modo de produção capitalista, o que deveria ser a finalidade básica do ser social (*no* e *pelo* trabalho) é pervertido e degradado, isto é, o trabalho é subjugado ao capital, tendo em vista que o processo de trabalho é apenas meio de sobrevivência, a força de trabalho é mercadoria que produz outras mercadorias. Assim, adverte o referido autor, o trabalho gera o antagonismo da riqueza-miséria, da acumulação-privação e do possuidor-possuído. Portanto, o processo de desenvolvimento econômico capitalista, ao contrário do que se afirmava — pelo menos imediatamente — a partir da Revolução Francesa e dos ideais iluministas e racionalistas, gerou expressivos patamares de desigualdade socioeconômica desconhecidos até então, já que os trabalhadores expulsos do campo e expropriados de seus meios de subsistência não tiveram alternativa de sobrevivência que não passasse pela venda de sua força de trabalho ao capitalista a qualquer preço. Marx (2004, p. 82-3), referindo-se ao trabalho assalariado, alienado-estranhado, afirma que ele

> [...] é externo (äusserlich) ao trabalhador, isto é, não pertence ao seu ser, que ele não se afirma, portanto, em seu trabalho, mas nega-se nele, que não se sente bem, mas infeliz, que não desenvolve nenhuma energia física e espiritual livre, mas mortifica sua *physis* e arruína o seu espírito. [...] O seu trabalho não é portanto voluntário, mas forçado, trabalho obrigatório [...].

Conforme as análises marxianas sobre a ordem burguesa vão se encorpando, sempre por meio de estudos sustentados na "lógica da coisa" (Marx, 2005b, p. 39), na reconstrução do concreto como "concreto pensado" (Marx, 1989, p. 410), Marx vai revelando o funcionamento desta sociabilidade suas leis e seu caráter estruturalmente perverso ao trabalho e ao proletariado.[6] O autor de *O capital* se preocupa em perquirir, nas condições do seu tempo, a complexidade da sociedade burguesa apontando suas características fundamentais, sua reprodução em escala ampliada, seus limites e os caminhos para sua superação revolucionária.[7] A crítica marxiana, entretanto, não se constituiu magicamente, mas a partir das condições reais vivida pelo autor (especificamente na convivência direta com a classe operária a partir de seu exílio em 1843). O perfil democrata radical de Marx, expresso nos *Manuscritos de Kreuznach* (Marx, 2005a),[8] rapidamente transita para

---

6. É interessante destacar, diga-se de passagem, também no Serviço Social, a necessidade de analisar a violência como uma categoria (certamente secundária para Marx) que emana diretamente da estrutura social burguesa em curso (a pobreza, as condições de trabalho, a falta de trabalho, entre outras — todas quase sempre naturalizadas — como violência estrutural inerente à sociedade do capital) ou suas formas particulares de reprodução (a criminalidade, a violência nos espaços domésticos, as agressões pessoais, entre outras — frequentemente tomadas na sua imediaticidade, como atos pontuais cometidos por pessoas ou grupos em si). Evidentemente que essa forma de violência, sustentada em uma base puramente econômica, contratual, típica da fase mais desenvolvida do capital (portanto, com outras determinações sócio-históricas), não se confunde com a imposição política, interpessoal, estamental, pelo simples uso da força que marcou, por exemplo, a acumulação originária na fase mercantilista, pré-capitalista da acumulação do capital. Também aqui o ponto de vista da totalidade é fundamental para perquirir a categoria violência nas suas expressões particulares, marcadas pelas condições de um dado momento histórico, como acontecimentos excepcionais que se objetivam sob o mando da reprodução ampliada do capital (Ianni, 2004, p. 169) com as classes sociais plenamente constituídas. Defender isso não significa endossar, em hipótese alguma, que a violência, nas suas diferentes formas de manifestação, seja direta e mecanicamente causada pela sociabilidade em curso, suas relações e determinações, sem quaisquer mediações. Porém, é preciso registrar que a ordem burguesa é geneticamente violenta, contou com isso na sua fase mercantilista e conta com ela quando necessário nas condições atuais, bem como oferece um terreno muito fértil para que formas particulares de violência sejam potencializadas sob suas condições.

7. É possível, a partir dos estudos de Marx e Engels, discutir outro papel desempenhado pela violência: o de "parteira de toda velha sociedade que traz em si a nova" nos processos revolucionários (Engels, in: Netto, 1981, p. 188), que em hipótese alguma se identifica com a revolução ou com a nova sociedade que surge a partir dela.

8. Também conhecido como *Crítica à filosofia do direito de Hegel*, escrito entre junho e agosto de 1843.

uma recusa do autor ao liberalismo já esboçada em *Para a questão judaica* (particularmente nas diferenças por ele estabelecidas entre a emancipação política e a emancipação humana [Marx, 2009a]),[9] adquire clareza revolucionário-proletária na *Contribuição à crítica da filosofia do direito de Hegel — introdução* (Marx, 2005b)[10] e aprofunda-se nos *Manuscritos econômico-filosóficos de 1844* (Marx, 2004).[11] Vejamos alguns trechos dessas obras que indicam essa transição de Marx rumo ao comunismo:

> Toda a emancipação política é a redução do homem, por um lado, a membro da sociedade civil, a indivíduo *egoísta independente;* por outro, a *cidadão,* a pessoa moral. Só quando o homem individual retoma em si o cidadão abstrato e, como homem individual — na sua vida empírica, no seu trabalho individual, nas suas relações individuais —, se tornou *ser genérico;* só quando o homem reconheceu e organizou as suas *forces propres* (*forças próprias*) como *forças sociais* e, portanto, não separa mais de si a força social na figura da força *política*[12] — [é] só então [que] está consumada a emancipação humana. [...] (Marx, 2009a, p. 71).

> Quando o proletariado anuncia a dissolução da ordem social existente apenas declara o mistério da sua própria existência, uma vez que é a efetiva dissolução desta ordem. Quando o proletariado exige a negação da propriedade privada, apenas estabelece como princípio da sociedade o que a sociedade já elevara a princípio do proletariado e o que este já involuntariamente encarna enquanto resultado negativo da sociedade [...] Assim como a filosofia encontra as armas materiais no proletariado,

---

9. Elaborado entre junho e dezembro de 1843.

10. Escrito em dezembro de 1843.

11. José Paulo Netto destaca, ao redigir o prólogo à edição brasileira de *Para a questão judaica* (Marx, 2009a, p. 21), que: "É nesse momento crucial de definição teórico-filosófica e política (exatamente: no processo de elaboração que vai do *Manuscrito de Kreuznach* à Contribuição) que Marx elabora *Para a questão judaica*: nessas páginas, fica evidente a sua recusa radical do liberalismo (e só isso já era mais que suficiente para afastá-lo da posição de Bauer), mas ainda não está afirmada a sua opção pela revolução proletária. Para dizê-lo de modo mais preciso: o ritmo de seu desenvolvimento teórico-filosófico e político está em precipitação e Marx coloca-se numa vertente democrática radical (verificável no *Manuscrito de Kreuznach*) em trânsito para uma perspectiva revolucionária (nitidamente esboçada na Contribuição) [...]."

12. Grifos de Marx.

> assim o proletariado tem as suas armas intelectuais na filosofia [...] (Marx, 2005b, p. 156).

> O trabalhador se torna tanto mais pobre quanto mais riqueza produz [...] O trabalhador se torna uma mercadoria tão mais barata quanto maior mercadorias cria. Com a *valorização* do mundo das coisas (Sachenwelt) aumenta em proporção direta a *desvalorização* do mundo dos homens (Menschenwelt). O trabalho não produz somente mercadorias; ele produz a si mesmo e ao trabalhador como uma *mercadoria*,[13] e isto na medida em que produz, de fato, mercadorias em geral. [...] O trabalho produz maravilhas para os ricos, mas produz privação para o trabalhador. Produz palácios, mas cavernas para o trabalhador. Produz beleza, mas deformação para o trabalhador. Substitui o trabalho por máquinas, mas lança uma parte dos trabalhadores de volta ao trabalho bárbaro e faz da outra parte máquinas. Produz espírito, mas produz imbecilidade, cretinismo para o trabalhador [...] (Marx, 2004, p. 80 e 82).

Os apontamentos dos manuscritos de 1844 são retomados e aprofundados nas principais formulações de Marx em *O capital* (em alguns momentos reproduzidos, inclusive, textualmente). A exploração, aqui, se objetiva desapropriando o trabalhador, impondo-lhe barreiras sociais insuperáveis sob o mando do capital, desumanizando-o concretamente como ser social humano-genérico. Nota-se, então, que somente sob essas bases materiais, com o capitalismo em pleno vapor, com seus elementos plenamente amadurecidos e constituídos, que é possível insistir na existência das classes sociais sob as condições impostas pelo capital (e não em estamentos ou castas, típicas da fase da acumulação original, primitiva), fato que justifica a transformação do "terceiro estado", da burguesia mercantil, em classe burguesa dominante que detém os meios de produção e se apropria privadamente da riqueza socialmente produzida. O mesmo se passa, evidentemente, com a constituição do proletariado, polo oposto que não possui os instrumentos de produção e não é dono do produto que produz, vendendo o valor de uso da única mercadoria que possui: a força de trabalho

13. Grifos de Marx.

(que passa a ser propriedade de quem a compra: o capitalista). É nesse contexto, e somente sobre ele, que se colocam as condições objetivas da luta de classes, da revolução (como possibilidade), extraídas das contradições internas do próprio capitalismo.

> Suponha que a jornada de trabalho constitua-se de 6 horas de trabalho necessário e 6 horas de mais-trabalho. Assim, o trabalhador livre fornece semanalmente ao capitalista 6 X 6 ou 36 horas de mais-trabalho. É o mesmo se ele trabalhasse 3 dias por semana para si e 3 dias por semana gratuitamente para o capitalista. Isso não é, porém, visível. O mais-trabalho e o trabalho necessário confundem-se um com o outro [...] A produção capitalista, que é essencialmente produção de mais-valia, absorve de mais-trabalho, produz, portanto, com o prolongamento da jornada de trabalho não apenas a atrofia da força de trabalho, a qual é roubada de suas condições normais, morais e físicas, de desenvolvimento e atividade. Ela produz a exaustão prematura e o aniquilamento da própria força de trabalho. Ela prolonga o tempo de produção do trabalhador num prazo determinado mediante o encurtamento de seu tempo de vida [...] (Marx, 1983, p. 191, 212).

No modo de produção capitalista, portanto, o trabalho converte-se em meio de sobrevivência, bem como a força de trabalho "livre" torna-se uma mercadoria, com vista à produção de outras mercadorias que alimentam o metabolismo do capital, seu processo de valorização, concentração permanente e de sua contínua tendência à centralização (Marx, 1984, p. 197).[14] Organiza-se, então, a produção e reprodução da vida humana por meio de um processo que coisifica as pessoas e suas relações, captura a sua subjetividade nos seus aspectos mais íntimos, convertendo-as em instrumentos de manipulação, subjugadas e degradadas. Esse processo, frequentemente, se traveste em atitudes

14. Em "A Lei Geral da Acumulação Capitalista", Marx (1984a, p. 197) lembra que "[...] o progresso da centralização não depende, de nenhum modo, do crescimento positivo da grandeza do capital social. E especialmente isso diferencia a centralização da concentração, que é apenas outra expressão para a reprodução em escala ampliada. A centralização pode ocorrer por meio de mera mudança da distribuição de capitais já existentes, mediante mudança simples do agrupamento quantitativo dos componentes do capital social [...]".

"éticas", corretas e imprescindíveis à "saúde social" (à reprodução social), em defesa dos "valores democráticos universais", como ações benéficas e capazes de estimular a "paz social", a solidariedade de classes e a "não violência". Estamos, aqui, na realidade, diante de uma forma de violência que constitui a estrutura que sustenta a sociabilidade burguesa (necessária à reprodução do capital), que nasce e emana diretamente dela, que se utiliza de uma força não necessariamente física (ainda que não abdique dela quando necessário), capaz de impor regras, valores e propostas, quase sempre considerados naturais, normais e necessários, que fazem parte da essência da ordem burguesa, ou seja, formam sua natureza. A violência, então, na sua forma estrutural, se materializa envolvendo, ao mesmo tempo, a base econômica por onde se organiza o modelo societário (a infraestrutura) e sua sustentação ideológica (a superestrutura), sem que, com isso, seja endossada uma abordagem que emascule o papel da segunda em relação à primeira (Marx, 1988). Nota-se, assim, que tudo isso é legalmente instituído, naturalizado, sustentado em um contrato de trabalho consentido, ainda que o grau de liberdade, aqui, deva ser questionado já que o trabalhador vende — para sobreviver — a única mercadoria que possui, escolhendo "livremente" entre os capitalistas disponíveis. Vale perguntar: e quando a sua única mercadoria perde o valor de uso como mercadoria socialmente necessária?

Os elementos indicados até aqui oferecem o terreno básico para fundamentar um dos pilares que sustentam a gênese do Serviço Social como profissão, ainda que essa gênese esteja historicamente situada no final do século XIX: *a era de monopólios com suas peculiaridades (mais adiante tratadas), portanto após as lutas operárias de 1848 e 1871.*[15] Nesse contexto, discutir a desigualdade social sob o mando do capital significa necessariamente analisar a expropriação do trabalho e o pauperismo travestido do que se convencionou chamar de "questão social". Este é um aspecto importante adensado com os desfechos do século XIX no amanhecer da ordem monopólica.

15. Brilhantemente tratadas por Marx em *As lutas de classe na França* (Marx, 1986) e *O dezoito brumário de Louis Bonaparte* (Marx, 1987). Consultar, também, Hobsbawm (1989).

A expressão "questão social" (Netto, 2001, p. 42), de origem recente (cerca de 170 anos), começou a ser utilizada próximo da terceira década do século XIX, sendo divulgada até a metade do mesmo século por pensadores críticos e filantropos de diferentes segmentos sociais e espectros políticos. Ela serviu para sintetizar um acontecimento histórico visível na Europa Ocidental desse mesmo período, já sob a influência da primeira expansão industrial iniciada na Inglaterra no último quarto do século XVIII: o *pauperismo*. A terminologia, no entanto, deslocou-se dessa orientação original já na segunda metade do século XIX, sendo capturada pelo pensamento conservador (perdendo sua estrutura histórica e naturalizando-se) na emergência de defender a ordem burguesa após as tempestades revolucionárias de 1848. Como lembra Netto (2001, p. 44),

> [...] de fato, no âmbito do pensamento conservador — a "questão social", numa operação simultânea à sua naturalização, é convertida em objeto de ação moralizadora. E, em ambos os casos,[16] o enfrentamento das suas manifestações deve ser função de um programa de reformas que preserve, antes de tudo e mais, a propriedade privada dos meios de produção. [...].

Desde seus estudos de juventude, muito particularmente a partir da experiência como chefe de redação do jornal *Gazeta Renana*, Marx se deparou com a pobreza absoluta dos trabalhadores. A conhecida passagem pelo referido jornal (como diretor editorial) rendeu a ele uma importante experiência que culminou com sua demissão e com o fechamento do periódico (em março de 1843 a mando do monarca Frederico Guilherme IV), após publicação de um artigo do então jovem jornalista questionando a repressão oficial ao roubo de lenha para o

16. O autor se refere, aqui, a duas linhas conservadoras em geral: os pensadores laicos (em que Durkheim é um ótimo expoente com sua escola sociológica — posterior a Marx) e os pensadores confessionais (expresso, por exemplo, nas encíclicas papais, particularmente a de Leão XIII de 1891, mais conhecida como *Rerum Novarum* — que também trata das condições do proletariado).

aquecimento do rigoroso inverno prussiano.[17] Portanto, o enfrentamento do pauperismo — sob o manto da expressão "questão social" — foi decisivo para a trajetória de Marx rumo à revolução proletária e ao comunismo já em dezembro de 1843. Desde então, são nítidas em seus estudos as referências ao pauperismo absoluto da época *como um complexo social que compõe a natureza da propriedade privada no capitalismo, ou seja, manifestação direta da apropriação privada da produção social e da lei geral da acumulação capitalista* tratada em *O capital* (Marx, 1984a, p. 187-259). Além da clara direção analítica marxiana já apresentada nos *Manuscritos econômico-filosóficos*, de 1844 (ainda que em fase de maturação teórica posteriormente explicitada), destacando o empobrecimento do proletariado ao submeter-vender sua força de trabalho ao capitalista,[18] a referência à pauperização também aparece em outro texto escrito em agosto de 1844: *Glosas críticas marginais ao artigo "O rei da Prússia e a reforma social". De um prussiano.*

> Que coisa boa o *ar puro* da atmosfera pestilenta das moradias nos porões ingleses! Que tremenda *beleza natural* e das fantásticas roupas esfarrapadas dos pobres ingleses e do corpo murcho, macilento das mulheres, consumidas pelo trabalho e pela miséria, a das crianças jogadas em montes de esterco, a dos fetos malformados gerados pelo excesso de trabalho na monótona atividade mecânica das fábricas! E que encantadores os *últimos detalhes da práxis*: a prostituição, o assassinato e a forca![19] (Marx, 2010, p. 31).

---

17. Conforme salienta Netto (in Marx, 2009b, p. 19-20): "É essa experiência que o coloca diante de duas constatações. A primeira diz respeito às debilidades do liberalismo, seja o pós-revolucionário (a referência é a Revolução Francesa de 1789), seja o da burguesia de um país atrasado — na *Gazeta Renana*, Marx compreendeu os limites do liberalismo burguês. A segunda remete à sua própria formação intelectual: fica claro, para Marx, que o horizonte da filosofia hegeliana não dava conta dos problemas histórico-concretos da contemporaneidade — seria necessário ir além da filosofia para intervir ativamente na realidade social [...]."

18. "Se o produto do trabalho não pertence ao trabalhador, um poder estranho [que] está diante dele, então isto só é possível pelo fato de [o produto do trabalho] pertencer a um outro homem fora do trabalhador. Se sua atividade lhe é martírio, então ela tem fruição para um outro e alegria de viver para um outro. Não os deuses, não a natureza, apenas o homem mesmo pode ser este poder estranho sobre o homem. [...]" (Marx, 2004, p. 86).

19. Grifos originais.

Engels, em seu conhecido estudo sobre as condições da classe trabalhadora na segunda metade do século XIX, também fornece elementos significativos sobre o quadro que assolava a classe operária inglesa naquela oportunidade.

> Regra geral, as casas dos trabalhadores estão mal implantadas, mal construídas, mal conservadas, mal arejadas, úmidas e insalubres; nelas, os habitantes estão confinados a um espaço mínimo e, na maior parte dos casos, num cômodo dorme pelo menos uma família inteira. A disposição interior das casas é miserável; chega-se num certo grau à ausência total dos móveis indispensáveis. As roupas dos trabalhadores também são, regra geral, medíocres e estão frequentemente esfarrapadas. A comida é geralmente má, muitas vezes imprópria para consumo, em muitos casos, pelo menos em certos períodos, insuficiente e, no extremo, há pessoas que morrem de fome [...] No melhor dos casos, uma existência momentânea suportável: para um trabalho duro, bom alojamento e comida menos má (do ponto de vista do operário, evidentemente, tudo isto é bom e suportável); no pior dos casos uma miséria cruel pode ir até a ausência do fogo e casa e à morte pela fome; mas a média é muito mais próxima do pior do que do melhor dos casos. [...] (Engels, 1988, p. 88).

O que fica claro na análise concreta de Marx é que a "[...] acumulação do capital é, portanto, multiplicação do proletariado. [...]" (Marx, 1984a, p. 183), ainda que parte desse proletariado possa ou não estar empregada, e que há, cada vez mais, uma tendência em administrar o inadministrável: *a barbárie social oriunda da desigualdade estrutural provocada pelo capital e por sua reprodução ampliada.* A lei geral da acumulação capitalista mostra que o acúmulo da miséria corresponde, ao mesmo tempo, à acumulação do capital, como parte de um processo único e indivisível. Nas palavras de Marx (1984a, p. 210), a "[...] acumulação da riqueza num polo é, portanto, ao mesmo tempo, acumulação da miséria de outro, tormento de trabalho, escravidão, ignorância, brutalização e degradação moral no polo oposto. [...]". Ou, em outras palavras, "Quanto maior, finalmente, a camada lazarenta da classe trabalhadora e o exército industrial de reserva, tanto maior o pauperismo oficial. Essa é a lei absoluta geral, da acumulação capitalista [...]" (Marx, 1984a, p. 209).

Guardadas as devidas diferenças sócio-históricas em relação à segunda metade do século XIX (tais como, por exemplo, a generalização em massa da pobreza absoluta típica dos períodos que marcaram as primeiras lutas do proletariado inglês), essa máxima se mantém absolutamente atual mesmo que também adensada pela pobreza relativa. A apropriação da expressão "questão social" por parte dos teóricos e filantropos do pensamento conservador (sobretudo a partir da segunda metade do século XIX) atua no sentido de naturalizar a miséria e, ao fazer isso, amenizar seu peso como algo que gradativamente deve ser tratado com o apoio do Estado por meio da gestão da pobreza (uma realidade que vai se consolidando amplamente já na segunda metade do século XIX, a partir das revoltas proletárias). Já naquela época, sob as condições do capitalismo industrial, a "questão social" era entendida como um desarranjo social e administrativo (como um problema de gestão — uma "velha-nova" questão contemporânea), possível de ser sistemicamente gerenciado. A era monopólica colocará em tela, então, outro importante "personagem" que atuará no estímulo à economia capitalista e na gestão eficiente e enxuta responsável por lidar com a pobreza (com apoio de profissionais especializados):[20] o Estado. Põe-se em curso *um processo permanente de naturalização de gestos e de procedimentos, quase sempre considerados necessários, adequados e normais, penalizando — de uma forma ou de outra — os pobres e a pobreza, naturalizando-os.* É revelador verificar as observações de Marx feitas há mais de 150 anos:

> [...] De início, ele explica o terrível aumento do pauperismo como *"falha de administrativa"*. [...] O Parlamento inglês não se restringiu à reforma *formal* da administração. Ele detectou a fonte principal da condição aguda do pauperismo inglês na própria *Lei dos Pobres*. O próprio meio

20. A pobreza é outra categoria que carece de precisão. Sua conceituação quase sempre se limita a índices cientificamente ajustados (para cima e para baixo) que "explica" quem são os pobres e, entre eles, quem deixou de ser (ou seja, os que foram "incluídos"). Nessa toada se insere a superficialidade contida no que se convencionou chamar de "nova classe média".

legal contra a indigência social, a beneficência, favoreceria a indigência social. Quanto ao pauperismo em termos gerais, ele seria uma *lei natural eterna*, segundo a teoria de Malthus [...] O Parlamento inglês combinou essa teoria de caráter humanitário com o parecer de que pauperismo seria a miséria infligida a si mesmo pelo trabalhador, não devendo, em consequência, ser prevenido como um infortúnio, mas reprimido e punido com um crime. [...][21] (Marx, 2010, p. 33-34).

Essa mesma tendência de naturalização do pauperismo é enfatizada pelo autor em *O capital* como um componente intrínseco, necessário ao processo ampliado de acumulação, gerador da dita "questão social" e da barbárie social. A violência de ordem estrutural e econômica, *como um complexo social secundário e, nesse caso, determinado*, amplia-se e adquire contornos cada vez mais complexos, por meio de um processo que permanentemente expulsa trabalhadores do mercado de trabalho, aumenta o exército industrial de reserva (hoje muito mais permanente) e amplia a superpopulação relativa (na sua diversidade).[22] Mais do que isso há, segundo Marx, uma clara tendência de *extrair maior produtividade da força de trabalho sem necessariamente aumentar o número absoluto de trabalhadores*, tendo como principal aliado a ciência, a tecnologia e a racionalidade organizacional, apoiada na eliminação de postos de trabalho e no deslocamento de trabalhadores para funções recriadas no processo produtivo com o objetivo enxugar a máquina produtiva e acelerar a acumulação (uma tendência atualíssima).[23] Isso

21. Grifos originais.

22. Entendida por Marx (1984a, p. 207), nas condições do seu tempo, como "líquida e/ou flutuante, latente e estagnada". Flutuante: formada por trabalhadores dos grandes centros industriais ora empregados, ora desempregados; latente: existentes nas áreas rurais quando nelas se generalizam relações capitalistas e que podem migrar para as cidades; estagnada: formada por trabalhadores sem emprego fixo que perambulam entre uma e outra atividade. Existe, ainda, fora da superpopulação relativa, a parte extremamente degradada do proletariado caracterizada como "lumpem proletariado": indigentes, órfãos, mutilados, enfermos e pobres em geral que vegetam na miséria e no pauperismo. Evidentemente que tais designações carecem, hoje, de maior precisão sócio-histórica, dadas as profundas transformações ocorridas na ordem do capital ao longo de todo o século XX e início do século XXI.

23. É oportuno ressaltar que o capital, como relação social, é incapaz de realizar sua autovalorização sem se utilizar do trabalho humano. Assim, pode diminuir o trabalho vivo, mas não

ocorre por meio de uma alteração na "composição técnica do capital" e, portanto, também na sua composição orgânica (Marx, 1984a, p. 195-6), ou seja, o componente variável do capital (convertido em força de trabalho) diminui relativamente em relação ao capital constante (a parcela investida no maquinário e na tecnologia).

> O velho capital alcança com o tempo o momento de sua renovação da cabeça aos pés, quando ele muda de pele e igualmente renasce na configuração técnica aperfeiçoada, em que uma massa menor de trabalho basta para pôr em movimento uma massa maior de maquinaria e matérias-primas [...] Por um lado, o capital adicional constituído no decurso da acumulação atrai, portanto, em proporção a seu tamanho, menos e menos trabalhadores. Por outro lado, o velho capital, reproduzido periodicamente em nova composição, repele mais e mais trabalhadores anteriormente ocupados por ele. [...]. Por um lado, portanto, com o avanço da acumulação, maior capital variável põe mais trabalho em ação, sem recrutar mais trabalhadores; por outro, capital variável da mesma grandeza põe mais trabalho em ação com a mesma massa de força de trabalho e, finalmente, mais forças de trabalho inferiores mediante o deslocamento de forças de trabalho superiores. [...] O capital age sobre ambos os lados ao mesmo tempo. Se, por um lado, sua acumulação multiplica a demanda de trabalho, por outro multiplica a oferta de trabalhadores mediante sua liberação, enquanto, ao mesmo tempo, a pressão dos desocupados força os ocupados a porem mais trabalho em ação, portanto, até certo ponto, torna a oferta de trabalho independente da oferta de trabalhadores. [...] (Marx, 1984a, p. 198, 203 e 206).

---

eliminá-lo, embora possa precarizá-lo e desempregar parcelas imensas de trabalhadores. Ressalta-se, ainda, que as transformações ocorridas no mundo do trabalho a partir dos anos 1970 ocorreram na sua estrutura produtiva e na representação sindical e política de forma tão intensa que a "classe-que-vive-do-trabalho" sofreu sua mais aguda crise do século que atingiu não só sua materialidade como também sua subjetividade, tendo como forte aliado a cooptação dos trabalhadores que passaram a assumir o projeto do capital supondo um "envolvimento manipulatório levado ao limite" (Antunes, 1999 e 2000). Destaca-se, ainda, que "*o desemprego* [...] não resulta do desenvolvimento das forças produtivas, mas sim do desenvolvimento das forças produtivas sob as relações sociais de produção capitalistas" (Netto e Braz, 2006, p. 134).

Todo esse processo é fortemente marcado pela degradação da própria força de trabalho que, em diferentes épocas da expansão capitalista, esgota as energias dos trabalhadores deslocando-os para escalões subalternos, de menor importância para a produção ou, simplesmente, descartando-os e lançando-os ao adoecimento mental e físico precoce. Como já havia apontado Marx (1983, p. 196), "[...] *nada é nesse sentido mais característico do que a designação dada aos trabalhadores que trabalham todo tempo, de full time* [...]".[24] O vampirismo, a que se refere Marx (1983),[25] desumaniza, em diferentes épocas (e por diferentes mecanismos), os trabalhadores do campo e da cidade, desde os segmentos mais mal pagos pelo capital até os trabalhadores de "alto nível". Atualmente, enquanto os primeiros "fritam sua carne" e adoecem sob o sol escaldado de cada dia ou nos pavilhões límpidos das empresas enxutas e "toyotizadas" como membros de uma "família" (mantida sob a "disciplina democrática" da autofiscalização até que o desemprego os separe), os segundos, longe do pauperismo absoluto, consomem suas energias supervisionando a acumulação do capital como gerentes e diretores, sugados na sua subjetividade e enfeitiçados pelo consumo de mercadorias de luxo (permanentemente assolados pelo desemprego, pelo descarte ou pelo simples rebaixamento institucional vexatório). Esse processo se intensifica e normalmente se estende para além dos espaços de trabalho, roubando o "tempo livre" dos trabalhadores nas suas próprias residências, invadindo sua privacidade, sua vida pessoal e subjetiva. Aos desempregados (permanentes ou não) ou empregados precariamente, resta-lhes o "salve-se quem puder", a prostituição, o crime, as ruas, as cadeias, o extermínio lento, gradual ou direto (as situações terminais), os programas sociais precários "inclusivos" (?) da assistência social (ou um pouco disso tudo). As observações feitas por Marx há mais de 140 anos são extra-

24. Grifos nossos.

25. "O capital é trabalho morto, que apenas se reanima, à maneira dos vampiros, chupando trabalho vivo e que vive tanto mais trabalho vivo chupa. O tempo durante o qual o trabalhador trabalha é o tempo durante o qual o capitalista consome a força de trabalho que comprou. Se o trabalhador consome seu tempo disponível para si, então rouba o capitalista. [...]" (Marx, 1983, p. 189).

ordinariamente atuais, ainda que elaboradas sob outras condições sócio-históricas:

> O consumo da força de trabalho pelo capital é, além disso, tão rápido que o trabalhador de mediana idade, na maioria dos casos, já está mais ou menos esgotado. Ele cai nas fileiras dos excedentes ou passa de um escalão mais alto para um mais baixo. Justamente entre os trabalhadores da grande indústria é que deparamos com a duração mais curta da vida. [...] dentro do sistema capitalista, todos os métodos para a elevação da força produtiva social do trabalho se aplicam à custa do trabalhador individual; todos os meios para o desenvolvimento da produção se convertem em meios de dominação e exploração do produtor, mutilam o trabalhador, transformando-o num ser parcial, degradam-no, tornando-o um apêndice da máquina; aniquilam, com o tormento do seu trabalho, seu conteúdo, alienam-lhe as potências espirituais do processo de trabalho na mesma medida em que a ciência é incorporada a este último como potência autônoma; desfiguram as condições dentro das quais ele trabalha, submetem-no, durante o processo de trabalho, ao mais mesquinho e odiento despotismo, transformam seu tempo de vida em tempo de trabalho [...] (Marx, 1984a, p. 207, 209-10).

É claro, no entanto, que a gênese do Serviço Social como profissão, ou seja, "[...] *como prática institucionalizada, socialmente legitimada e legalmente sancionada* [...]"[26] (Netto, 1992, p. 13), ocorreu na fase seguinte do desenvolvimento capitalista mais conhecida como capitalismo de monopólios típico da era imperialista já claramente anunciada no final do século XIX. De maneira geral, a era de monopólios (a fase em que o imperialismo se radicaliza e se intensifica) se refere a um período em que a acumulação capitalista baseia-se no controle de mercados (monopólios), através de acordos ou fusões de empresas (*pool*, cartel e truste). Esta lógica se apoia, ao mesmo tempo, no sistema de crédito financeiro. O desenvolvimento desse modelo permite uma maior integração entre os capitais industrial e bancário, bem como favorece a

---

26. Grifos nossos.

exportação de capital-dinheiro e de capital produtivo entre nações capitalistas (Netto, 1992, p. 16; Bottomore, 1993, p. 187). Nos dizeres de Lênin (2008, p. 125-6),

> [...] o imperialismo é, pela sua essência econômica, o capitalismo monopolista. Isto determina o lugar histórico do imperialismo, pois o monopólio, que nasce única e precisamente da livre concorrência, é a transição do capitalismo para uma estrutura econômica e social mais elevada. [...] O monopólio é produto da concentração da produção num grau muito elevado do seu desenvolvimento. É formado pelas associações monopolistas dos capitalistas, os cartéis, os sindicatos e os trustes. [...] Os monopólios vieram intensificar a luta pela conquista das mais importantes fontes de matérias-primas, particularmente para a indústria fundamental e mais cartelizada da sociedade capitalista: a hulheira e a siderúrgica. [...] O monopólio surgiu dos bancos, os quais, de modestas empresas intermediárias que eram antes, se transformaram em monopolistas do capital financeiro. [...] O monopólio nasceu da política colonial. [...]

Nesse contexto, o pauperismo se robustece e se complexiza, e as ações na gestão da "questão social" (já analisada a partir das orientações marxianas) sofrem alterações significativas com apoio de um importante personagem capturado organicamente pelo capital: o Estado. A isso se juntam, particularmente em relação ao Serviço Social, as movimentações ocorridas no interior dos trabalhos de cunho religioso orientados, especificamente, no caso da Igreja Católica, pelas encíclicas papais *Rerum Novarum* (1891) e *Quadragesimo Anno* (1931), visando rever as estratégias do catolicismo e posicioná-lo em uma sociabilidade em transformação.[27] A célebre e polêmica "introdução" de Engels à obra marxiana *As lutas de classes na França (1848-1850)*, elaborada em

27. A influência católica-apostólica-romana sempre foi preponderante no âmbito do Serviço Social, se comparada com outras expressões religiosas. Vale destacar, no entanto, que ela não foi a única. Exemplo disso foi o desenvolvimento do Serviço Social nos Estados Unidos — que também influenciou o Serviço Social no Brasil (particularmente por meio dos estudos de Mary Richmond) — marcado por uma perspectiva de maior teor laico (certamente inspirada pela tradição protestante) e, por isso, com um diálogo mais próximo de concepções racionalistas (ainda que valores messiânicos de cunho religioso sempre tenham feito parte do Serviço Social).

um contexto particular e após um balanço de 50 anos (diga-se de passagem, um texto desfigurado pela direção da social-democracia alemã e capturada pelo seu equivocado revisionismo),[28] anuncia um fôlego adicional da ordem burguesa no final do século XIX (reafirmado, em meio a suas crises e expansões, no século XX). Isso, simultaneamente, impõe uma longa tarefa aos revolucionários estabelecendo dificuldades objetivas após as movimentações revolucionárias de 1848 e 1871, já no amanhecer da ordem monopólica. Escreve Engels:

> Até 1848, a própria pessoa podia fabricar as munições necessárias com pólvora e chumbo; atualmente, os cartuchos diferem para cada tipo de fuzil, só havendo entre eles, como ponto comum, o fato de serem produtos da técnica da grande indústria e, portanto, não se poderem fabricar *ex tempore*; [...] Finalmente, os bairros construídos a partir de 1848 nas grandes cidades têm ruas longas, retas e largas e parecem ser feitos de encomenda [...]. Quer isso dizer que, no futuro, a luta armada não desempenhará nenhum papel? Absolutamente não. Significa apenas que, a partir de 1848, as condições se tornaram muito menos favoráveis para os combatentes civis, e muito mais favoráveis para as tropas [...]. Onde quer que se trate de transformar completamente a organização da sociedade, cumpre que as próprias massas nisso cooperem, que já tenham elas próprias compreendido de que se trata, o motivo pelo qual dão seu sangue e sua vida. Isso foi o que nos ensinou a história dos últimos cinquenta anos. Mas para que as massas compreendam o que é necessário fazer é preciso um trabalho longo e perseverante; é precisamente esse trabalho que realizamos agora, com tal êxito que desespera nossos adversários. [...] (Engels, apud Marx, 1986, p. 43-44).

Nesse contexto, considerando-se mais diretamente a gênese do Serviço Social, vale destacar dois atores importantes em tela: o Estado burguês e suas alterações desencadeadas no último quarto do século XX, bem como as movimentações no âmbito da Igreja Católica. Ambos,

---

São conhecidas, posteriormente, já na metade do século XX, as aproximações entre o Serviço Social norte-americano e o europeu.

28. Presente, por exemplo, nos estudos de Berstein e Kautsky (entre outros).

desnecessário dizer, fortemente atrelados à sociabilidade burguesa, à sua reorganização e ao imenso avanço da ciência a serviço dessa ordem societária, ainda que respondam — de alguma forma e de fato — *às demandas impostas pelos levantes operários de 1848 e 1871* (e esse dado é relevante).

A partir da era de monopólios (já sob o padrão fordista de organização do trabalho nas primeiras décadas do século XX), a relação de "complementaridade" entre Estado e capitalismo passa a ser *orgânica* na medida em que o primeiro não apenas gerencia interesses da classe hegemônica como também é capturado por um circuito que *o coloca como parte integrante de uma complexa organização socioprodutiva (altamente burocratizada) que estimula diretamente a economia burguesa, participa ativamente da reprodução da força de trabalho e administra as tensões sociais.* Com suas funções de estímulo e transferência de recursos públicos para os fins privados dos grandes monopólios (na esfera da economia-política), o Estado burguês, "situado acima do bem e do mal", "desclassicizado" (Iamamoto; Carvalho, 1985; Iamamoto, 1994), gerencia problemas sociais setorizados por meio de ações e políticas fragmentadas e objetivadas no místico pântano estabelecido entre a esfera pública e privada (Netto, 1992, p. 30). Essa determinada forma de Estado, então, ao mesmo tempo em que oculta sua essência classista gerencia — por meio de uma rede de serviços prestados por instituições sociais das mais diversas — disfunções sociais atribuídas a indivíduos e/ou segmentos sociais, problemas esses genericamente identificados como "questões sociais" visíveis na esfera pública.

> Está claro, assim, que o estado foi capturado pela lógica do capital monopolista — ele é o seu Estado; tendencialmente, o que se verifica é a integração orgânica entre os aparatos privados dos monopólios e as instituições estatais. Donde uma explicável alteração não apenas na modalidade de intervenção do estado (agora contínua, em comparação com o estágio concorrencial), mas nas estruturas que viabilizam a intervenção mesma: no sistema de poder político, os centros de decisão ganham uma crescente autonomia em relação às instâncias representativas formalmente legitimadas. Vale dizer: o Estado funcional ao capi-

> talismo monopolista é, ao nível de suas finalidades econômicas, o "comitê executivo" da burguesia monopolista — opera para propiciar o conjunto de condições necessárias à acumulação e à valorização do capital monopolista [...] (Netto, 1992, p. 22).

Antonio Gramsci, em *Americanismo e fordismo*, capta muito bem esse momento particularizado nas condições da Itália dos anos 1920 e 1930, ressaltando a era monopólica e suas metamorfoses na esfera da organização e da disciplina da força de trabalho. A "americanização", conforme nos destaca o membro fundador do Partido Comunista Italiano, carece de uma organização social intencionalmente estruturada, composta, entre outras coisas, por um tipo de Estado que adere, compõe, estimula e financia (com fundos públicos) a livre-iniciativa e o individualismo econômico propiciados pela concentração industrial monopólica. O Estado atuou diretamente, por meio de ações econômico-financeiras, no desaparecimento das formas semifeudais de acumulação propiciando sua transformação para um padrão industrial-monopólico (ainda na sua fase fordista). Gramsci percebe que se trata de um processo de racionalização e de controle intensos, historicamente determinado (portanto, mutável e transitório), que atua no sentido de formar trabalhadores educados e embrutecidos dentro do padrão de organização do trabalho (fordista), como seres "conscientes" do processo de que participam ou, com queria Taylor, um dos importantes precursores das escolas de administração científica, como "gorilas domesticados".

> Efetivamente Taylor exprime com cinismo brutal o objetivo da sociedade americana: desenvolver ao máximo, no trabalhador, as atitudes maquinais e automáticas, romper o velho nexo psicofísico do trabalho profissional qualificado, que exigia uma determinada participação ativa da inteligência, da fantasia, da iniciativa do trabalhador, e reduzir as operações produtivas apenas ao aspecto físico maquinal. Mas, na realidade, não se trata de novidades originais, trata-se somente da fase mais recente de um longo processo que começou com o próprio nascimento do industrialismo, fase que apenas é mais intensa do que as precedentes

> e manifesta-se sob formas mais brutais, mas que também será superada com a criação de um novo nexo psicofísico de um tipo diferente de procedentes e, indubitavelmente, uma seleção forçada, uma parte da velha classe trabalhadora será impiedosamente eliminada do mundo do trabalho e talvez do mundo *tout court*[29] [...] (Gramsci, 1989, p. 397).

Vale destacar, nesse contexto, também pelo vínculo com o Serviço Social, a clara posição da Igreja Católica, oficialmente já explicitada desde 1891 na encíclica *Rerum Novarum* do Papa Leão XIII: *por um lado a recusa radical à transição socialista e a revolução comunista; por outro, uma pregação sustentada na caridade dos ricos para com os pobres deixando a propriedade privada intacta.* Não há, aqui, evidentemente, a defesa de uma posição intermediária entre capitalismo e comunismo, mas uma clara afirmação do primeiro adequando-o à caridade neotomista (com retoques peculiares da conjuntura da época). O ataque ao "comunismo ateu", materialista, à luta de classes, à consciência de classe, se sustenta em um tipo de "solidariedade cristã" que não considera o trabalhador um escravo e lhe paga o "salário justo" (sob o peso de ser amaldiçoado pelos céus!). Vejamos, a seguir, um revelador trecho da citada encíclica:

> Para remediar estes males, os "socialistas", depois de estimular entre os pobres o ódio aos ricos, pretendem liquidar com a propriedade privada, substituindo-a pela coletiva, em que os bens de cada um sejam comuns a todos, respondendo por sua conservação e distribuição os que dirigem o município ou têm em mãos o governo geral do estado. Eles acreditam solucionar o mal presente com esta transferência dos bens dos particulares para a comunidade, repartindo-os e dividindo-os de forma perfeitamente igual entre os cidadãos. Por isto se vê que o princípio socialista — segundo o qual toda a propriedade há de ser comum — deve ser absolutamente rechaçado, porque prejudica aqueles que pretende socorrer, conflita com os direitos naturais dos indivíduos e perturba os deveres do Estado e a tranquilidade comum. Fica claro,

29. Grifos de Gramsci.

> pois, que, quando se procura a maneira de aliviar os povos, o que é principal, fundamento de tudo, é isto: *deve-se* preservar intacta a propriedade privada [...]. Não considerar os operários como escravos, respeitar neles a dignidade da pessoa e a nobreza que esta agrega ao chamado caráter de cristão[30] [...] defraudar a uma pessoa do salário que lhe corresponde é um enorme crime, que clama vingança ao céu [...][31] (*Rerum Novarum*, apud Castro, 1989, p. 47-8 e 53).[32]

A influência do positivismo de Augusto Comte é visível e compõe a Doutrina Social da Igreja (ainda que não se identifique a ela) no seu afã de situar-se no processo de luta de classes (veementemente negado), na defesa dos "valores humanos", da "pessoa humana". O resultado desse sincretismo é uma abstração total, reproduzindo esquemas mecânicos, grosseiros e primários de inspiração positivista. A defesa do trabalho estranhado, submetido ao capital, é nítida, reduzindo essa importante e central categoria à sua forma burguesa.

30. Ora, qualquer capitalista minimamente atento sabe que o operário não pode ser um escravo. A fonte da riqueza capitalista é exatamente o trabalho abstrato, alienado-estranhado (que não se apresenta no escravismo). Diga-se de passagem, a escravidão, o modelo agrário-exportador sustentado na monocultura e a grande propriedade, na fase mercantilista e pré-capitalista há pouco ressaltadas, serviram muito bem ao capital em países dependentes e hipertardios (como o Brasil). Mas esse assunto será tratado mais adiante.

31. Sobre o "salário justo" Marx é certeiro desde seus escritos de juventude: "Mesmo a igualdade de salários, como quer Proudhon, transforma somente a relação do trabalhador contemporâneo com o seu trabalho na relação de todos os homens com o trabalho. A sociedade é, nesse caso, compreendida como um capitalista abstrato. Salário é uma consequência imediata do trabalho estranhado, e o trabalho estranhado é a causa imediata da propriedade privada. Consequentemente, com um dos lados tem também de cair o outro. [...]" (Marx, 2004, p. 88).

32. Diga-se de passagem, tendência rigorosamente mantida nos tempos atuais. A carta encíclica *Fides et Ratio*, de João Paulo II, datada de 1998, é claríssima: "Neste século, o Magistério voltou várias vezes ao mesmo assunto, alertando contra a tentação racionalista. É neste horizonte que se devem colocar as intervenções do Papa S. Pio X, pondo em relevo como, na base do modernismo, havia posições filosóficas de linha fenomenista, agnóstica e imanentista. E não se pode esquecer a importância que teve a rejeição católica da filosofia marxista e do comunismo ateu. [...] Por último, também a Congregação da Doutrina da Fé, no cumprimento do seu múnus específico ao serviço do magistério universal do Romano Pontífice, teve de intervir para sublinhar o perigo que comportava a assunção acrítica, feita por alguns teólogos da libertação, de teses e metodologias provenientes do marxismo" (Paulo II, 2013, item 54).

> [...] assim como no corpo se unem membros tão diversos entre si, e de sua união resulta esta disposição de todo o ser a que bem chamaríamos simetria, também assim, na sociedade civil, a natureza ordenou que aquelas duas classes se unam, concordem e se adaptem uma à outra, de modo que se equilibrem, pois sem trabalho não pode haver capital e vice-versa [...] (*Rerum Novarum*, apud Castro, 1989, p. 51).

Entre o Serviço Social como profissão, constituído na ordem monopólica, e as tradicionais ações religiosas de cunho messiânico e filantrópico (as protoformas do Serviço Social ligadas ao trabalho voluntário católico), o que existe é uma relação de rupturas com continuidades (Netto, 1992). O mercado de trabalho capitalista paulatinamente instaura um espaço sócio-ocupacional que possui demandas objetivas, ontologicamente dadas. Assim, *o Serviço Social não é consequência de uma simples evolução das estratégias de ajuda presentes nas ações sociais religiosas.* Trata-se, na verdade, de uma profissão gestada na era do capitalismo de monopólios (imbricada com o padrão fordista de organização e racionalização da produção), no caso brasileiro, latino/centro-americano e caribenho nitidamente hipertardio (tema abordado no próximo capítulo),[33] na trama estabelecida entre o Estado (e seus respectivos governos), a ação das igrejas (não só, mas especialmente a católica) e a "questão social" (o pauperismo fermentado pelas convulsões do movimento operário). É parte constituinte, portanto, de um complexo processo comprometido com a formulação de inúmeras estratégias utilizadas para maximizar e intensificar a acumulação do capital, modernizando e profissionalizando a gestão das tensões sociais oriundas de uma desigualdade social que marca geneticamente a propriedade privada, o mundo do capital e estimula seu metabolismo.[34]

---

33. O termo "hipertardio" remete ao caráter regressivo da revolução burguesa brasileira, sua necessária "incompletude" como forma possível de objetivação por meio da via colonial (que a caracterizou estruturalmente). Vale destacar sua particularidade se comparada à via clássica que reinou em países como a Inglaterra ou em relação às experiências tardias europeias (como a Alemanha). Uma ótima análise desse processo encontra-se em Chasin (1978).

34. David Harvey lembra que "[...] Ford enviou um exército de assistentes sociais aos lares dos seus trabalhadores 'privilegiados' (em larga medida imigrantes) para ter certeza de que o

> [...] na emergência profissional do Serviço Social, não é este que se constitui para criar um dado espaço na rede sócio-ocupacional, mas é a existência deste espaço que leva à constituição profissional [...] não é a continuidade evolutiva das protoformas ao Serviço Social que esclarece a sua profissionalização, e sim a ruptura com elas [...]. A profissionalização do Serviço Social não se relaciona decisivamente à "evolução da ajuda", à "racionalização da filantropia" nem à "organização da caridade"; vincula-se à dinâmica da ordem monopólica (Netto, 1992, p. 69).

A departamentalização e a fragmentação da "questão social" em "questões sociais" tratadas por políticas setoriais sustentam-se na perspectiva da integração social, da redução de disfuncionalidades e da atomização, singularização e individuação de demandas imediatamente identificadas como pontuais, publicizando e desclassicizando os "desarranjos" estruturais intrínsecos ao mundo do capital. Sob essa perspectiva, naturaliza-se a ordem burguesa, sua sociabilidade, e o social é reduzido a problemas e disfunções patológicas que remetem os insucessos e sucessos à esfera individual (por mais elaborada que seja a perspectiva aqui considerada).[35] A coerção e o consenso no âmbito da intervenção profissional (Iamamoto, 1994, p. 40) se reproduzem com forte ênfase moral cuja base inicial muito revela a encíclica de Leão XIII, sendo, aos poucos, enriquecidos por um tecnicismo e por uma espécie de psicologização dos problemas sociais sustentados em fragmentos teóricos recolhidos, sincreticamente (Netto, 1992), das Ciências Sociais. Sob essa base, sustenta-se a gênese do Serviço Social na era de monopólios, enfatizando o conservantismo e o reformismo integrador.

'novo homem' da produção de massa tinha o tipo certo de probidade moral, de vida familiar e de capacidade de consumo prudente (isto é, não alcoolico) e 'racional' para corresponder às necessidades e expectativas da corporação [...]" (Harvey, 2003, p. 122).

35. Na segunda parte deste livro veremos como essa perspectiva persiste, com "mistificações democráticas" e com um discurso sistêmico mais complexo, no Serviço Social contemporâneo e nas demandas a ele impostas pelo mercado de trabalho capitalista. Trataremos disto ao dar destaque a um importante espaço sócio-ocupacional do Serviço Social: a assistência social.

> A individuação dos "casos sociais", em detrimento ao reconhecimento da situação social comum vivida pelos segmentos sociais que constituem a "clientela" do Serviço Social, é outra característica marcante dessa atividade profissional. Os indivíduos são encarados como seres únicos e particulares, com potencialidades a serem desenvolvidas, desde que estimuladas, cuja dignidade de seres humanos e cuja liberdade merecem o respeito do profissional. Porém, tais características tendem a ser apreendidas sem vinculação com suas bases materiais, isto é, subjetivamente e apartadas da situação social de vida dos "clientes", transformando-se em princípios e postulados universalizantes orientadores da ação profissional[36]. [...] (Iamamoto, 1994, p. 29-30).

Ou, nas palavras de José Paulo Netto,

> [...] a individuação dos problemas sociais, sua remissão à problemática singular ("psicológica") dos sujeitos por eles afetados, é, como vimos, um elemento constante, embora com gravitação variável, no enfrentamento da questão social na idade do monopólio; ela permite — com todas as consequências que daí decorrem — *psicologizar os problemas sociais*[37], transferindo a sua atenuação ou a proposta de resolução para a modificação e/ou redefinição de características pessoais do indivíduo (é então que emergem com rebatimentos prático-sociais de monta, as estratégias, retóricas e terapias de ajustamento etc.) [...] porque é sobre a psicologização das relações sociais que avançará a autorrepresentação da sociedade burguesa no estágio imperialista (Netto, 1992, p. 37 e 46).

O sincretismo aqui indicado, como nos alerta Netto (1992, p. 91), não se reduz a uma mistura de tendências teóricas que inevitavelmente desembocam no ecletismo teórico-metodológico. Para além disso,

---

36. Nesse momento do seu texto, a autora faz referência ao documento de Araxá (que será brevemente citado mais adiante) e a três princípios tomistas que são reproduzidos nele: o postulado da dignidade da pessoa humana, da sociabilidade essencial da pessoa humana e da perfectibilidade humana. Diga-se de passagem, vale recordar que o Documento de Araxá (1967) é um texto do Serviço Social brasileiro já reconceituado (consultar o Capítulo 3 deste livro). Mesmo aqui a influência tomista e neotomista é significativa.

37. Grifos de Netto.

ele está contido, objetiva, ontologicamente, nas demandas interventivas e operativas do assistente social, na sua própria constituição como profissão inserida na divisão social e técnica do trabalho (Iamamoto e Carvalho, 1985). As misturas ecléticas derivam desta instância, certamente alimentadas pela tradição meramente operativa atribuída ao Serviço Social pelo capitalismo na sua fase monopólica e por suas ciências sociais departamentalizadas.[38] A consequência disso é inevitável: uma "sopa eclética" que justapõe neotomismo, personalismo, desemboca na teoria funcionalista americana de Parsons e Merton por meio de conceitos relacionados à mudança social, à integração e à ação com pequenos grupos, apoia-se na psicologia do ego (com recortes da psicanálise), nas noções de equilíbrio social, normal e patológico de Durkheim (quase sempre de forma empobrecida — e fortemente presentes em documentos reconceituados do Serviço Social) e na abstração da "promoção social", do "bem comum", do desenvolvimento integral, da "justiça social", tudo isso positivamente avaliado sob o manto mágico e especializado da interdisciplinaridade e de "olhares e saberes" que se justapõem de forma complementar. Por meio disso "[...] *o verdadeiro problema da pesquisa da totalidade social concreta foi substituído pela 'interdisciplinaridade' (ou 'multidisciplinaridade')* [...]"[39] (Netto, 1992, p. 140).

Sumariamente é preciso ressaltar que existem diferenças nas apreensões, também nesse aspecto, entre os dois maiores intelectuais brasileiros do Serviço Social na atualidade. Vale destacar, por exemplo, o que Netto (1992, p. 94) denomina de "sincretismo e a prática indiferenciada" enfatizando, precisamente, que o sincretismo do Serviço Social (nos moldes apresentados há pouco) se objetiva, na esfera operativa, como uma intervenção profissional que se reduz a executar ações que variam muito pouco entre si (inclusive se considerada a transição entre a velha filantropia e as ações profissionais propriamente ditas). Sobre isso Iamamoto (2007), destacando a riqueza da abordagem de José Paulo Netto, chama a atenção para alguns aspectos a serem aprofun-

38. Nos dizeres de (Netto, 1992, p. 94): "[...] o sincretismo, na sua reposição intelectual, traz como inevitável acólito o ecletismo teórico [...]".

39. Grifos nossos.

dados (sintetizados aqui em três pontos): 1. Ainda que as formas reificadas prevaleçam no universo profissional do assistente social, a denúncia e a mistificação não elucidam "a natureza sócio-histórica dessa especialização do trabalho para além do universo alienado, em que se realiza e se mostra encoberta no sincretismo [...]" (Iamamoto, 2007, p. 267-8); 2. Reivindicando a noção de política em Gramsci, como "momento catártico" para libertar o homem passivo por meio de uma nova forma ético-política capaz de gerar novas iniciativas, a autora destaca a necessidade de não alimentar o fatalismo que "[...] não permite vislumbrar nem a presença dos movimentos revolucionários na história e nem horizontes de ruptura da positividade, em uma análise aprisionada num 'pessimismo da razão', que não dá lugar ao 'otimismo da vontade política', parafraseando Gramsci [...]" (Iamamoto, 2007, p. 271); 3. A necessidade de desmontar a aparência dessa "prática indiferenciada" para que "[...] suas distintas possibilidades de configuração [...]" não fiquem obscurecidas permitindo que a profissão vá além de suas protoformas e vislumbre, por exemplo, as contradições contidas nas políticas públicas e dos direitos sociais como arena de lutas (Iamamoto, 2007, p. 274-5). Em que pese a pertinência das observações feitas por Iamamoto (sobretudo em relação à necessária riqueza da "prática indiferenciada" e da possibilidade e necessidade de se pensar o homem e a profissão para além da dimensão alienado-estranhada), não parece que a análise de José Paulo Netto seja imediatamente marcada por um "pessimismo da razão" que engessa o Serviço Social e a atuação profissional, mas por um realismo (marxista) impenitente que não alimenta abstrações. Resumidamente: se por um lado é fundamental valorizar as contradições e as possibilidades de uma profissão (e isso de fato precisa ser tratado com maior atenção), por outro é igualmente importante não nutrir ilusões.

Posto isso, e para finalizar este capítulo, caberia aqui retomar a provocativa questão que norteia as discussões deste livro: seria possível algum outro tipo de discussão sustentada em parâmetros diferentes daqueles aqui criticados? A tradição inspirada em Marx e em sua tradição poderia estabelecer uma profícua interlocução com o Serviço

Social e com os assistentes sociais? Estamos convencidos de que sim, ainda que diversas ponderações devam ser feitas sobre as possibilidades e os limites para essa interlocução. A sustentação objetiva dessa argumentação encontra-se justamente no fato de que os serviços sociais prestados reproduzem, inevitavelmente, os interesses das camadas burguesas dominantes. No entanto, tais respostas — ainda que sob o mando hegemônico do capital — não surgiram por livre e espontânea vontade da burguesia, mas a partir de um cenário de lutas sociais envolvendo as classes fundamentais, suas frações e outras camadas sociais inseridas nesse contexto. Esse rico, heterogêneo e complexo processo sempre foi alimentado por um poderoso combustível: *as pressões da classe operária a partir da segunda metade do século XIX e as revoluções por ela desencadeadas*. Sendo assim, a tendência dominante do Serviço Social e seus vínculos com a ordem monopólica são inegáveis (e insuprimíveis como profissão), *mas afirmar isso não significa que outras tendências críticas ao sincretismo e ao ecletismo não possam se desenvolver no interior da profissão (ainda que jamais possam se desvencilhar das protoformas presentes na sua gênese como profissão — insuperáveis sob o mando do capital)*. Isso abre, portanto, sem qualquer dose de messianismo, a possibilidade para releituras e rediscussões, na trama ontologicamente contraditória pela qual se constituem as lutas sociais, pois há um vínculo estrutural com as demandas forcejadas pelo proletariado e pelos que vivem do trabalho, portanto, projetos distintos, como componentes que orientam as lutas sociais.

> A alternativa de um Serviço Social profissional liberado da tradição positivista e do pensamento conservador não lhe retirará o seu estatuto fundamental: o de uma atividade que responde, no quadro da divisão social (e técnica) do trabalho da sociedade burguesa consolidada e madura, a demandas sociais prático-empíricas [...] permanecerá profissão [...]. Em síntese: a ultrapassagem do sincretismo teórico — que se expressa no viés do ecletismo — no Serviço Social, conectada à superação do seu lastro no pensamento conservador, é projeto que não erradica o sincretismo da fenomenalidade do seu exercício profissional [...] (Netto, 1992, p. 147).

Ou, nos dizeres de Marilda Iamamoto e Raul de Carvalho (1985, p. 75),

> [...] a atuação do Assistente Social é necessariamente polarizada pelos interesses de tais classes, tendendo a ser cooptada por aqueles que têm uma posição dominante. Reproduz também, pela mesma atividade, interesses contrapostos que convivem em tensão. Responde tanto a demandas do capital como do trabalho e só pode fortalecer um ou outro polo pela mediação de seu oposto. Participa tanto dos mecanismos de dominação e exploração como, ao mesmo tempo e pela mesma atividade, da resposta às necessidades de sobrevivência da classe trabalhadora e da reprodução do antagonismo nesses interesses sociais, reforçando as contradições que constituem o móvel básico da história. A partir dessa compreensão é que se pode estabelecer uma estratégia profissional e política, para fortalecer as metas do capital ou do trabalho, mas não se pode excluí-las do contexto da prática profissional, visto que as classes só existem inter-relacionadas [...].[40]

Há de se considerar, a partir desse ponto, outros aspectos que possam esclarecer o tema proposto neste livro. Para tanto, é fundamental uma discussão sobre as particularidades da revolução burguesa e do capitalismo no Brasil, bem como maiores detalhes acerca do Serviço Social brasileiro.

---

40. Parece-nos exagerado, no entanto, como consequência dessa análise, afirmar que "[...] o Assistente Social, dependendo de sua opção política, pode [...] tornar-se intelectual orgânico a serviço da burguesia ou das forças populares emergentes [...]" (Iamamoto e Carvalho, 1985, p. 96). A noção de intelectual orgânico em Gramsci é complexa e supõe, simultaneamente, uma adesão ao ponto de vista da classe e também a capacidade de organizar (inclusive teoricamente) o ponto de vista dessa classe. Parece-nos, então, que todos nós podemos e devemos ser intelectuais (tradicionais ou não, que aderem a um ou outro ponto de vista — conforme indica Gramsci), mas poucos são orgânicos.

CAPÍTULO 2

A constituição da ordem burguesa no Brasil e o Serviço Social brasileiro

A gênese do Serviço Social brasileiro não pode ser genericamente e unicamente explicada pela ordem monopólica mundial desdobrada a partir do capitalismo industrial e já em plena constituição a partir do final do século XIX. Mesmo que esse seja um aspecto crucial sucintamente tratado no item anterior, é essencial problematizar e apanhar — ainda que sumariamente — as particularidades da revolução burguesa no Brasil.[1]

Imersa em inúmeras contradições e com características próprias daquelas nações que romperam com o estatuto colonial e sua base produtiva muito tardiamente (deixando marcas irreparáveis), a revolução burguesa brasileira é impensável sem seus antecedentes históricos vinculados, em última instância, à gradativa ascensão do capitalismo desde o final do século XV com a mundialização mercantilista,

1. Vale destacar a insipiência desta necessária contextualização no âmbito do Serviço Social brasileiro (salvo raras exceções). É preciso conhecer o Brasil, sua formação social, ainda que esse processo deva ter como referência o ponto de vista de totalidade capaz de explicar as particularidades nacionais e do Serviço Social brasileiro no contexto da ordem do capital mundialmente constituída.

pré-capitalista e sua organização social de tradição lusitana. Nesse contexto, o Brasil passou a ser parte da engrenagem mercantil-comercial que sugou suas riquezas naturais instituindo uma forma consistente e organizada de exploração sem qualquer preocupação de constituir uma base econômica voltada à satisfação das necessidades humanas daqueles povos que habitavam o território (Prado Junior, 2000, p. 67). Fundada na grande propriedade, no trabalho escravo e na economia agrária, cuja base principal era a monocultura (principalmente, mas não unicamente, o açúcar, o algodão e o tabaco — com uma pequena produção de mandioca, milho e feijão para a manutenção interna da força de trabalho),[2] o sistema produtivo colonial brasileiro consolidou uma complexa organização que reuniu, forçadamente, diferentes povos retirando-os de suas origens, destruindo-os como seres, aviltando suas identidades e culturas.[3]

Vale destacar, todavia, que não há consenso sobre os traços que marcaram a formação social brasileira na literatura especializada que a estuda, mesmo entre aqueles autores inseridos em uma mesma tradição teórica. Como destaca Hirano (2008, p. 19-80), a diversidade das teses mais críticas — ora inspiradas nas observações de Marx, ora nas de Weber (ou mesmo mesclando essas tradições) — transita da existência do capitalismo na formação colonial brasileira à sua inexistência, o que remete à presença ou não de traços feudais no Brasil

---

2. Prado Junior (2000, p. 141-2).

3. Sobre o escravismo no Brasil, Caio Prado Junior (2000, p. 284) é certeiro: "O negro não teve no Brasil a proteção de ninguém. Verdadeiro 'pária' social, nenhum gesto se esboçou em seu favor. E se é certo que os costumes e a própria legislação foram com relação a ele mais benignos na sua brutalidade escravista que em outras colônias americanas, tal não impediu contudo que o negro fosse aqui tratado como último dos descasos no que diz respeito à sua formação moral e intelectual, e preparação para a sociedade em que a força o incluíram. Estas não iam além do batismo e algumas rudimentares noções de religião católica, mais decoradas que aprendidas, e que deram apenas para formar, com suas crenças e superstições nativas, este amálgama pitoresco, mas profundamente corrompido, incoerente e ínfimo como valor cultural, que sob o nome de 'catolicismo', mas que dele só tem o nome, constitui a verdadeira religião de milhões de brasileiros. [...] O que pesou muito mais na formação brasileira é o baixo nível destas massas escravizadas que constituirão a imensa maioria da população do país. [...]" (Prado Junior, 2000, p. 359-60). Por outros caminhos e com outras mediações, algo similar se sucedeu com os povos indígenas.

colonial e de sua estrutura social sustentada em castas ou estamentos. O que está claro, a partir do que já foi desenvolvido no item anterior e que especificamente interessa ao que estamos discutindo acerca do Serviço Social, é que o capitalismo se consolida como tal na medida em que as relações de produção e reprodução burguesas se objetivam trazendo consigo as classes sociais fundamentais típicas dessa sociedade: a burguesia (os donos dos meios de produção e apropriadores da riqueza socialmente produzida) e o proletariado (os vendedores da força de trabalho, desapropriados). A gênese do Serviço Social como profissão vincula-se, necessariamente, *a essa dinâmica e a uma fase já desenvolvida do capitalismo industrial marcadamente monopólica, típica do final do século XIX, após os levantes operários que causaram fortes contrações na ordem industrial da segunda metade do século XIX*.

Embora esse debate seja fecundo, polêmico e necessário, e permeie as discussões propostas nesta obra, não cabe aqui um detalhamento dessas abordagens que lidam com a formação colonial brasileira. Entretanto, vale ressaltar, ainda que resumidamente, o processo de constituição da formação social brasileira necessário para explicar as particularidades da revolução burguesa no Brasil e o Serviço Social brasileiro constituído nesse "esterco de contradições". Sobre essa formação social brasileira, as observações de Sedi Hirano (2008, p. 70) nos parecem cuidadosas:

> No nosso modo de ver, a produção escravista colonial era uma produção comandada pelo capital mercantil, que realizava uma acumulação não capitalista, com evidentes traços pré-capitalistas, mas não feudal. [...]

Aliás, diga-se de passagem, a própria metrópole europeia era, até o final do século XVIII, fortemente marcada por traços feudais, ainda que esse processo não tenha se apresentado de forma homogênea. A França fez a sua revolução em 1789 (segunda metade do século XVIII), extirpando a monarquia e abrindo espaços para o "terceiro estado" (a burguesia como classe revolucionária). Mesmo no berço da Revolução Industrial, na Inglaterra, a subsunção do trabalho concreto ao abstrato, a produção social da riqueza e sua apropriação privada pela burguesia industrial, a produção do valor e do sobrevalor por meio do trabalho humano abstrato (a mais-valia) apresentam-se mais claramente na segunda metade do século XVIII.[4] É sintomático, nesse contexto, que o próprio Marx tenha acompanhado diretamente a erupção da classe operária como classe que toma consciência de sua própria força na metade do século XIX (já em plena era industrial). A Alemanha, nesse mesmo período (a Prússia), como nação europeia que fez tardiamente sua revolução burguesa, ainda sofria com as "peripécias" de Frederico Guilherme IV que, por duas vezes, fechou o jornal em que Marx atuava (a *Gazeta Renana* e a *Nova Gazeta Renana*), além de influir na perseguição dos revolucionários alemães quando estes estavam no exílio (o que aconteceu com o próprio Marx antes de ele estabelecer residência na Inglaterra). Ora, no caso do Brasil, como colônia portuguesa, esse problema se acentuou vertiginosamente.

> Em Portugal, a servidão *tradicional*[5] adquiriu, a partir do século XIII, atingindo o século XVII, uma nova configuração, que se pode chamar de *servidão voluntária. Homens livres*, que não possuíssem *prédios* ou bens de raiz, obrigavam-se, por não serem senhores de terras, a buscar senhor. Por intermédio do "constrangimento de residência", viam-se adscritos à terra de outrem, submetendo-se a esse senhorio, adotando assim uma servidão voluntária. A única liberdade do homem livre de Portugal era o direito de livre escolha de um senhor, a quem daí por diante se submetesse. [...] A prevalência das relações servis, em sua forma transfigurada de servidão voluntária, e a dominância das relações sociais de caráter escravista indicam, respectivamente, em Portugal e no Brasil, a existência de formação social pré-capitalista. [...] (Hirano, 2008, p. 91 e 93).

---

4. Lembra Sedi Hirano (2008, p. 130): "A fase de transição da produção da mais-valia absoluta para a de mais-valia relativa só se inicia a partir da segunda metade do século XVIII. Até essa data, Segundo Marx, 'o trabalho assalariado não se realiza plenamente na Inglaterra'. Portanto, no país pioneiro, que se converteu 'na oficina mecânica do mundo', a Revolução Industrial só principia a partir de 1780. [...]"

5. Grifos de Hirano.

No século XVIII a base econômica colonial brasileira passou a ser incrementada por outro setor que se manteve ativo não por muito tempo: a mineração. Vale notar, no entanto, que a mesma estrutura produtiva foi rigorosamente mantida neste surto minerador, ou seja, a constituição de grandes unidades produtoras sustentadas na mão de obra escrava e na extração em grandes proporções de um único produto para enriquecimento externo. Sendo assim, toda organização produtiva colonial imposta e coordenada pelos países centrais não foi gestada com o objetivo de atender às populações que aqui viviam e consolidar um mercado interno. A orientação era clara: extração máxima de múltiplas riquezas e envio direto à metrópole, *ainda que esse processo deva ser entendido como uma acumulação mercantilista, marcadamente pré-capitalista, como fase da acumulação originária do capital.*

> Completam-se assim os três elementos constitutivos da organização agrária do Brasil colonial: a grande propriedade, a monocultura e o trabalho escravo. Estes três elementos se conjugam num sistema típico, a "grande exploração rural", isto é, a reunião *numa mesma unidade produtora*[6] de grande número de indivíduos; é isto que constitui a célula fundamental da economia agrária brasileira. Como constituirá também a base principal em que assenta toda a estrutura do país, econômica e social. [...] a mineração, que a partir do séc. XVIII formará a par da agricultura entre as grandes atividades da colônia, adotará uma organização que, afora as distinções de natureza técnica, é idêntica à da agricultura. [...] É ainda a exploração em larga escala que predomina: grandes unidades, trabalhadas por escravos. [...] São estas, em suma, as características fundamentais da economia colonial brasileira: de um lado, esta organização da produção e do trabalho, e a concentração da riqueza que dela resulta; do outro, a sua orientação, voltada para o exterior e simples fornecedora do comércio internacional. [...] (Prado Junior, 2000, p. 121 e 123).[7]

---

6. Grifos de Hirano.

7. Guardada a importância da produção de Caio Prado Junior e de sua contribuição para a explicação da formação social brasileira, é fato que esse autor não trata a extração e a transferência de riquezas no Brasil colonial como uma acumulação pré-capitalista ou pelo menos não é claro nesse sentido.

Toda organização da produção econômica colonial contou com uma forma particular de organização sociocultural que sustentou determinadas relações sociais e permitiu a sua reprodução. O patriarcalismo e o patrimonialismo estiveram presentes na formação social do Brasil, contaminando todos os espaços e relações estabelecidos na organização colonial, metamorfoseando-se na fase imperial e republicana (deixando suas marcas até hoje). Reconhecer esse fato é algo necessário. Muito diferente, entretanto, é oferecer um tratamento central e privilegiado a essa tradição patriarcal e patrimonial brasileira (certamente presente nas instituições portuguesas — especificamente a primeira), dando-lhes um papel destacado e seminal (em si) na formação socioeconômica do Brasil. Para Prado Junior (2000, p. 353-91), o patriarcalismo aqui construído e particularizado *tem como base as condições objetivas impostas pelo estatuto colonial da grande propriedade instituída em um vasto território de difícil inserção e exploração.* A consequência disso é que a autoridade pública necessitou contar com clãs familiares que partiam para desbravar os confins da colônia (legitimados desde a composição das sesmarias) e, ao tomar a posse do espaço, agregavam em volta de si uma diversidade de populações a quem senhoreavam. A administração geral, então, gira em torno de um senhor rural, de um proprietário — *legitimado pelo sistema colonial, seu padrão de exploração* — que reúne responsabilidades de todos os tipos: empreendedor da produção colonial, chefe, juiz, entre outras, por meio de um mandonismo que se materializa no espaço local. O desdobramento disso é óbvio: a extrema centralização das decisões, o estabelecimento de milícias para conquistar o território e impor a ordem com o uso indiscriminado da violência.[8]

8. Maria Isaura Pereira de Queiróz (1957) tece interessantes observações sobre esse aspecto, em que pese sua abordagem mais enfaticamente assentada em uma discussão do poder local de inspiração weberiana. Caio Prado Júnior (2000, p. 337 e 339) destaca a composição da capitania e sua organização administrativa em comarcas que se compõem em termos (sediadas nas vilas ou cidades). Os termos dividem-se em freguesias (locais onde se formam as paróquias e se localiza a sede de uma igreja paroquial — que também servia para uma administração civil). As freguesias se organizam em bairros. "A Igreja forma assim uma esfera de grande importância da administração pública [...]. A Igreja no Brasil se tornara em simples departamento da admi-

Ora, as próprias observações de Prado Junior reafirmam as considerações feitas até aqui, ou seja, a existência de componentes nitidamente *pré-capitalistas* na formação do Brasil colonial que, inevitavelmente, refletiram na sua organização social de perfil estamental. O ajuste da tradição patriarcal portuguesa e de suas instituições à base econômica mercantil mundial não pode servir como referência para afirmar que o sistema colonial brasileiro já era capitalista (um aspecto polêmico na abordagem de Caio Prado Junior), embora também não fosse, a nosso ver, feudal no seu sentido estrito. É preciso notar, portanto, que essa forma de mandonismo, sustentada no clã patriarcal, sua forma de organização e seus valores não se objetivam por si mesmos ou, menos ainda, a partir de uma simples extensão das organizações patriarcais portuguesas. Constituiu-se, sobretudo, *das necessidades econômicas determinadas pelo modelo colonial mercantilista, cuja acumulação é pré-capitalista, como parte da acumulação originária do capital* (Hirano, 2008). É exatamente a partir desse patamar que as relações patriarcais e mandonistas, de forte teor patrimonialista, se materializam como tais, particularizando-se como um importante ingrediente na formação social brasileira.

> Não é possível tratar como capitalistas nem a metrópole portuguesa nem suas colônias de exploração e de pilhagem, nem as colônias de povoamento e de exploração econômica, voltadas para o mercado mundial e baseadas no trabalho compulsório (escravo). Do que mais seguramente se trata é de uma formação social portuguesa pré-capitalista, que apresenta uma estrutura social estamental: a exploração econômica é realizada pelo estamento nobre e por um segmento limitado da pequena burguesia advinda do "terceiro estado" [...] O outro capital comercial não é personificado por nenhum herói econômico. [...] Ao contrário, ele é personificado por um herói guerreiro e aventureiro, dotado de poder pessoal que se traduz em monopólios e privilégios exclusivos, onde a

nistração portuguesa, e o clero secular e regular, seu funcionalismo. [...]. É interessante destacar como esse legado ainda permanece transformado, reorganizado e reelaborado sob as condições da sociabilidade burguesa em curso e em suas instituições (inclusive as "acadêmicas").

qualidade pessoal e o poder fundado na desigualdade se superpõem, recobrindo todos os atos econômicos. *A força política direta, a violência, a pilhagem, o roubo, o suborno, o ardil, o logro e a trapaça, juntamente com o poder econômico,*[9] produziram os potentados comerciais, enobrecidos com a concessão de honrarias, e que se transformaram em *estamento comercial.* Os seus servidores viviam sob *dependência pessoal,* tangidos pela *violência política do estamento dominante.* [...] (Hirano, 2008, p. 107 e 139).

A evolução propiciada pela eliminação do estatuto colonial não trouxe mudanças profundas para o período imperial (início do século XIX). Ainda que legalmente o Brasil não mais fosse uma colônia portuguesa a partir de 1822, as estruturas econômicas foram totalmente herdadas dos 322 anos que antecederam a proclamação da independência. No cenário internacional, o Brasil se mantinha irredutivelmente vinculado à economia mundial como satélite dependente das economias centrais (nas condições há pouco analisadas).

Todavia, Florestan Fernandes, em sua obra *A revolução burguesa no Brasil,* chama atenção para o fato de que a superação da condição legal de colônia fez com que os excedentes econômicos tradicionalmente destinados à metrópole ou aos segmentos econômicos partícipes deste processo passassem a ser rateados entre as elites senhoriais brasileiras que, desde então, puderam controlar mais diretamente o Estado e a vida social do país. Isso certamente permitiu que tais segmentos se apropriassem da renda advinda da exportação, aplicassem mais livremente os recursos oriundos do excedente econômico e explorassem suas possibilidades, eliminando a exploração colonial nos termos clássicos e reposicionando sua forma de espoliação (Fernandes, 1987, p. 63). O padrão econômico em tempos de império tinha, portanto, como questão central, reorganizar economicamente a apropriação colonial indicando com quem ficaria a maior fatia do excedente econômico anteriormente transferido para a metrópole. Houve uma gradativa reorganização que acomodou os interesses da aristocracia

9. Grifos de Hirano.

agrária em tempos de eliminação do estatuto colonial e de manutenção da estrutura econômica herdada do passado: a monocultura, o trabalho escravo e a grande propriedade (que saíram ilesos do processo que culminou com a independência política do Brasil).

> [...] o salto ocorrido na esfera econômica não corresponde, geneticamente, a um processo de diferenciação (contínua ou súbita) das mesmas estruturas econômicas. Representa um processo novo, que extrai parte de sua substância das estruturas preexistentes, mas que se organiza, desde o início, com uma estrutura divergente, nascida da conjugação histórica de novas possibilidades de ação econômica e de novos padrões de organização do comportamento econômico. [...] Portanto, estamos diante de uma evolução histórica em que o "setor velho" da economia não se transformou nem se destruiu para gerar o "setor novo". Daí se originou um paralelismo estrutural, tão orgânico e profundo quão persistente. Mesmo quando o elemento senhorial se envolvia no "setor novo", ele não o fazia em nome de sua qualidade de *empresário rural* (destino histórico que foi repelido), mas em sua condição estamental (*como senhor agrário*), a única que poderia projetar livremente na estrutura social das cidades e encontrar dentro dela, através de posições como as de "morador", "proprietário" ou "capitalista", as bases sociodinâmicas para a preservação do prestígio social e a reelaboração societária da dominação patrimonialista. [...]. Em pouco tempo [...] converteram a aristocracia agrária em uma espécie de "sócio menor", malgrado as tendências e as consequências políticas internas da burocratização da dominação patrimonialista. [...] (Fernandes, 1987, p. 80-81, 92-93).

As bases da economia colonial permaneceram intactas ao longo do século XIX. O amanhecer da revolução burguesa brasileira, seu processo de industrialização e a formação de um mercado interno somente foram timidamente desencadeados nos últimos anos do século XIX, já sob os ditames iniciais da era de monopólios em escala mundial, trazendo consigo o legado colonialista numa composição magistral e particular entre o velho e o novo. Nesse contexto, dois atores foram fundamentais: o fazendeiro do café (uma evolução do senhor rural compelido a aceitar a condição burguesa e ajustar-se a ela) e o imigrante (a negação da tradição senhorial, defensor do trabalho próprio como fonte de subsistência e de sua possível prosperidade). Nos dizeres de Fernandes (1987, p. 144-5) "[...] *O fazendeiro tinha um pé no presente, outro no passado. O imigrante, ao contrário, tinha um pé no presente, outro no futuro* [...]".[10] O primeiro concentra todas as suas forças na defesa de seus interesses, buscando composições que o beneficiassem por meio da concentração comercial e financeira do capital centrada nos negócios do café, sem aceitar composições passivas com o exterior. O imigrante, por sua vez, plenamente adequado à sociedade burguesa em ascensão, traz consigo traços culturais e criatividade empreendedora, habilidades e técnicas capitalistas e o espírito poupador, ajudando a compor o mercado interno do país. Tais personagens representarão, com maestria, a imbricação entre o arcaico e o moderno, entre o passado colonial e o mundo burguês moderno objetivado hipertardiamente no território neocolonizado sob a égide do capitalismo de monopólios (a forma como o imperialismo se objetivou e se aprofundou de maneira mais intensa nos países com tradição colonial).

> Essa rotação de posições e de perspectivas econômicas forneceu o primeiro alicerce estrutural que deu bases firmes à Revolução Burguesa no Brasil.[11] Foi graças a ela que o desenvolvimento prévio e ulterior do capitalismo comercial e financeiro, condicionado pelo crescimento constante do mercado interno e da economia urbana, adquiriu maior densidade e aceleração, podendo preencher as funções econômicas construtivas que desempenhou, como fator de elevação e de diferenciação da produção destinada ao consumo interno. Delineou-se uma posição econômica de interesse nacional e os "homens de negócios", procedentes ou vinculados à grande lavoura exportadora, assumiram o controle de sua dinamização econômica e de sua ativação política. Passou-se, assim, da confluência de interesses interdependentes para uma fusão dos mesmos interesses, graças à qual as duas tendências de formação e de acumulação de capital (ligadas à grande lavoura exportadora e à

10. Grifos nossos.

11. O segundo apareceria em conexão com a concentração industrial do capital e teve como seu principal herói o "imigrante" (nota de rodapé de Fernandes).

> expansão do setor comercial-financeiro) se fundiram e provocaram a integração do capitalismo comercial e financeiro como fenômeno nacional. O ápice desse processo foi atingido pela fundação de novos bancos (de cunho privado ou oficial), mas ele se desenrolara, de forma latente, desde o fim do século XIX, e tomara alento com as primeiras medidas de "defesa permanente do café". [...] (Fernandes, 1987, p. 118-9).

Sedi Hirano (2008, p. 156) destaca, com pertinência, inclusive para a realidade brasileira, que existe na burguesia uma imagem estamental que sustenta a metamorfose do guerreiro em empresário, salientando seus atributos e qualidades individuais. O empresário é um empreendedor guerreiro, desbravador por meio da valorização do trabalho como ideal emancipatório capaz de promover o desenvolvimento da sociedade com apoio da ciência. A Igreja, por sua vez, oferece a base moral e religiosa do Estado, "cuida" dos pobres. Os estamentos assumem paulatinamente outra forma, se reestruturam orientados pela infraestrutura capitalista, pelo ideal do "homem livre", com base no intercâmbio de mercadorias, entre coisas que se objetivam como tais em uma sociedade de classes sociais. No Brasil, a figura do barão de Mauá encara com maestria esse empreendedor guerreiro, visionário da sociedade moderna, defensor da ciência, da tecnologia, do uso das estradas de ferro, estimulador dos negócios e dos investimentos, ainda que pudesse perder sua fortuna e terminar a vida pobre.[12]

A revolução burguesa brasileira intensifica-se já na chamada primeira república (particularmente entre os anos 1910 e 1920), mesclando, portanto, ímpetos de modernização e resquícios advindos do passado colonial. Sob essas condições marcadas pela produção em larga escala do café com vista à exportação (contando agora com uma mão de obra assalariada e com fazendeiros negociantes do café — ambos mais adaptados às condições burguesas em ascensão), nasce o parque industrial brasileiro e se constitui a classe operária com forte participação de imigrantes e, em menor número, de negros recém-libertos que foram

12. O próprio imperador D. Pedro II era amante das ciências e das artes, apaixonado pela tecnologia e pelo que se convencionou chamar de modernidade.

capazes de acompanhar o processo de modernização em curso. Nesse contexto se objetivam os primeiros movimentos operários e a primeira greve geral em 1917, severamente reprimida pela classe dominante e por suas elites dentro dos padrões da genuína tradição colonial e mandonista. Esse intenso processo de industrialização e de formação de um mercado consumidor interno necessário à revolução em curso adquire corpo e consistência na medida em que, simultaneamente, aprofundava-se a ordem monopólica externa e interna. O grande impulso viria a partir de 1930 e se objetivaria nos anos 1950 com o surto desenvolvimentista do governo de Juscelino Kubitschek (Fernandes, 1987), momento em que o Estado — com apoio do sistema bancário — *passa a compor organicamente o processo de acumulação do capital* estimulando e intervindo na economia, consolidando o mercado interno, organizando a legislação trabalhista e gerenciando a "questão social" que se escancarava trazendo consigo as marcas de um país colonial impactado pela revolução burguesa hipertardia. Nesse contexto monopolista-maduro, o imperialismo se consolida e, com ele, a "beleza e o caos" da modernidade dependente.

> Sob o capitalismo monopolista, o imperialismo torna-se um imperialismo total. Ele não conhece fronteiras e não tem freios. Opera a partir de dentro em todas as direções enquistando-se nas economias, nas culturas e nas sociedades hospedeiras. A norma será: "o que é bom para a economia norte-americana é bom para o Brasil" (e assim por diante). Só que nunca se estabelecerão as diferenças entre a economia norte-americana (ou outras economias capitalistas centrais) e a economia brasileira. Nessa situação, o industrialismo e a prosperidade capitalista virão finalmente, mas trazendo consigo uma forma de articulação econômica às nações capitalistas hegemônicas e ao mercado mundial que jamais poderá ser destruído, mantidas as atuais condições, dentro e através do capitalismo. [...] (Fernandes, 1987, p. 274).

Nos dizeres de Hirano (2008, p. 113-4),

> [...] no processo de desenvolvimento histórico da produção capitalista, ao se chegar à etapa monopolista manifesta-se, na esfera da produção,

> um espaço necessário para o trabalho de planejamento, programação e controle, resultante do desenvolvimento científico já alcançado pelas forças produtivas. O trabalho técnico-científico, agora essencial para a produção capitalista, passa a ser determinante no trabalho diretamente produtivo. [...] A produção capitalista, quando já é comandada pelo capital, além de produzir a mais-valia, produz um sistema de exploração geral das propriedades naturais e humanas tendo como suporte a ciência. Ou seja, ela realiza a apropriação através da *ciência*, não da *violência*[13] e do poder pessoal, colocando o saber científico ao seu serviço, na espécie de capital fixo, diferentemente do escravo, que é apropriado pessoalmente, e não socialmente. [...] (Hirano, 2008, p. 113-4 e 118).

O adensamento e a gradativa radicalização da ordem monopólica acompanhada pela autocracia burguesa no Brasil (especificamente entre 1930 e 1964) criaram as condições objetivas para que fosse possível explicar a gênese do Serviço Social brasileiro, suas particularidades como profissão que rapidamente se institucionaliza e se legitima. Não é por acaso que datam de 1932, por meio do Centro de Estudos e Ação Social (CEAS), as primeiras movimentações para a organização da primeira escola de Serviço Social brasileira (fundada, em São Paulo, no ano de 1936, com orientação franco-belga).[14] Ao mesmo tempo em que a "questão social" se aprofunda trazendo com ela os traumas sociais de uma sociedade colonial, escravocrata, patriarcal, pré-capitalista e com desenvolvimento burguês hipertardio (como uma necessária mescla entre o moderno e o arcaico), o Estado crescentemente

13. Grifos de Hirano.

14. Segundo Yazbek (1980, p. 28-9), "o Centro surge após a revitalização do Curso Intensivo de Formação Social para moças, organizado pela primeira vez em São Paulo pelas Cônegas regulares de Santo Agostinho, de 1º de abril a 15 de maio de 1932. [...] O curso encontrou grande aceitação entre jovens católicas interessadas no estudo de problemas sociais, que buscavam, como diz o primeiro relatório do Centro de Estudos, se orientar, esclarecer ideias e formar um julgamento acertado face às questões sociais. [...]. O momento da constituição do Centro era, portanto, de grandes agitações e transformações políticas no país, o que segundo o terceiro relatório do Centro (1936), revelava 'o desamparo das doutrinas e a desagregação das instituições e justificava por si só o anseio de orientação e ação organizada' [...]". Um ótimo estudo sobre a fundação da primeira escola de Serviço Social no Brasil, seus vínculos ideopolíticos e sua estrutura formativa (inclusive as grades curriculares adotadas), encontra-se em Yazbek (1980, p. 28-9).

assume tarefas vinculadas ao disciplinamento, à reprodução-preparação da força de trabalho e à manutenção e recuperação-reparação da capacidade para o trabalho. Nesse contexto, as instituições aparecem como espaços de contenção e de controle das lutas sociais derivadas do pauperismo e da crescente proletarização, extraindo-as do campo da economia-política com a clara intenção de neutralizá-las por meio de um Estado "transclassista".

> Essa ação das instituições assistenciais se traduz, assim, na atuação sobre a força de trabalho ativa e sua reprodução, sobre parcela do exército industrial de reserva, e em manter a sobrevivência do segmento da Força de Trabalho exaurida ou mutilada no processo de trabalho. [...] O estímulo à cooperação de classes, o ajustamento psicossocial do trabalhador são, entre outros, elementos básicos na ação de impor a aceitação e interiorização das relações sociais vigentes, a aceitação da hegemonia social do capital (Iamamoto; Carvalho, 1985, p. 314).

A base doutrinária que orientou inicialmente a fundação da primeira escola de Serviço Social brasileira em São Paulo se confronta e se ajusta, gradativamente, com as necessidades do mercado de trabalho em ascensão (base ontológica necessária para a profissionalização). Os grupos de formação de elite, presentes nas vilas operárias, atuavam no sentido de oferecer princípios moral-formativos que educassem a classe operária dentro dos valores cristãos capazes de influir e negar o individualismo e o materialismo (conforme abordados desde a encíclica *Rerum Novarum* publicada no final do século XIX), inserindo outros ingredientes que influíssem doutrinariamente na formação de líderes que teriam o discernimento (retidão moral) para atuar na sociedade que se constituía. O pensamento católico da época via a "questão social" como um conjunto de males sociais generalizados em tempos de sociedade moderna (industrializada), *sendo que o pauperismo é um desvio propiciado pelo individualismo moral, político e religioso, como decorrência do processo de industrialização desenfreado que faz com que os operários recorram à equivocada luta de classes materializada, sobretudo, por meio das greves.* Note-se que, aqui, os problemas sociais precisam ser controlados e eliminados (o que claramente demonstra o peso da tradição positivista e de seus fragmentos no Serviço Social), sem qualquer vínculo com os determinantes situados no âmbito da economia-política, mas, sim, sustentados em desvios morais-pessoais estimulados pela modernidade. A pobreza, "um mal esporádico", "pontual", é vista como algo normal que atravessa diferentes sociedades esvaziadas de seus determinantes estruturais. O problema encontra-se em um tipo de pauperismo, entendido como a generalização desenfreada da pobreza individual causada por uma *"inversão de valores"*. A ruptura entre a pobreza e o pauperismo aqui operada é, no mínimo, curiosa. A artimanha doutrinário-abstrata impede a explicação concreta das causas do crescente empobrecimento da população (suficientemente exploradas, com apoio nos estudos marxianos, no capítulo anterior), estabelece as bases para uma doutrina que mantém intacta a propriedade privada, bem como condena moralmente as excessivas orgias individualistas dos capitalistas pessoalmente desconvertidos. *A "solução" é previsível: a conversão dos ricos sustentada na caridade para com os pobres, negando radicalmente qualquer atitude "desequilibrada" que estimule a luta de classes.* Como está explicitado nos Estatutos do Centro de Estudos e Ação Social, "[...] *a pobreza, por exemplo, sempre existiu e sempre existirá. O pauperismo, porém, como hoje se verifica é um mal generalizado afetando toda a sociedade e constituindo, portanto, a questão social.* [...]"[15] (CEAS, apud Yazbek, 1980, p. 30).

Nessa direção, a encíclica *Quadragesimo Anno* (1931), de Pio XI, aponta para a necessidade de formar quadros que sejam capazes de influir na sociedade em formação, mantendo intactos os princípios originalmente estabelecidos pela *Rerum Novarum*.

> [...] distingue-se particularmente das outras encíclicas por ter traçado, quando era muito oportuno e necessário, normas seguríssimas, para todo o gênero humano, para solucionar os graves problemas da sociedade, compreendidos sob a denominação de "questão social". [...] Não é de surpreender... que, sob a direção e o magistério da Igreja, muito

15. Grifos nossos.

> homens doutos, eclesiásticos e seculares, se consagrassem empenhadamente no estudo da ciência social e econômica... Deste modo... surgiu uma verdadeira doutrina social da Igreja, que esses homens eruditos..., cooperantes da Igreja..., estimulam e enriquecem dia a dia com inesgotável esforço... como claramente o demonstram as tão proveitosas e celebradas escolas instituídas em universidades católicas, em academias e seminários... [...] Ademais, estamos convencidos... de que este fim [o bem comum] se alcançará com tanto maior êxito quanto maior seja o número daqueles dispostos a contribuir com sua perícia técnica, profissional e social, e também... quanto seja a importância concedida à aplicação dos princípios católicos não certamente pela Ação Católica [que não se permite a si mesma atividade propriamente sindical ou política], mas por parte daqueles nossos filhos que esta mesma Ação Católica formar naqueles princípios... [...] (*Quadragesimo Anno*, apud Castro, 1989, p. 57-8).

Com base no que foi exposto e na rápida absorção do assistente social pelo mercado de trabalho em ascensão, principalmente nas grandes instituições assistenciais estatais e privadas, o Serviço Social paulatinamente se institucionaliza e se legitima.[16] Há, nesse sentido, uma íntima relação entre o surgimento das grandes instituições assistenciais e a legitimação do Serviço Social como profissão na divisão social e técnica do trabalho, indicando o surgimento de um profissional cada vez mais capaz de manipular conhecimentos, procedimentos e técnicas, ainda que com o peso católico e vinculado às elites detentoras da hegemonia formativa e prática da categoria profissional, como atividade paulatinamente legitimada pelo Estado e pelas classes dominantes. Isso exigirá não apenas boa vontade dos profissionais, mas também aprimoramento teórico-metodológico e técnico-operativo

16. Podem ser aqui destacadas as seguintes instituições (Iamamoto, 1985, p. 241-330): o Conselho Nacional de Serviço Social (CNSS — 1938), a Legião Brasileira de Assistência (LBA — 1942), o Serviço Nacional de Aprendizagem Industrial (SENAI — 1942), o Serviço Social da Indústria (SESI — 1946), a Fundação Leão XIII (1946) e a Previdência Social (paulatinamente constituída a partir de 1923 com a Lei Eloy Chaves). Yazbek (1980, p. 48) cita, nesse mesmo período, a primeira experiência de Serviço Social na indústria, na estamparia Santa Rosália, na cidade de Sorocaba, após solicitação feita pela empresa à escola de Serviço Social de São Paulo.

(mantidas as bases doutrinárias e morais). Destaca-se, por exemplo, a partir de 1941, a aproximação entre o Serviço Social latino-americano e brasileiro com o "Social Work" americano após encontro promovido pelo governo do EUA.[17] Instituições norte-americanas ofereceram, então, bolsas de estudo de aperfeiçoamento e especialização para assistentes sociais sul-americanas em escolas norte-americanas[18].

O Serviço Social vai se legitimando, paulatinamente, por meio do mandato institucional, ocupando determinada função na divisão sociotécnica do trabalho (Iamamoto; Carvalho, 1985), como especialização do trabalho coletivo, parte do trabalho socialmente necessário à acumulação, como trabalho combinado. Trata-se de uma ação subsidiária, adicional, de cunho burocrático e de aconselhamento, necessária para objetivar ações materiais e a própria racionalidade institucional. Situa-se, frequentemente, entre as necessidades das pessoas atendidas e o perfil seletivo que caracteriza os serviços assistenciais e previdenciários (predominantemente) — sempre limitados e insuficientes — atuando no âmbito da triagem e da seleção dos que serão ou não atendidos. Este trabalho individual e de "ajuda" sustenta-se na distribuição de auxílios (que permite certo controle sobre os usuários) em uma intervenção em que o esclarecimento é o primeiro passo necessário à integração dos usuários do serviço ao aparato e à racionalidade institucional. Os profissionais, então, passam a utilizar técnicas que evoluíram da filantropia e foram sendo racionalmente aprimoradas, exaltando procedimentos e ações apoiados em formas de classificação "científica" dos pobres capazes de revelar suas artimanhas e estabelecer possíveis riscos a que estão submetidos pessoas, famílias e comunidades. Constroem, assim, as bases para identificar e atuar sobre as *patologias sociais* indicando aquelas populações que devem ser o alvo das intervenções assistenciais.[19]

---

17. Trata-se da "Conferência Nacional de Serviço Social" realizada em Atlantic City e organizada pela "American Association of Schools of Social Work".

18. Os detalhes dessa operação podem ser consultados em Yazbek (1980, p. 50).

19. Há de se ressaltar que este é um elemento que compõe, inevitavelmente, as ações socioassistenciais na era de monopólios tendendo, cada vez mais, a assumir formas mais complexas

> O processo de surgimento e desenvolvimento das grandes entidades assistenciais — estatais, autárquicas ou privadas — é também o processo de legitimação e institucionalização do Serviço Social. A profissão de Assistente Social apenas pode se consolidar e romper o estrito quadro da sua origem no bloco católico a partir e no mercado que se abre com aquelas entidades. A partir desse momento só é possível pensar a profissão e seus agentes concretos — sua ação na reprodução das relações sociais de produção — englobados no âmbito das estruturas institucionais. O Assistente Social aparecerá como uma categoria de assalariados — quadros médios cuja principal instância mandatária será, direta indiretamente, o Estado. O significado social do Serviço Social pode ser apreendido globalmente apenas em sua relação com as políticas sociais do estado, implementadas pelas entidades sociais e assistenciais [...] (Iamamoto; Carvalho, 1985, p. 315).

O Serviço Social não é, portanto, uma simples extensão das velhas práticas filantrópicas (ainda que as incorpore). Ele é algo substancialmente novo, uma profissão como tal, socialmente reconhecida, que nasce da incorporação-acomodação do arcaico (com todos seus resquícios também de ordem colonial, escravocrata e patriarcal que certamente contaminaram as ações filantrópicas no Brasil), superando-o técnica e cientificamente na medida em que o mercado de trabalho profissional se expande e se consolida por meio das grandes instituições assistenciais direta ou indiretamente articuladas a um Estado organicamente vinculado à reprodução do capital na era monopólica. Esse processo se intensifica, cada vez mais, conforme o Estado é capturado pelo circuito reprodutivo do capital (como seu componente e não apenas colaborador), transformando e racionalizando os serviços prestados na gestão da pobreza e nas inúmeras atividades que vão se

e estranhadas (como, atualmente, a filantropia empresarial, a solidariedade cidadã e suas derivações que tendem a capturar os trabalhadores como membros partícipes da "família" contida no discurso da empresa moderna). Portanto, essa ideologia, propagadora de uma falsa consciência, é insuperável sem a ruptura com a sociabilidade burguesa e com seus princípios fundantes: a propriedade privada, a apropriação privada da riqueza socialmente produzida, a coisificação-reificação das relações sociais (no campo da mera aparência fetichizada) e o consequente culto à mercantilização de todos os níveis que compõem a esfera da vida social.

organizando nessa órbita (seções, grupos e departamentos). Substitui-se, assim, a atuação isolada do assistente social inserindo-o em um metódico processo composto por diferentes profissionais que intensifica a divisão do trabalho e sua especialização por meio de equipes interdisciplinares e/ou multidisciplinares (já enfatizadas no capítulo anterior e destacadas por Iamamoto; Carvalho, 1985). Surge, então, uma força de trabalho assalariada, na forma de serviço, não diretamente vinculada à produção proletária, capaz de manusear procedimentos administrativos e burocráticos funcionais à gestão das tensões sociais inerentes a este processo, evitando conflitos de classe, vigiando e reprimindo "desvios" e "patologias sociais" aprofundadas pelo modo de produção capitalista na sua fase superior e avançada: o imperialismo, o neocolonialismo monopolista (conforme nos destaca Lênin, 2008).

> O Serviço Social deixa de ser uma forma de distribuição controlada da exígua caridade particular das classes dominantes, para constituir-se numa das engrenagens de execução das políticas sociais de Estado e corporações empresariais. [...] O Serviço Social reaparece modificado, dentro do aparelho de Estado e grandes instituições assistenciais, guardando, contudo, suas características fundamentais. Atuando através de canais administrativos — e, às vezes, disciplinares — O Serviço Social mantém sua ação *educativa* e *doutrinária* de "enquadramento" da população cliente. Não se tratará mais, no entanto, do apostolado doutrinário, da salvação e recristianização das massas populares, de exorcizar o conteúdo liberal da sociedade burguesa. À boa consciência "da ação caridosa dos benévolos, substitui-se a atividade metódica e burocratizada de agentes assalariados". [...] (Iamamoto; Carvalho, 1985, p. 316).

Posto isso, não há como contestar: *as protoformas do Serviço Social brasileiro, seu aperfeiçoamento e sua institucionalização — que lhe garantiram o estatuto de profissão na divisão sociotécnica do trabalho —, estiveram sempre e organicamente vinculadas à manutenção da ordem.* Esse ingrediente encontra-se na gênese do Serviço Social sendo, por isso, insuprimível desde que mantidas as bases da sociabilidade burguesa. Porém, como já apontado anteriormente, essa constatação ontológica não inviabiliza (embora ponha e reponha limites insuperáveis) a construção de tendências contra-hegemônicas também no interior do Serviço Social, especificamente aquela que deriva de Marx e de sua tradição. Essa possibilidade, no entanto, apenas pode se objetivar com a maturação plena na ordem monopólica mundial e brasileira, em condições muito peculiares, contando com as possibilidades contidas materialmente na realidade e forcejadas por atores capazes de colocarem em movimento, por meio de projetos, tais possibilidades (com todas as suas contradições). Essa possibilidade se abre com a efetivação da autocracia burguesa, momento em que o Serviço Social é forçado a se rever como profissão, seja pela imposição da própria ordem monopólica radicalizada (sobretudo a partir de 1964), seja por suas inúmeras contradições que aprofundam a desigualdade social e reposicionam os projetos societários que atuam na manutenção ou na ruptura dessa ordem. Utilizando as palavras de Nelson Werneck Sodré, uma autocracia que se sustenta cada vez mais no seu domínio econômico, técnico-científico, mas que não vacila para usar a força, estimular sucessivos golpes e usar indiscriminadamente a violência para impor os interesses da classe burguesa.

> Quantos golpes foram realizados, no Brasil, desde o movimento de 1930? Para mencionar apenas os que afetaram a composição do poder, é possível citar: o de 1937, que estabeleceu o Estado Novo; o de 1945, que impediu a retomada da norma democrática, impondo a continuação do estadonovismo sob outra forma; o de 1954, que levou ao suicídio de Vargas; a tentativa de 1955, gorada pelo Ministro Teixeira Lott em 11 de novembro; o de 1961, para impedir a posse do vice-presidente eleito; o de 1964, resultou vitorioso e radical" (Sodré, 1979, p. 401-2).

CAPÍTULO 3

Autocracia burguesa e renovação do Serviço Social no Brasil

Como já tratado anteriormente, o período da maturação da revolução burguesa brasileira ocorreu, em geral, entre 1920 e 1960 (momento exato em que o Serviço Social surge e se institucionaliza como profissão no Brasil e em boa parte da América Latina). No entanto, o aprofundamento da ordem monopólica brasileira dar-se-á mais intensamente a partir dos anos 1950, combinando transformação capitalista intensa e dominação burguesa, ainda que de forma particular, hipertardia e sem as bases clássicas (europeias) que permitiram saturar os ideais democrático-burgueses e suas características revolucionárias que varreram, mesmo que paulatinamente, os vestígios da velha sociedade feudal.

A operacionalização dos interesses imperialistas em território brasileiro (como em toda periferia — com suas especificidades nacionais e regionais) associou desenvolvimento capitalista e autocracia burguesa, com explícito viés autoritário-militar, operando uma dissociação-oposição radical entre estratégias e procedimentos democráticos (por mais relativos que fossem) e consolidação dos interesses burgueses em território nacional. A autocracia burguesa, intensificada mundialmente no pós-guerra (1945) com o intuito de impor — por diferentes meios (sutis ou não) — o padrão de acumulação fordista-keynesiano (no contexto da Guerra Fria e de luta contra o comunismo), adquire expressões peculiares nas localidades neocolonizadas pelo capital. Nos países periféricos, o domínio burguês imperialista — como de praxe — não se objetivou como no centro da economia mundial. Neles, a era monopólica continuou propiciando uma industrialização hipertardia com Estados fracos na objetivação de direitos sociais e fortíssimos no gerenciamento dos interesses do capital. A consequência disso era conhecida e esperada: o aprofundamento da destruição das culturas locais, a consolidação de serviços públicos precários (na realidade, a forma como as "políticas sociais" se materializaram na periferia), bem como uma elite associada e organicamente vinculada ao capital internacional (como destacado por meio dos estudos de Fernandes, 1987).

Especificamente na América Central e na América Latina, a autocracia burguesa atingiu seu ápice nos anos 1960 e 1970, época em que os interesses do capital foram defendidos e levados a "ferro e fogo", com o uso sistemático da repressão por meio de ditaduras militares reprodutoras da autocracia burguesa. Nos dizeres de Nelson Werneck Sodré (1979, p. 401), "[...] *O golpe de 1964 colocaria os militares como autores de atrocidades, de violências, de arbitrariedades e de torturas que jamais se coadunaram com o sentido das Forças Armadas.* [...]".[1]

> [...] O *idealismo burguês* precisa ser posto de lado, com seus compromissos mais ou menos fortes com qualquer reformismo autêntico, com qualquer liberalismo radical, com qualquer nacionalismo democrático-burguês mais ou menos congruente. A dominação burguesa revela-se à história, então, sob seus traços irredutíveis e essenciais, que explicam as "virtudes" e os "defeitos" e as "realizações históricas" da burguesia. A sua inflexibilidade e a sua decisão para empregar a violência institucionalizada na defesa de *interesses materiais privados*, de *fins políticos particularistas*; e sua coragem de identificar-se com formas autocráticas de autodefesa e de autoprivilegiamento. O "nacionalismo

1. Grifos nossos.

burguês" enceta, assim, um último giro, fundindo a república parlamentar com o fascismo. [...] nas últimas quatro décadas, a uma nova filosofia política e a ações de classe que puseram em primeiro plano o privilegiamento da situação de interesses da burguesia com um todo. Ela serviu, pois, de fundamento para uma solidariedade de classes que deixou de ser "democrática" ou mesmo, "autoritária", para tornar-se abertamente "totalitária" e contrarrevolucionária, em suma, o fermento de uma ditadura de classe *preventiva*.[2] [...] (Fernandes, 1987, p. 296 e 316).

A dominação externa (colonial, neocolonial ou imperialista) gerou um desenvolvimento capitalista dependente, *incapaz de saturar as funções econômicas, socioculturais e políticas que deveriam preencher no estágio capitalista.* A maturação do capitalismo, a industrialização e a acumulação de capitais em países como o Brasil, manterão o padrão de expropriação externa e certo subdesenvolvimento. A periferia se insere em uma economia monopolista certamente comprometida com a concentração de riquezas, com a forte drenagem para o exterior dos excedentes econômicos nacionais, estimulando a convivência de formas arcaicas de trabalho que deprecia o valor da força de trabalho assalariada. Isso se contrastava com as pressões por democratização e participação dos ganhos econômicos, gerando tensões na dominação política-burguesa e estimulando uma atitude autodefensiva e repressiva. Há, sem dúvida, uma associação entre as burguesias das nações capitalistas hegemônico-centrais e as burguesias nacionais, no sentido de manter a ordem autocraticamente e totalitariamente, fortalecendo o capitalismo e impedindo que a dominação da classe burguesa (associada) e seu controle do Estado (organicamente integrado à reprodução do capital) se deteriorassem (Fernandes, 1987). Na medida em que a burguesia nacional luta para manter seus privilégios de classe e a sobrevivência do capitalismo, o desenvolvimento capitalista brasileiro ajusta-se com o atraso repondo-o em níveis mais complexos e funcionais à ordem monopólica. Há, então, um rearranjo entre o capital

2. Grifos de Fernandes.

internacional e sua grande empresa, com o capital privado nacional e o Estado que viabiliza e garante diversos privilégios ao primeiro.

Os primeiros anos da década de 1960 marcaram a emersão, no Brasil, de amplos grupos contestadores da ordem pertencentes às camadas trabalhadoras (urbanas e rurais), segmentos pequeno-burgueses (principalmente intelectuais), bem como parcelas mais progressistas da Igreja Católica e das Forças Armadas (como um fato novo). Isso ameaçou a ordem capitalista e seu curso monopólico-dependente, ainda que as discussões travadas acerca das "reformas de bases" no governo de Jango Goulart (1961-março de 1964) não expressassem, em si, perigo ao capitalismo. Mesmo assim, se o golpe de abril não fosse desencadeado e vitorioso, provavelmente o país viveria um contexto pré-revolucionário, de intensas reformas disfuncionais ao mundo do capital e, particularmente, ao padrão de acumulação imperialista na época em curso. O que estava em jogo não era propriamente o capitalismo ou o socialismo,[3] mas a disputa entre um modelo de desenvolvimento associado e dependente (marca da era de monopólios e do imperialismo na sua forma mais radical) ou um processo de intensas reformas democráticas e nacionais, contrárias ao imperialismo e ao latifúndio, que poderia se desdobrar — radicalizado — em um processo de revolução social.

> [...] o que o golpe derrotou foi uma alternativa de desenvolvimento econômico-social e político que era virtualmente a reversão do já mencionado fio condutor da formação social brasileira. O que os estrategistas (nativos ou não) de 1964 obtiveram foi a postergação de uma inflexão política que poderia — ainda que sem lesionar de imediato os fundamentos da propriedade e do mercado capitalistas — romper com a heteronomia econômica do país e com a exclusão política da massa do povo. Nesse sentido, o movimento cívico-militar de abril foi inequivocamente reacionário — resgatou precisamente as piores tradições da sociedade brasileira. [...] (Netto, 1991, p. 25).

---

3. Embora esse fosse, evidentemente, um temor das elites em tempos de transição socialista em Cuba a partir de 1959. A influência comunista na região tinha que ser, a todo custo, extirpada.

A autocracia burguesa no Brasil sustentou-se em um Estado antinacional e antidemocrático, capaz de privar amplos segmentos de diversas classes sociais de mobilização, organização e de representação. Esse cenário materializou um pacto contrarrevolucionário que aprofundou a acumulação do capital e reafirmou a tendência monopolista e imperialista guardiã de um desenvolvimento dependente e associado ao capital internacional e seus interesses, articulando os monopólios imperialistas e as oligarquias financeiras nacionais responsáveis pela modernização conservadora. Tratava-se de uma "paz armada" capaz de, em nome na defesa intransigente da ordem monopolista, controlar um amplo leque de oposições que iam de tendências burguesas mais democráticas ao radicalismo das massas populares e do proletariado. O Estado nacional deveria, então, reprimir todos aqueles segmentos (inclusive burgueses) que se opusessem — pacífica ou violentamente — à ditadura necessária à imposição da ordem monopolista, sobretudo os setores revolucionários que representavam os focos de maior agitação política e subversiva à ordem (a guerra permanente entre as classes). A função central do Estado é, aqui, repressiva e totalitária (e não consensual ou de articulação), devendo a ordem prevalecer e ser respeitada. Essa tendência, que se iniciou em 1964 e se aprofundou com o Ato Institucional n. 5 (AI-5), promoveu a cassação dos direitos políticos de representantes de diferentes espectros políticos, fechou o parlamento, reprimiu o movimento estudantil e adotou outras iniciativas necessárias à ordem.[4] Implantou-se, portanto, um capitalismo dirigido e protegido pelo Estado totalitário. As pressões que estavam mais intensamente em curso na primeira metade dos anos 1960 e que persistiram nos primeiros quatro anos do regime ditatorial (1964-1968)

4. "O AI-5 é editado em 13 de dezembro de 1968, determinando o fechamento definitivo do Congresso Nacional, de algumas Assembleias Legislativas e Câmaras de Vereadores. O poder Executivo consolidou seu poder absoluto (inclusive podendo decretar estado de sítio unilateralmente), a censura à imprensa aumentou sensivelmente, as garantias constitucionais e individuais foram suspensas (incluindo o *habeas corpus*), as prisões foram permitidas indiscriminadamente e os crimes políticos passaram a ser julgados pelos tribunais militares. Para uns, o exílio; para outros, a clandestinidade. A repressão aos opositores estava definitivamente instaurada em todo Brasil, reproduzindo-se e aprofundando-se nos governos sangrentos dos generais Emílio Garrastazu Medici (1969-1974) e Ernesto Geisel (1974-1979). [...]" (Silva, J. F. S., 2004, p. 41).

comprovaram a ineficiência para a ditadura legitimar-se politicamente. Prova disso foi a retomada do movimento sindical operário e do movimento estudantil, sobretudo entre 1966 e 1968, forças sociais que regressavam às ruas para contestar a ordem. Tais movimentos e o cenário em tela

> [...] *punham as classes e os estratos de classe burgueses não* diante do *problema da democracia* (mesmo entendida como uma democracia burguesa); mas, isso sim, diante do *problema da ordem* (entenda-se: de uma "ordem burguesa", que "devia ser salva", posta em *bases estáveis* e "consolidada"). [...] O que estava em questão era, portanto, o problema da autocracia (embora dissimulado pela aparência ambígua da "democracia forte"). Só assim ela podia deter os processos incipientes ou adiantados de "desagregação da ordem", passando de uma ordem burguesa "frouxa" para uma ordem burguesa "firme". [...] Em suma, não existia uma *democracia burguesa fraca*, mas uma *autocracia burguesa dissimulada*.[5] [...] (Fernandes, 1987, p. 333 e 340).

Entre 1968 e 1974, o aprofundamento da ditadura fascista-monopolista atinge seu ápice, ancorado na unidade entre repressão e expansão econômica (o "milagre brasileiro"), que começou a se exaurir em 1973 e a determinar a decadência do regime. A crise do "milagre", imediatamente atribuída à crise internacional do petróleo (na verdade uma profunda crise de acumulação que não se via desde o final da Segunda Guerra Mundial — 1945), desembocou em um projeto de autorreforma objetivado no governo Figueiredo a partir de 1978, empenhado em combinar mecanismos formais e limitados de representação com instâncias decisórias ditatoriais. A conhecida "transição lenta, segura e gradual" teve sua gênese estrutural na crise de acumulação do capital fundada na hegemonia fordista-keynesianista como padrão de organização e de disciplina do trabalho (Harvey, 2003, p. 119), fato que determinaria a rápida transformação em todo processo produtivo visando à recuperação das taxas de lucro e da acumulação.

---

5. Grifos de Fernandes.

Desde 1945, o capitalismo de monopólios vinha se aprofundando por meio da absorção industrial de inúmeras tecnologias desenvolvidas entre a Primeira e a Segunda Guerra Mundial. Cresceram e se solidificaram as indústrias de carros, navios, transportes em geral, petroquímicas, aço, borracha e eletrodomésticos, que foram responsáveis pelo grande crescimento econômico entre 1945 e 1973, bem como surgiram profundos rastros de outras atividades, tais como bancos, hotéis, seguros e turismo em geral. É nesse contexto, de recuperação no pós-guerra e de reconstrução da economia mundial, que o Estado aperfeiçoa e aprofunda seu papel orgânico na acumulação, assumindo funções inspiradas no padrão keynesiano necessariamente vinculado à produção fordista em massa[6]. O tenso e firme pacto de classes, também estimulado pela Guerra Fria e pelo temor da alternativa comunista, foi mantido com firmeza e se sustentou em um modelo fordista-keynesiano (limitado — com variações — ao território europeu) claramente em crise no início dos anos 1970. Tratava-se, portanto, não apenas de um sistema de produção em massa (embora também o fosse), mas de uma forma de ordenamento total da vida social.

> [...] O fordismo do pós-guerra tem de ser visto menos como um mero sistema de produção em massa do que como um modo de vida total. Produção em massa significa padronização do produto e consumo de massa, o que implica toda uma nova estética e mercantilização da cultura. O fordismo também se apoiou na, e contribuiu para a, estética do modernismo — particularmente na inclinação desta última para a fun-

---

6. "[...] O Estado, por sua vez, assumia uma variedade de obrigações. Na medida em que a produção em massa, que envolvia pesados investimentos em capital fixo, requeria condições de demanda relativamente estáveis para ser lucrativa, o Estado se esforçava por controlar ciclos econômicos com uma combinação apropriada de políticas fiscais e monetárias no período pós-guerra. Essas políticas eram dirigidas para as áreas de investimentos públicos — em setores como transporte, os equipamentos públicos etc. — vitais para o crescimento da produção e do consumo de massa e que também garantiam um emprego relativamente pleno. Os governos buscavam também fornecer um forte complemento ao salário social com gastos de seguridade social, assistência médica, educação, habitação etc. Além disso o poder estatal era exercido direta ou indiretamente sobre os acordos salariais e os direitos dos trabalhadores na produção. [...]" (Harvey, 2003, p. 129).

cionalidade e a eficiência — de maneiras muito explícitas, enquanto as formas de intervencionismo estatal (orientadas por princípios de racionalidade burocrático-técnica) e a configuração do poder político que davam ao sistema a sua coerência se apoiavam em noções de uma democracia econômica de massa que a mantinha através de um equilíbrio de forças de interesse especial. [...] (Harvey, 2003, p. 131).

É importante destacar, aqui, que essas serão as bases materiais para a renovação do Serviço Social brasileiro, objetivada no chamado "processo de reconceituação" (1965-1975, não exatamente — Netto, 1991),[7] que trouxe consigo as protoformas da profissão e seus desdobramentos já discutidos neste livro: *o peso do controle, da moralização e da disciplina dos pobres e do pauperismo, bem como a sua ineliminável base sincrética de forte sustentação eclética* (Netto, 1992). O aprofundamento da ordem monopólica marcada pela modernização conservadora do país nas décadas de 1950, 60 e 70 do século XX impôs à profissão a necessidade de uma revisão do "Serviço Social tradicional" (Netto, 1991), que, com todos os seus limites, teve o mérito de recolocar questões centrais para o Serviço Social: discussões sobre a metodologia de atuação profissional, a retomada das preocupações teóricas (ainda que de forma superficial e tímida), a aproximação com outras áreas do conhecimento tendo o espaço universitário como importante interlocutor, a importância da pesquisa e da produção de conhecimentos no âmbito da profissão, entre outros aspectos. Esse rico contexto permitiu um debate mais intenso sobre as diferentes orientações teóricas na profissão (para além da Doutrina Social da Igreja — movimento já em curso desde os anos 1950), desencadean-

---

7. Evidentemente que o processo de reconceituação não se limitou ao território brasileiro. Esse movimento latino-americano, ocorrido entre 1965 e 1975, não exatamente, se propôs a promover uma revisão teórico-metodológica e técnico-instrumental do Serviço Social ("tradicional" — aquele de base predominantemente doutrinária). É importante frisar que as ditaduras militares de direita balizaram negativamente esse debate, impedindo discussões mais próximas ao campo das esquerdas. As discussões travadas entre Netto (1981) e Junqueira (1980), por exemplo, revelam interpretações antagônicas sobre o significado desse movimento e sobre seus impactos na profissão.

do uma interlocução com matrizes do conhecimento presentes nas Ciências Humanas e Sociais.[8]

Portanto, o aprofundamento da sociedade burguesa monopolista, sua forma particular abrasileirada (Fernandes, 1987), seu modelo urbano-industrial nitidamente delineado no Brasil desenvolvimentista da segunda metade dos anos 1950 e suas inerentes tensões sociais adensadas e visíveis no início dos anos 1960 impuseram fortes desafios ao Serviço Social como profissão. Os desdobramentos desse cenário aprofundaram e metamorfosearam a "questão social", causando uma crise irreversível do modelo doutrinário-operativo — com retoques científicos — que vinha sustentando a profissão, impondo a necessidade de uma profunda revisão do "Serviço Social tradicional" e da relação que ele estabelecia com as demandas que, naquele momento histórico, o próprio mercado de trabalho exigia. Isso, inevitavelmente, tinha repercussões no campo da formação e da intervenção profissionais. O ápice dessa crise teve como síntese o sincrético e multifacetado processo de reconceituação que, no seu interior, manifestou diversas tendências.[9]

O conservadorismo na profissão se fará fortemente presente no processo de reconceituação, sobretudo por meio de duas tendências: a "perspectiva modernizadora" (Netto, 1991, p. 164) e a "reatualização do conservadorismo" (Netto, 1991, p. 201). Ainda que ambas claramente finquem suas bandeiras no campo do conservadorismo, os caminhos adotados por elas são diferentes e as colocam, em determinados momentos, em oposição. Todavia, estas duas tendências se encontram em um ponto fundamental: *não teceram quaisquer críticas de ordem estrutural ou de qualquer espécie, direta ou indiretamente, à ordem*

8. Destaque deve ser dado às interlocuções de inspiração positivista-funcionalista, fenomenológica e marxista. Sobre isso — conquistas e limitações — consultar Netto (1991). Não se pretende, aqui, discutir — em detalhes — os inúmeros problemas dessa apropriação (certamente enviesada).

9. Os estudos de Netto (1991) são imbatíveis no sentido de perquirir a complexa trama que se expressou em tendências antagônicas no interior do processo de reconceituação. O Serviço Social contemporâneo é impensável sem uma profunda avaliação desse momento histórico. O que se pretende, a seguir, é retomar o essencial desse debate.

monopólica e sua face totalitária no Brasil. Ao contrário: afirmaram-na por caminhos diferentes.

A perspectiva modernizadora foi a tendência — reconceituada — que melhor se identificou e formulou ações funcionais à administração das tensões sociais geradas pela autocracia burguesa com seu ímpeto radical em reforçar-reformar a ordem monopólica. Inspirada no funcionalismo norte-americano de Parsons e Merton — indiscutivelmente de base positivista — e nitidamente ajustada ao Serviço Social na segunda metade dos anos 1960, tal proposta será originalmente documentada nos encontros de Araxá (1967) e de Teresópolis (1970) — (Cbciss, 1986).[10] Não há, nos dois documentos, qualquer referência crítica (por mais pontual que seja) ao modelo de desenvolvimento em curso na época. Ao contrário, o que se propõe é exatamente o oposto: o reforço desse padrão de desenvolvimento.

> O esforço do Serviço Social, nesta perspectiva, tem em mira uma contribuição positiva ao desenvolvimento, entendido este como um processo de planejamento integrado de mudança nos aspectos econômicos, tecnológicos, sócio-culturais e político-administrativos. [...] (Cbciss, 1986, p. 41).

Trata-se de uma orientação de forte perfil tecnicista, promotora de uma relação entre teoria e prática sustentada na departamentalização dessas instâncias: os teóricos e as teorias (quase sempre situados fora do Serviço Social — mais precisamente nas Ciências Humanas e Sociais) fornecem a base de sustentação para a execução de ações e para a formação dos assistentes sociais (os "profissionais da prática" em busca de um reconhecimento científico como técnica social). Nesse sentido, a legitimidade da profissão advém da sua *necessidade de adquirir um estatuto científico*, ou seja, um objeto, uma metodologia e uma

---

10. Ressaltam-se, aqui, as datas em que os documentos foram elaborados a partir de encontros organizados pela categoria profissional dos assistentes sociais: 1967 e 1970. Como lembra Netto (1991), o documento de Teresópolis aprofunda as questões apontadas pelo documento de Araxá havendo, entre eles, um inegável continuísmo.

teoria, específicas, capazes de formarem os especialistas que desenvolverão micro e macroatuações visando à integração dos indivíduos, dos grupos e das comunidades ao desenvolvimento do país. A identificação e o tratamento das "situações problemas" têm por base uma metodologia profissional sustentada no "diagnóstico" e na "intervenção planejada". Modernizam-se, aqui, as abordagens de *caso*, de *grupo* e de *comunidade* (oriundas da década de 1950) e se refunda um exercício profissional comprometido com a *integração social* e com a identificação de *patologias sociais* (pessoais e/ou de sistemas) que limitam o desenvolvimento social.[11] O cientificismo, o epistemologismo e o metodologismo são essenciais para que o Serviço Social seja reconhecido como profissão (científica), ainda que para ele, no campo das ciências especializadas, esteja reservado um patamar predominantemente técnico-operativo (como técnica social).

> As exigências do processo de desenvolvimento mundial vêm impondo ao Serviço Social, sobretudo em países ou regiões subdesenvolvidos, o desempenho de novos papéis. Estes papéis, em sua evolução histórica, constituem formas de inserção da profissão na realidade econômico-social dos mesmos países e regiões. [...] O objetivo remoto do Serviço Social pode ser considerado como o provimento de recursos indispensáveis ao desenvolvimento, à valorização e à melhoria de condições do ser humano, pressupondo o atendimento de valores universais e a harmonia entre eles e os valores culturais e individuais. [...] São objetivos operacionais: a) identificar e tratar problemas ou distorções residuais que impedem indivíduos, famílias, grupos, comunidades e populações de alcançarem padrões econômico-sociais compatíveis com a dignidade humana e estimular a contínua elevação desses padrões; b) colher elementos e elaborar dados referentes a problemas ou disfunções que estejam a exigir reformas das estruturas e sistemas sociais; [...] contribuir para capacitar a comunidade a integrar-se no processo de desenvolvimento através de ação organizada com vistas ao atendimento de suas

11. Diga-se de passagem, é relevante destacar que tal perspectiva mantém intactos os postulados tomistas da dignidade da pessoa humana, da sociabilidade da pessoa humana e da perfectibilidade humana (CBCISS, 1986, p. 29-30).

> necessidades e realização de suas aspirações; trabalhar com organizações, visando à adequação de seus objetivos e métodos às exigências da realidade social e sua integração numa perspectiva de desenvolvimento. [...] O desenvolvimento harmônico do homem — permanente desafio à atuação do Serviço Social — exige que sua adequação à realidade seja uma constante. [...] (Cbciss, 1986, p. 26-8 e 44).

É preciso reconhecer que a perspectiva modernizadora permaneceu hegemônica durante todo período ditatorial brasileiro. Seus princípios eram funcionais à autocracia em curso, que, por sua vez, não permitia que outras tendências pudessem se desenvolver ou, pelo menos, se expressar livremente no âmbito do Serviço Social. Todavia é preciso destacar, em que pese esse limite, que alternativas já estavam sendo gestadas no interior da profissão na primeira metade dos anos 1970, ainda que não possuíssem as mesmas condições objetivas para serem formuladas, organizadas e publicadas na forma de estudos. O encontro de Sumaré (realizado no Rio de Janeiro em 1978) revelou, mesmo que superficialmente e em tempos de decadência da ditadura militar, um deslocamento da perspectiva modernizadora.[12] O documento organizado pelo encontro fez referência a outras matrizes teóricas que serviriam de inspiração para o Serviço Social reconceituado: a fenomenologia e o que foi genericamente caracterizado — apenas citado no texto — como dialética.

Nota-se, entretanto, que o desenvolvimento — mesmo que superficial — de outros espectros teóricos no interior do Serviço Social careceu de um clima político diferente no Brasil e, sobretudo, do reaquecimento das heterogêneas forças sociais comprometidas genericamente com a "reconstrução da democracia" e a remoção do "entulho autoritário". A "abertura política", naquela oportunidade em curso, não pretendia um retorno à democracia (no seu sentido mais radical), muito menos era uma tentativa de formular uma "experiência democrática autêntica". A autocracia burguesa (intocável) buscava edificar e operacionalizar alter-

12. Sobre o que se produziu nos encontros de Sumaré e do Alto da Boa Vista (Rio de Janeiro — 1984), consultar Netto (1991, p. 193) e Cbciss (1986, p. 101).

nativas *seguras e normais* para o pacífico funcionamento da ordem estabelecida e aprofundada com apoio da ditadura burguesa implantada em 1964, revitalizando seus fundamentos econômicos, sociais e políticos e mantendo intocáveis os princípios da "contrarrevolução preventiva" (Fernandes, 1987, p. 363). Estava em pauta uma transição "lenta, gradual e segura" marcada, no seu limite, pela adoção de alguns mecanismos formais de democracia política "mudancistas" e por um forte espírito conciliador de classes.

> A conciliação converte-se em princípio e em fim, delimita o campo da mudança como "equidistante" (e, portanto, avesso) à reforma e à revolução. As classes burguesas, intimidadas diante da ameaça ímpar que poderia resultar de uma desagregação incontrolável do regime ditatorial, recebem como uma dádiva do céu um compacto ideológico de seu "*ideal de mudança*".[13] O mudancismo de uma esperteza contra o censor duro metamorfoseia-se em ideologia de uma classe dominante em pânico. Da esfera burguesa mais radical não vem a proclamação firme da reforma social e da revolução dentro da ordem. Emerge uma articulação ideológica de compromissos díspares (e, por vezes, incompatíveis) com o nome de mudancismo. [...] (Fernandes, 1986, p. 72).

A reedição do conservadorismo no Serviço Social, entretanto, não se limitou à vertente modernizadora. Os estudos organizados por Anna Augusta de Almeida, Ilda Lopes, entre outras, assessoradas pelas observações de Creuza Capalbo, formada em Filosofia (todas predominantemente vinculadas à Pontifícia Universidade Católica do Rio de Janeiro), reivindicaram uma interlocução do Serviço Social com a fenomenologia. Coube a Capalbo (1986, p. 173; 1991) apresentar ao grupo de assistentes sociais alguns princípios da fenomenologia de Husserl, posteriormente aprimorados pelas observações de Heidegger, Schutz e de Merleau-Ponty (em que pesem os inúmeros problemas de interpretação e utilização desses autores no Serviço Social), separando o psicologismo da "vivência psicológica" (tema tratado por Husserl

---

13. Grifos de Fernandes.

ao abordar a crise das ciências europeias) e oferecendo um aprofundamento nas noções de essência (eidos), reflexão, consciência, intencionalidade, significado/compreensão/intuição e liberdade/encontro. Nesse processo, a "consciência intencional" interpreta, intui, significa os fenômenos a partir do "eu" que se situa no mundo, enfatizando uma orientação compreensiva e não explicativa do real (na esteira das discussões kantianas acerca da impossibilidade do conhecimento objetivo das coisas e, consequentemente, da ênfase na razão subjetiva em detrimento da razão objetiva). A abstração, aqui, muito própria da leitura e da interpretação construída acerca dos clássicos da fenomenologia, alcança níveis significativos que se reduzem a uma relação, ao encontro, entre o eu e o outro, como seres conscientes e intencionais. Em outras palavras: o real é construído pela consciência, e só é real porque o é para uma dada consciência. Dessa forma, a essência se revela, brota, da própria consciência que intenciona, sente, intui, revelando a sua face oculta.[14]

> [...] o que importa na investigação é o ator social, o sujeito social que, em situação, vive a sua situação e a sua ação não como um dado para minha investigação, mas que é por ele vivida numa certa perspectiva e com um certo significado. [...] (Capalbo, 1991, p. 32).

Os desdobramentos desta tendência no Serviço Social, aos moldes da conhecida tradição sincrética e eclética, reaquecem e potencializam a relação de "ajuda psicossocial", a abordagem individual e personalista traduzida por meio de uma proposta metodológica baseada na tríade "diálogo, pessoa e transformação social" (Almeida, 1986). Nes-

---

14. Os níveis de abstração, aqui, são reveladores: "[...] a análise das relações com o outro na modalidade do encontro mostra-nos que este se dá sob a forma de encontro efetivo, encontro sexual, encontro com o grupo, encontro com o anonimato da multidão, encontro com uma instituição, encontro com um autor, através de sua obra etc. São formas de relações do homem com o mundo, do homem consigo mesmo, dos homens entre si. Dizemos, então, que Deus, o homem, a verdade podem se tornar presentes para uma consciência. Em nossa experiência com a verdade etc. Isto quer dizer, ainda, que as existências de Deus, dos homens e da verdade estavam dissimuladas ou ocultas, e que agora se tornaram presentes, apresentaram-se, revelaram-se. [...] (Capalbo, 1986, p. 181).

sa formulação, é nítido o reaquecimento do ideário católico que tempera e recoloca a "pessoa humana" e suas relações interpessoais no centro da atuação profissional por meio do vínculo estabelecido entre o profissional e o "cliente" na análise da "situação existencial problema" (SEP). Trata-se, portanto, de uma abordagem profissional cujo foco central é a pessoa, como ser que não se repete, se insere em uma existência por ele, conscientemente e intencionalmente, interpretada. Os segmentos católicos do Serviço Social, que viram suas bases ruírem durante e depois do "desorganizado" e "improdutivo" processo de reconceituação, encontraram um "porto seguro" onde puderam se ancorar. Repudiaram, com isso, o tecnicismo da "perspectiva modernizadora" e os perigos da tensa politização crítica da "intenção de ruptura" (de inspiração marxista), retomando um importante valor tomista: a pessoa humana.[15]

> A Nova Proposta é uma metodologia genérica pensada a partir da descoberta, no processo de ajuda psicossocial, de um sentido novo. Uma abertura para a ajuda psicossocial, na consciência, entre concepção da realidade ou de uma de suas partes, e os projetos humanos e sociais na sua situação humana, histórica e concreta. Significação que inclui o nexo íntimo existente entre teoria e práxis. O marco referencial teórico dessa metodologia é constituído por três grandes conceitos: *diálogo, pessoa e transformação social.*[16] [...] (Almeida, 1978, p. 116).

Note-se que, até o presente momento, as matrizes reconceituadas reforçaram, ou pelo menos não molestaram, o projeto monopólico burguês e sua objetivação por meio da autocracia burguesa. Enquanto a primeira tendência (perspectiva modernizadora) reafirmou claramente sua opção pelo projeto na época adotando um viés cientificista-tecnicista, a segunda (a reatualização do conservadorismo) também foi altamente funcional à ordem, uma vez que centrou sua abordagem na esfera interpessoal (ainda que sua compreensão fosse muito dife-

15. Netto (1991) denomina essa tendência de "reatualização do conservadorismo".

16. Grifos de Almeida.

rente da primeira), despolitizando e desideologizando o mundo do ser portador da "consciência intencional". Mas havia, ainda, uma terceira tendência que brotaria durante os anos duros da ditadura burguesa no Brasil e conquistaria lentamente seu espaço à medida que a decadência do regime ditatorial se arrefecia.

O primeiro estudo sistematizado no âmbito do Serviço Social, com clara inspiração marxista, veio ao público no início dos anos 1980, ainda que tenha sido gestado entre os anos 1972 e 1975 na Escola de Serviço Social da Universidade Católica de Minas Gerais (em Belo Horizonte).[17] Conhecido como "Método de Belo Horizonte" e tratado por Netto (1991, p. 247) como a gênese do projeto de *"intenção de ruptura"* no Brasil, a proposta avança substancialmente em relação às anteriores e, de certa maneira, incorpora um conjunto de experiências mais à esquerda vinculadas à resistência à ditadura burguesa, à redemocratização do Brasil, aos movimentos populares voltados — por diferentes caminhos — à contestação da ordem e às universidades. Liderada pelas professoras Leila Lima dos Santos e Ana Maria Quiroga e, posteriormente, potencializadas por outras(os) autoras(es) — inclusive latino-americanas(os) — que enriqueceram e ou deram continuidade ao legado crítico da reconceituação,[18] tal proposta possui alguns méritos importantes e até então ausentes no Serviço Social: a) uma forte crítica à proposta de desenvolvimento em curso na época, tendo como referência a aproximação com a tradição marxista (ainda que pelo viés da militância política); b) a composição de um projeto global (que ultrapassou o próprio projeto profissional) com

---

17. Netto (1991, p. 261-2) lembra que "[...] Não é acidental a emersão do projeto de ruptura em Belo Horizonte. Entre os finais dos anos cinquenta e meados da década seguinte, a capital mineira não fora apenas o sítio de elites reacionárias e aguerridas, que tanto contribuíram para a articulação do golpe de abril [...]. Ali também deitavam raízes importantes de movimentos sindicais e populares, inclusive rebatendo a história de lutas dos trabalhadores do Quadrilátero Ferrífero — movimentos que ecoaram ainda mais com o desenvolvimento industrial das franjas da capital, que se renova no decênio de sessenta. Muito especialmente, ali existia uma forte tradição estudantil não só democrática, mas com impulsões revolucionárias e socialistas. [...]"

18. Destaco, por exemplo, os estudos de Cardoso (1977a e 1977b), Lopes (1979), Silva e Silva (2002), Macedo (1986), Carvalho (1986), Ammann (1982) e, sobretudo, Iamamoto e Carvalho (1985).

forte crítica ao tradicionalismo e às outras matrizes reconceituadas; c) a crítica à "neutralidade", à departamentalização/fragmentação responsável pela mutilação do real, bem como a recusa do vínculo do Serviço Social com processos de adaptação, de integração social e de individualização dos "problemas sociais" despidos de contextualização e de análise histórica. Há de se notar, aqui, o salto qualitativo e corajoso desta elaboração.

> O objeto do Serviço Social se define, pois, em função: — da historicidade de toda prática social; — das características da situação brasileira enquanto uma realidade dependente; — das relações existentes entre as diversas classes sociais; — da relação entre ele e os objetivos profissionais. [...]. A transformação da sociedade e a realização do homem se apresentam como meta de todo trabalho social. A concretização desta meta exige a delimitação de objetivos-meio do Serviço Social: conscientização, capacitação e organização. [...]. Esta interligação entre método, teoria e realidade permite verificar que o método profissional é um meio de conhecimento e interpretação desta realidade e, ao mesmo tempo, um instrumento de sua transformação. [...]. (Santos, 1983, p. 39).

Mesmo considerando o avanço significativo do projeto de intenção de ruptura na sua gênese, é preciso apontar alguns problemas necessários à crítica radical visando ao avanço dessa perspectiva, observações que já foram suficientemente exploradas nos estudos de Netto (1991, 1992), de Iamamoto (1994 e 2007) e Iamamoto com Carvalho (1985). O documento de BH sofre de um problema que assolou boa parte da esquerda no Brasil (reforçado pelo contexto repressivo, sobretudo nas décadas de 1960 e 1970): *a influência de um tipo de marxismo vulgar que, embora não deixe de fazer parte da tradição de Marx, o banaliza ("marxismo sem Marx" — aliás, há uma completa ausência das fontes originais na obra e, por consequência, de uma análise sobre o funcionamento da ordem burguesa).* Nesse contexto, o tripé que sustenta a teoria marxiana foi simplificado a esquemas de manuais: a dialética materialista é compreendida como um jogo mecânico e formal entre a tese, a antítese e a síntese, e a categoria da totalidade esvaziada e fragmentada em momentos metodológicos que propiciam a aproximação da realidade e o compromisso com as camadas "oprimidas";[19] a teoria valor trabalho — nisto a centralidade ontológica do trabalho (concreto), sua forma alienada-abstrata no capitalismo, fonte de valor —, encontra-se ausente de qualquer problematização (mesmo que mais superficial), o que abre brechas para a identificação da economia-política de Marx com o estreito economicismo; a perspectiva da revolução não é apanhada na sua complexidade, ou seja, como uma possibilidade histórica potencializada pela luta de classes e por condições históricas determinadas. A revolução, então, aparece como uma tarefa do Serviço Social e de um conjunto de profissionais messianicamente comprometidos com a "capacitação", com a "organização" e com a "transformação da sociedade" (Santos, 1983), confundindo e identificando a profissão, o partido, os sindicatos e os movimentos revolucionários (que aparecem inseridos em um único pacote). O texto, então, peca pelo formalismo e por recair diante de um tema fartamente debatido durante a reconceituação: *o epistemoslogismo, o cientificismo e o metodologismo (típicos do formalismo positivista)*, que recuperam a preocupação com o "objeto do Serviço Social". Em que pese isso, o giro ideopolítico do texto foi altamente original e positivo, denunciando e propondo uma alternativa para o trabalho popular inspirada no marxismo.

---

19. O texto se refere aos seguintes momentos: aproximação, investigação significativa, interpretação diagnóstica, aproximação II, programação, execução de projetos e revisão e sistematização geral (Santos, 1983, p. 49). Marilda Iamamoto, em um trecho extraído da entrevista concedida para esta pesquisa, faz as seguintes observações: "[...] O movimento de reconceituação de Belo Horizonte (eu entrei em Belo Horizonte em 1971 — antes do BH) e, na disciplina que eu dava com a professora Consuelo Quiroga, nós começamos a questionar a separação do caso, grupo, comunidade, dos métodos, enfim, aquele 'iniciozinho' do método básico, de um método comum ao Serviço Social. Existam três Serviços Sociais, hoje tem um só. Então a gente teve que ver como operar, pensar a realidade e analisá-la, pensar nessa direção. Então eu acho que no Brasil o Serviço Social não foi tão clandestino assim, de costas para o Estado (pelo menos a experiência que eu vivi em BH). [...] Então, realmente lá o Serviço Social entrou e se identificou com o movimento revolucionário partidário, da luta política partidária que coloca a questão da política como central e muito numa linha de costas para o Estado, forte influência althusseriana que teve no Brasil também na visão do Estado monolítico, aparelho ideológico do Estado e isso aqui também em Belo Horizonte. A Leila acabava de vir da França, com uma forte influência, formação também althusseriana, sobre a prática, sobre a teoria [...]".

Todavia, é preciso destacar que a ditadura militar burguesa agiu profundamente na vida social do Brasil alterando profundamente a cultura, a educação, a política, a econômica do país, eliminando uma geração que vinha se formando na tradição revolucionária marxista. O resultado disso não poderia ser diferente: a quase completa banalização da teoria social de Marx na forma de pacotes fragmentados, retirados do contexto da obra marxiana, marcado por um profundo simplismo mecanicista com viés voluntarista, avesso aos estudos originais (na fonte), endossado por intérpretes vulgarizadores, como se a prática política-revolucionária pudesse falar por si só. A fragmentação neste contexto é inevitável e, com ela, a perda do ponto de vista de totalidade regado por modismos utilizados para a análise de situações pontuais e conjunturais. Netto (1991, p. 111) destaca, por exemplo, o "marxismo acadêmico" que atuou nas universidades durante o regime militar de 1964 teorizando sobre a "prática teórica" com base em Althusser e a teorização da "sociedade civil" em tempos de redemocratização genericamente identificada, de forma abusiva, com a construção gramsciana. Isso, certamente, em proporções ainda mais complexas, rebateu no Serviço Social. Portanto, era preciso neutralizar demandas democrático-burguesas e nacional-burguesas dos setores burgueses mais ou menos radicais, e reprimir movimentos e processos comprometidos com a igualdade econômica, social e política e de mobilização de classe dos segmentos populares, na era do capitalismo monopolista e do império total, tornando-se "burguesia madura" nas condições da sociedade brasileira. Em outras palavras, defender a autonomia de classe da burguesia dentro da sociedade de classes no Brasil, considerando as possibilidades de uma transformação capitalista que *não rompesse com a dependência do país e seus efeitos*. Resumidamente: não havia possibilidade de os segmentos burgueses se servirem do radicalismo burguês e capturarem, momentaneamente, os interesses das massas, sem colocar em risco a dependência e sua estrutura.

> Evidentemente, não lhe foi possível extirpar da cultura brasileira o rebatimento das matrizes do pensamento socialista revolucionário; mas ao interromper a dialética que vinha se operando, entre interlocutores dife-

> renciados, para a constituição de uma tradição marxista no país, a ditadura obteve um tento dos mais importantes — não só travou por ponderável lapso de temporal esta constituição como, ainda, introduziu no seu andamento complicações cuja resolução demandará esforços de largo fôlego e a conjunção de inúmeras circunstâncias favoráveis que não parecem resultantes do acaso. [...] A autocracia burguesa foi mais adiante: no seu legado, deixou componentes macroscópicos e específicos que conspiram vigorosamente contra a possibilidade de resgatar criticamente o patrimônio arduamente acumulado em mais de meio século de lutas sociais e confrontos ideológicos. Entretanto, a mesma autocracia gestou necessidades e possibilidades objetivas — econômicas, sociopolíticas e culturais — que situam como concreta a alternativa de recuperar os ganhos do passado e construir, sobre o patamar da contemporaneidade, a tradição marxista brasileira que ela quis conjurar. [...] (Netto, 1991, p. 109-12).

Por outro lado, ainda que todo esse processo de revisão conceitual tenha sido marcado pelo ecletismo, pelo epistemologismo, pelo formalismo metodológico antidialético e por uma inadequada compreensão do papel exercido pela esfera política[20] (Netto, 1981, p. 61; 1991), independentemente da matriz teórica considerada e de suas diferenças, os ganhos foram importantes e absolutamente necessários: *maior densidade teórica temperada por estudos mais sólidos (ainda que ecléticos); indicação de alternativas em relação ao "Serviço Social tradicional" (ainda que marcadas pelo epistemologismo); e maior abertura da profissão para um diálogo salutar com diferentes setores das Ciências Humanas e Sociais (o que não é pouco).* É verdade, também, que processos iniciais de aprofundamento teórico-metodológico de uma profissão costumam sofrer de certa superficialidade até certo ponto compreensível e justificável. Inevitavelmente o "processo de reconceituação" gerou controvérsias e, na visão dos segmentos mais conservadores da profissão, causou um mal-estar, um desarranjo desnecessário, estimulou exageros e interpretações equivocadas sobre o verdadeiro significado da profissão

---

20. Seja na sua dimensão politicista ingênua de forte conotação basista e vanguardista, seja, ao contrário, na sua face "apolítica".

e da atuação profissional, até então caracterizada — na opinião de tais setores — por um curso vitorioso do Serviço Social tradicional.[21]

> [...] ao Serviço Social tradicional se atribui um posicionamento funcionalista, por influência americana, quando se propõe um trabalho de "ajustamento", de "integração" do indivíduo ao seu meio, no qual estaria implícito um juízo sobre esse "meio" como plenamente satisfatório, ou seja, "um todo harmônico, sendo seu núcleo conceitual a noção de sistema estável". É uma conclusão indevida, pois, mesmo admitindo a necessidade de transformação desse meio, para que o Serviço Social não se instrumentalizasse, os programas e profissionais se propunham a propiciar ajuda aos indivíduos e grupos que necessitavam nele sobreviver e, em consequência, aparelhar-se para tanto, e até mesmo integrar-se, até certo ponto, como acontece com os próprios assistentes sociais, mesmo os mais radicais, na sua vida pessoal, familiar e profissional, social e às vezes até política. Serviços prestados como ajuda para integração das populações migrantes no mercado de trabalho, melhorias urbanas para favelas não significam aceitação das estruturas econômicas vigentes, mas uma ajuda ao homem concreto e sua família, que é algo mais do que membro de uma classe, e que precisa sobreviver para que possa transformar a sociedade em que vive. Tampouco essa atuação poderia ser considerada assistencialista, pura e simplesmente, pois, embora não se proponha a transformar a sociedade, é exercida através de um processo de desenvolvimento pessoal do usuário, favorecendo um processo de independência dos próprios serviços e de auto-afirmação. O *status quo* das estruturas não é atingido, mas aquele homem, aquele grupo, cresceu, deu um passo adiante, tornou-se mais humano. [...] (Junqueira, 1980, p. 15-6).

Netto (1981, p. 75), por outro lado, contrapondo-se às indicações de Helena Iracy Junqueira e às críticas conservadoras à reconceituação, destaca que

21. Para uma análise sobre o significado do processo de reconceituação, suas diferentes interpretações e seus impactos na profissão, consultar, particularmente, o debate estabelecido entre Netto (1981) e Junqueira (1980).

> [...] desvelar a inépcia da crítica conservadora reveste-se de um duplo sentido: resguardar a profissão dos danos realmente contidos na tendência restauradora e, ao mesmo tempo, acumular o fôlego analítico de que o Serviço Social carecerá, dado um novo movimento de afluxo das forças comprometidas com a revolução social latino-americana, para transcender os seus constrangimentos institucionais. [...]

Não resta dúvida de que, com todos os seus limites, o movimento de reconceituação foi caminho necessário e insubstituível para que o Serviço Social não passasse em branco os últimos 50 anos e tivesse fôlego para adentrar com força e crítica nas décadas de 1980 e 1990 diante das profundas transformações societárias que se anunciavam depois da crise do capital a partir de 1973.[22] É fato que, ao se estancar a ditadura brasileira, os grandes problemas estruturais do Brasil (expressos no que foi denominado por Florestan Fernandes de "descolonização tardia") não foram solucionados. Tais problemas, ao contrário, foram aprofundados, se tornaram mais complexos, adquiriram proporções mais dramáticas, à medida que o país sofreu o impacto da modernização conservadora. Esse legado explicitou-se já na segunda metade dos anos 1980, período em que o país passou por reformas constitucionais (sintetizadas na Constituição de 1988) que revelaram, por detrás da batalha jurídica, lutas sociais que descortinavam demandas sociais reprimidas oriundas do amplo setor que compunha a massa trabalhadora, bem como dos diversos segmentos que faziam parte das elites. Um novo dado, entretanto, agravaria esse cenário: a mudança mundial no padrão de acumulação que se *flexibilizava* mundialmente e atingiria em cheio o Brasil na década de 1990.

> A *acumulação flexível*,[23] como vou chamá-la, é marcada por um confronto direto com a rigidez do fordismo. Ela se apoia na flexibilidade dos pro-

22. "A profunda recessão de 1973, exacerbada pelo choque do petróleo, evidentemente retirou o mundo capitalista do sufocando torpor da 'estagflação' (estagnação da produção de bens e alta inflação de preços) e pôs em movimento um conjunto de processos que solaparam o compromisso fordista. Em consequência, as décadas de 70 e 80 foram um conturbado período de reestruturação econômica e de reajustamento social e político [...]" (Harvey, 2003, p. 140)

23. Grifos de Harvey.

> cessos de trabalho, dos mercados de trabalho, dos produtos e padrões de consumo. Caracteriza-se pelo surgimento de setores de produção inteiramente novos, novas maneiras de fornecimento de serviços financeiros, novos mercados e, sobretudo, taxas altamente intensificadas de inovação comercial, tecnológica e organizacional. A acumulação flexível envolve rápidas mudanças dos padrões de desenvolvimento desigual, tanto entre setores como entre regiões geográficas, criando, por exemplo, um vasto movimento no emprego no chamado "setor de serviços". [...]. A acumulação flexível para implicar níveis relativamente altos de desemprego "estrutural" (em oposição a "friccional"), rápida destruição e reconstrução de habilidades, ganhos modestos (quando há) de salários reais [...] e o retrocesso do poder sindical — uma das colunas políticas do regime fordista. [...] (Harvey, 2003, p. 140-1).

O aprofundamento da "questão social" na era flexível e o seu forte impacto no mundo do trabalho trouxeram outros desafios ainda mais densos que vêm reafirmando a crise estrutural do capital e sua absoluta insustentabilidade (Antunes, 2000, p. 29).[24] A euforia democrática da segunda metade dos anos 1980, cujo ápice foi a Assembleia Nacional Constituinte, a elaboração de uma nova carta constitucional

---

24. "As vitórias eleitorais de Thatcher (1979) e Reagan (1980) costumam ser vistas como uma clara ruptura da política do período de pós-guerra. Eu as compreendo mais como consolidação do que já vinha acontecendo em boa parte dos anos 1970. A crise de 1973-1975 derivou em parte de um confronto com a rigidez acumulada de práticas e políticas de governo implantadas no período fordista-keynesiano. As políticas keynesianas tinham se mostrado inflacionárias à medida que as despesas públicas cresciam e a capacidade fiscal estagnava. Como sempre fora parte do consenso político fordista que as redistribuições deviam se fundamentar no crescimento, redução do crescimento significava inevitavelmente problemas para o Estado de bem-estar social e do salário social. [...]" (Harvey, 2003, p. 157). Potyara Pereira, em entrevista concedida para esta pesquisa, destaca que "[...] Com a ascensão do neoliberalismo nos fins dos anos 1970, na Inglaterra e nos Estados Unidos, e sua entrada no Brasil nos fins dos anos 1980, todas as políticas sociais, inclusive a assistência, sofreram reorientações significativas para a 'direita'. Assim, em vez de elas estarem orientadas para atender a necessidades sociais, estão preponderantemente a serviço do atendimento das necessidades do capital, como diz Ian Gough. Portanto, é ingenuidade falar em emancipação e justiça social no âmbito das políticas sociais neoliberais (até mesmo no terreno do trabalho). Há que se lutar contra o neoliberalismo, ao mesmo tempo que se deve usar as políticas sociais como uma das mediações possíveis para o alcance desse desiderato. Para isso o Serviço Social precisa ter também um projeto teórico, já que ele não é só ação (intervenção). [...]"

e a eleição direta para presidente em 1989 (com a trágica eleição do Collor de Melo) dão lugar à dura realidade imposta pela nova configuração imperialista em tempos de flexibilização. Os "sólidos" valores do padrão fordista cedem lugar a uma forma de acumulação flexível que, aos poucos, nas condições hipertardias e dependentes do Brasil, inicia um forte processo de investimentos em capital constante (sobretudo por meio de uma brutal inserção tecnológica) e de redução de capital variável (destinado ao pagamento da força de trabalho), alterando a composição orgânica do capital e gerando consequências nefastas ao trabalho. Alimentam-se, ao mesmo tempo, diferentes tipos de negócios, empreendimentos e sistemas de produção que dão um duro golpe no poder dos sindicatos, também por meio de uma tremenda fragmentação da vida social e da insegurança econômica (processo intensificado com o desmonte da União Socialista das Repúblicas Soviéticas no final dos anos 1980).

Em outras palavras, o que se constatou, já na segunda metade dos anos 1990 e na transição para este século até os dias atuais, é que a grave crise estrutural do capital eclodida na década de 1970 causou profundas mutações no mundo do trabalho: o enorme desemprego estrutural, a precarização das condições de trabalho, a flexibilização e desregulamentação das leis trabalhistas e a crescente degradação da relação metabólica entre homem e natureza, repercussões que têm se adensado nesses primeiros 10 anos do século XXI.[25] A luta de classes, então, fica imersa em campo pantanoso que captura o trabalhador em um complexo circuito ideológico que o "transforma" em um "colaborador", um "importante membro de uma equipe", de uma "família", em que "todos ganham" na medida em que sistemicamente se cumpra a missão institucional produtiva. Nesse sentido, a luta contra a exploração capitalista, a organização dos trabalhadores, a força dos sindicatos

25. O atual desemprego estrutural atinge proporções gigantescas jamais previstas pelos apologistas da ordem burguesa. Segundo Mészáros (2003, p. 22): "[...] agora a grave realidade do desumanizante desemprego assumiu um caráter crônico, não sendo consequência apenas do desenvolvimento tecnológico ou da explosão populacional, mas também da relação direta com os elementos estruturais sob os quais produz e reproduz as relações sociais e econômicas segundo a lógica do capital. [...]"

e a formação da consciência de classe são aviltadas e esvaziadas repondo sérios obstáculos objetivos para seu desenvolvimento (Harvey, 2003, p. 145-6).[26] Como salienta Antunes (1999, p. 41-2),

> [...] de um lado verificou-se uma desproletarização do trabalho industrial, fabril, nos países de capitalismo avançado, com maior ou menor repercussão em áreas industrializadas do Terceiro Mundo. Em outras palavras, houve uma diminuição da classe operária industrial tradicional. Mas, paralelamente, efetivou-se uma expressiva expansão do trabalho assalariado, a partir da enorme ampliação do assalariamento do setor de serviços; verificou-se uma significativa heterogeneização do trabalho, expressa também através da crescente incorporação do contingente feminino no mundo operário; vivencia-se também uma subproletarização intensificada, presente na expansão do trabalho parcial, temporário, precário, subcontratado, "terceirizado", que marca a sociedade dual no capitalismo avançado [...]. O mais brutal resultado dessas transformações é a expansão sem precedentes na era moderna, do desemprego estrutural, que atinge o mundo em escala global. Pode-se dizer, de maneira sintética, que há uma processualidade contraditória que, de um lado, reduz o operariado industrial e fabril; de outro, aumenta o subproletariado, o trabalho precário e o assalariamento no setor de serviços. Incorpora o trabalho feminino e exclui os mais jovens e os mais velhos. Há, portanto, um processo de maior heterogeneização, fragmentação e complexização da classe trabalhadora [...].

O Serviço Social termina os anos 1980 e se envereda pelos anos 1990 desencadeando um balanço crítico do legado reconceituado. As tendências reconceituadas se reafirmam, se aprofundam e se desdobram, deixando um legado que seria recuperado no final da década de 1990 e reapareceria no início do século XXI, necessariamente afetado pelo aprofundamento da ordem monopólica flexível no Brasil.[27]

26. No Brasil, esse contexto foi claramente anunciado e estimulado no governo Collor, se adensa e se consolida na segunda metade dos anos 1990 com Fernando Henrique Cardoso e adentra no século XXI já com Lula da Silva.

27. Nessa direção, Netto (1996) oferece pistas importantes.

Nesse contexto de lutas que se expressavam e se particularizavam no campo profissional entre as matrizes renovadoras (e ainda sob o impacto inicial e gradual da economia flexibilizada na primeira metade dos anos 1990), o projeto de *intenção de ruptura* (Netto, 1991) emerge como força hegemônica e se aprofunda no debate com o marxismo a partir das fontes originais. Importantes obras, artigos e trabalhos em geral (também publicizados por meio de anais de congressos)[28] são editados a partir do início dos anos 1990 como resultado de estudos e pesquisas, com forte balanço crítico que se adensou recuperando as conquistas da proposta de Belo Horizonte (Santos, 1983) e de sua ampla e diversificada repercussão.[29]

Porém, para além da academia que se consolidava na graduação e na pós-graduação (Silva e Silva et al., 2005), o Serviço Social — predominante, mas não unicamente, inspirado no legado marxista — avança nas discussões e nos encaminhamentos voltados à formulação de alternativas e de propostas nos espaços de organização da categoria. A partir desses espaços previamente existentes e ocupados sob o viés conservador até o início dos anos 1980, a Associação Brasileira de Ensino em Serviço Social (Abess) — posteriormente reorganizada na segunda metade dos anos 1990 como Associação Brasileira de Ensino e Pesquisa em Serviço Social (Abepss) — e o Conselho Federal de Serviço Social (Cfess), desencadearam (sob lideranças claramente progressistas) importantes revisões no campo da formação

28. Destaco, aqui, particularmente, os Congressos Brasileiros de Assistentes Sociais (Cbas) e os Encontros Nacionais de Pesquisadores em Serviço Social (Enpess), principais eventos da categoria. Vale citar, também, os congressos latino-americanos de Serviço Social.

29. É desse período, por exemplo, na tradição inserida no projeto de "intenção de ruptura" (ainda que diversificados radicalizados ou não nas suas obras posteriores) os estudos de Paulo Netto (1989, 1991, 1992 e 1996), Iamamoto (1994, 2000, 2001), Mota (1985, 1995 e 2000), Sposati (1989), Yazbek (198 0 e 1993), Silva e Silva (2002), Simionatto (2004), Pereira (2000) e Barroco (2001), bem como as produções de uma nova geração que emergiu a partir da segunda metade dos anos 1990: Behring (1998 e 2003), Boschetti (2003), Guerra (1995) e Montaño (2002, 2007), entre outros. Vale ressaltar, todavia, que a aproximação mais rigorosa entre o Serviço Social, Marx e sua tradição, inegavelmente adensada nesse período, não foi suficiente para romper (e jamais será sob as condições do capital) com as questões de fundo presentes na gênese do Serviço Social e na sua constituição concreta como profissão: o sincretismo e o ecletismo.

profissional nos níveis de graduação e de pós-graduação.[30] Data, também, do início dos anos 1970, momento em que as ditaduras militares burguesas ainda não haviam se estendido por toda América Latina (particularmente ao Chile [1973] e à Argentina [1976]), a refundação do Centro de Estudos Latino-Americano de Trabalho Social (CELATS — hoje, e desde 1975, ALAEITS — Associação Latino-Americana de Ensino e Investigação em Trabalho Social). Marilda Iamamoto, em trecho extraído da entrevista concedida para esta pesquisa,[31] lembra:

> Eu participo do Serviço Social latino-americano desde 1971, foi quando eu me formei e ganhei uma bolsa com o meu trabalho de conclusão de curso para o encontro exatamente quando estava na primeira refundação da ALAEITS, à esquerda. A ALAEITS estava sendo refundada, se liberando do Serviço Social norte-americano, da OEA, então foi o início, antes da existência do CELATS (porque a ALAEITS é de 1975). Então, nesse período, o Serviço Social latino-americano teve um avanço muito importante no lastro da história latino-americana, contra a dependência, buscando inclusive um pensar crítico sobre a América Latina (que não é um movimento do Serviço Social, mas das Ciências Sociais — o Ianni tem aquele livro *Sociologia da Sociologia latino-americana*). [...]

---

30. Toda esta construção está disponível nas produções organizadas por ABESS e ABEPSS contidas nas referências bibliográficas deste livro. Em entrevista concedida para este estudo no mês de dezembro de 2008 Ozanira Silva e Silva lembra que: "[...] A profissão também avançou, significativamente, no campo da formação profissional haja vista, por exemplo, a ampliação que se deu nos termos dos programas de pós-graduação. Então, nós temos hoje 24 (vinte e quatro) ou 25 (vinte e cinco) programas de pós-graduação no Brasil, temos 9 (nove), vamos ter 10 (dez) doutorados (nós acabamos de aprovar, a comissão... acabamos de aprovar um que está saindo, que está sendo implantado a partir do ano que vem que é na UFF). Então eu acho que a profissão cresceu muito da década de 1980 para cá, no campo da formação profissional e no campo da pesquisa, embora nossa pesquisa seja ainda muito frágil, muito frágil, metodológica e teoricamente. Eu digo isso a partir de uma convivência com esta questão da pesquisa no CNPq, para onde estou voltando pela segunda vez como representante da área do Serviço Social. Então quero dizer que há muita fragilidade em parte significativa dos projetos que são encaminhados. Mas também há muita coisa interessante. [...]"

31. Entrevista realizada em dezembro de 2009, na Universidade Estadual do Rio de Janeiro (UERJ), com a professora doutora Marilda Vilela Iamamoto.

Ao mesmo tempo, desde o final dos anos 1980, a categoria dos assistentes sociais participa ativamente das diversas reformas constitucionais no âmbito da seguridade social (sustentada no tripé saúde, previdência e assistência social), engrossando as lutas sociais pela construção da democracia política e seus desdobramentos. O Código de Ética do Assistente Social, revisto e publicado por meio da Resolução Cfess n. 273, de 13 de março de 1993, afirma compromissos com a liberdade, com a autonomia, com a emancipação, com a democracia, com a cidadania, com a justiça social, com o pluralismo e contra qualquer tipo de discriminação e preconceito, avanços significativos em que pese *a absoluta necessidade de esclarecer, com radicalidade, o significado desses temas no campo minado e pantanoso por onde foram e vêm se constituindo.*[32] Essa discussão serviria de base para a constituição de um "Projeto-Ético Político Profissional" na segunda metade dos anos 1990.

O que se observou, no geral, portanto, é que a tendência mais progressista do Serviço Social assumiu os rumos da profissão, construiu uma hegemonia possível e "passou a dar as cartas" considerando, sobretudo, o seu adensamento teórico e a sua inserção concreta nos principais órgãos representativos da profissão e outros importantes espaços fora dela. Esse avanço é reforçado por alguns dos principais expoentes do Serviço Social contemporâneo, mesmo considerando as diferenças presentes — nem sempre pequenas — entre cada um deles.

A professora Potyara Pereira, por exemplo, importante referência nas discussões acerca das políticas sociais, destaca aspectos importantes do Serviço Social brasileiro ao ressaltá-lo como o que melhor se posiciona internacionalmente a partir dos anos 1990. Lembra que o Serviço Social no Brasil possui a melhor organização em número de unidades de ensino distribuídas em todo território nacional (graduação e pós-graduação *stricto sensu* — mestrado e doutorado), bem como

32. Qual liberdade? Qual justiça? O que significa pluralismo? Autonomia para quê? Quais as bases da emancipação que se pedem?

apresenta relevante representação nos principais órgãos oficiais de fomento à pesquisa e periódicos (com padrões internacionais). Tal processo, segundo ela, tem propiciado boas condições para pensar criticamente a profissão para além dos estreitos limites estabelecidos pela linguagem mercadológica do capital. De fato, o Serviço Social brasileiro possui inegável qualidade teórico-prática, quase sempre rara no Serviço Social mundial, posicionando-se em um nível privilegiado e avançado perante os demais. As conquistas pós-reconceituadas no campo da formação profissional e a expansão no âmbito da graduação e da pós-graduação (incluídos, aqui, os espaços construídos nos principais órgãos de fomento — CNPq e Capes, por exemplo) são inegavelmente importantes. Todavia, é preciso denunciar a recente ampliação das unidades de ensino (a distância ou presencial) feitas sob a égide da precarização e da mercantilização da educação, bem como criticar a lógica produtivista que tem orientado os principais órgãos oficiais de fomento.

> [...] considero que o Serviço Social brasileiro é o melhor posicionado em todo mundo. Seguindo tendência internacional, mas principalmente desde os anos 1990, o Serviço Social brasileiro vem se consolidando como uma das profissões mais organizadas institucionalmente, a par de vir se expandindo em todo o território nacional em número de unidades de ensino e, consequentemente, de profissionais formados. Outro dado que chama a atenção é a crescente criação de Cursos de Pós-Graduação *stricto sensu*[33] (mestrado e doutorado), a representação da profissão nos órgãos oficiais de fomento a pesquisa, a produção de veículos de comunicação científica (principalmente periódicos) dentro dos padrões internacionais de qualidade. Tudo isso revela um empenho contínuo dos assistentes sociais brasileiros de se qualificarem e assumirem no mercado de trabalho posturas mais críticas e competentes dentro das possibilidades e limites de sua condição preponderante de trabalhador assalariado. E, nesse empenho, fica claro que, embora o Serviço Social funcione sob a égide da lógica capitalista, seu *status* de

33. Grifos de Pereira.

profissão de nível superior — dotada de um saber próprio[34] — permite-lhe pensar e agir intelectual e politicamente, para além das estritas (embora determinantes) relações de domínio do capital sobre o trabalho. [...][35]

Outra expoente do Serviço Social brasileiro, a professora Ozanira Silva e Silva (2002), destaca os avanços e as conquistas da profissão ao aproximar-se e solidarizar-se com as demandas dos trabalhadores. Ressalta a contribuição da proposta de "intenção de ruptura", principalmente a partir de 1990, para a formulação do Projeto Ético-Político Profissional (que faz questão destacar como "profissional"). O vínculo ético-político com os trabalhadores, o amadurecimento teórico claramente exposto na década de 1990 e a organização da categoria por meio de seus órgãos representativos também é realçado pela professora Yazbek, em que pesem as inúmeras dificuldades a serem enfrentadas nessa direção.[36]

> [...] a profissão vem sofrendo, nós sabemos disso, uma inflexão muito grande a partir da década de 1980, no sentido de tomar consciência de que ela pode ser protagonista do fortalecimento dos trabalhadores, da organização da sociedade brasileira etc. Quer dizer, isso é uma coisa presente, que levou num dado momento o Serviço Social estruturar o que foi inicialmente chamado de projeto profissional de ruptura, não é? Isso está muito consolidado num livro do Zé Paulo, *Ditadura e Serviço Social* e no meu livro *O Serviço Social e o popular*. Então, já a partir de 1993, vem se colocando na agenda o que vem sendo denominado de Projeto Ético-Político do Serviço Social. Ético-político profissional porque, eu inclusive, sou contra considerar somente o projeto como Ético-político,

---

34. Nota-se, aqui, na perspectiva de Potyara, a associação entre "saber próprio" e "*status* de profissão de nível superior". Discutiremos essa questão mais adiante. Vale destacar, nesse momento, que esse aspecto é tratado de outra forma por importantes expoentes do Serviço Social brasileiro.

35. Trecho extraído de depoimento concedido pela professora doutora Potyara Pereira por meio de questionário encaminhado à pesquisadora em junho de 2010.

36. Questões relativas ao Projeto Ético-Político Profissional, como direção social estratégica (nos dizeres de Netto, 2010), serão retomadas na segunda parte deste livro.

> sem colocar o profissional. Sem o profissional não está completo, não seria o projeto de uma profissão. [...].[37]

> [...] o Serviço Social que enfrenta essa conjuntura difícil é um Serviço Social que amadureceu, que alcançou maturidade teórica, alcançou maturidade política, que tem nível organizativo invejável, uma profissão bem articulada, bem organizada, que tem presença política. Com todas as dificuldades que existem o Serviço Social é ainda umas das profissões que tem essa presença política [...].[38]

Marilda Iamamoto, por sua vez, também destaca a particularidade do Serviço Social brasileiro no contexto latino-americano, ressaltando que a profissão ocupou propositivamente a universidade formatada pela autocracia burguesa e formulou um Projeto Ético-Político Profissional de resistência em tempos de "abertura democrática". Essa tendência, segundo a autora, uma peculiaridade mundial (observação absolutamente pertinente considerando o perfil predominantemente tecnocrático do Serviço Social em quase todos os países), sintonizou-se criticamente com as transformações sociais em curso e objetivou, no campo profissional, uma proposta que a colocou em uma posição privilegiada também em relação às Ciências Humanas e Sociais (imersas, até hoje, no geral, em modismos extremamente dóceis à ordem monopólica e flexível em curso).

> O Brasil teve a década de 1980 neste processo que foi muito importante em função da particularidade da história brasileira, também em função da nossa capacidade de ter uma sintonia com os processos históricos que estavam ocorrendo no final dos anos 1970, anos 1980. Eu acho que o Serviço Social brasileiro toma um rumo absolutamente particular, no sentido histórico no contexto latino-americano. O professor Zé Paulo Netto e várias outras análises feitas mostram como nos anos 1970, contraditoriamente, nós ingressamos nas universidades, na

37. Trecho extraído da entrevista concedida para esta pesquisa pela professora doutora Ozanira Silva e Silva (dezembro de 2008).

38. Trecho extraído da entrevista concedida para esta pesquisa pela professora doutora Carmelita Yazbek (agosto de 2009).

universidade da ditadura e, apesar disso, o Serviço Social fez da universidade o abrigo da reflexão crítica. Isso foi muito importante na abertura política, na recepção dos colegas que haviam sofrido alguma forma de punição pela sua presença política. Então, veja, eu acho que nesse processo o Serviço Social entra na academia, o Serviço Social seculariza e o Serviço Social brasileiro avança num projeto crítico de resistência. Eu acho que isso é muito particular do Serviço Social brasileiro, eu diria no cenário mundial. [...]. Não estou "dando pílulas de ilusão", mas eu acho que nós somos uma profissão que não perdeu a capacidade de indignação. Não deixamos que a naturalização da pobreza nos contaminasse, a naturalização da desigualdade.[39] [...] Eu acho que é nesse contexto que eu penso que o Serviço Social brasileiro ele é profundamente fecundo e eu estou falando como sujeito destes 30 anos também. Por que ele é fecundo? Eu acho que é fecundo no sentido de que ele teve a capacidade de estar sintonizado às mudanças sócio-históricas e mais presente na margem esquerda do processo histórico (e isso é muito difícil). Ele conseguiu se articular no bojo de todo neoliberalismo que desarticula toda a luta dos trabalhadores. O Serviço Social, os assistentes sociais ajudaram a fortalecer essas entidades, fortaleceram a sua capilaridade organizativa e representativa. As Ciências Sociais, nesse processo, foram muito dóceis às influências externas (vamos dizer assim) e o Serviço Social se manteve numa posição de questionamento, de indagação, numa tradição intelectual que tem apoio na tradição marxista, com a preocupação com a historicidade, da totalidade, da contradição. Eu acho que isso nos vitalizou muito e vitaliza muito a nossa produção diante das Ciências Sociais. [...] Então eu faço muita questão de preservar esse legado sabe? E eu estou dizendo isso porque eu acho que existem polêmicas hoje (à esquerda e à direita) que colocam em questão esse legado. Nós não podemos colocar em questão esse legado. [...].[40]

Mantidos os aspectos indicados como conquistas efetivadas pela categoria profissional, sobretudo, nos últimos 20 anos, é preciso ter claro que o momento atual é extremamente delicado. O modelo de

---

39. Aliás, diga-se de passagem, uma observação também feita pelo professor doutor Ricardo Antunes durante a nossa banca de defesa de livre-docência na Unesp-Franca.

40. Marilda Iamamoto: trecho retirado de entrevista.

acumulação flexível necessário para o aprofundamento da ordem monopólica e de suas expressões particulares no Brasil (mais intensamente sentidas na segunda metade dos anos 1990) se chocou com o projeto profissional construído nessa mesma época. Essa tensão, certamente complexa e composta por múltiplos aspectos, repôs desafios de ordem teórico-prática e ético-política ficandos em uma realidade cada vez mais adversa para pensar criticamente e objetivar propositivamente alternativas que preservassem e aperfeiçoassem o legado construído, com todos os problemas, a partir da segunda metade dos anos 1980. Basta, para isso, para não ir tão longe, destacar o impacto do aprofundamento do imperialismo do século XXI, seja nas atuais configurações da "questão social", no mercado de trabalho do assistente social (altamente fragmentado e diverso em tempos de flexibilização — colocando-o como um dos gerentes do caos social), seja nas condições para se manter um projeto de formação profissional inspirado no ponto de vista de totalidade.

Em entrevista concedida para essa pesquisa,[41] José Paulo Netto reafirma a importância das conquistas obtidas nas últimas décadas, mas chama a atenção para as inúmeras dificuldades e limitações que têm afrontado o Projeto Ético-Político Profissional mais intensamente a partir do final da segunda metade dos anos 1990.

> [...] do ponto de vista do geral, a mim me parece que o chamado sistema CFESS/CRESS tem exercitado essa direção, ou seja, eu vejo com muita simpatia, com muita solidariedade os esforços, pelo menos dos últimos dez, quinze anos do chamado sistema CFESS/CRESS para dar balizas através de seus documentos, cartas, esse negócio todo. Agora, penso que

41. Entrevista concedida em agosto de 2009, na cidade de Marília, durante o evento organizado pela UNESP sobre a obra de György Lukács. O diálogo caloroso foi travado em uma padaria situada no centro da cidade de Marília. Diga-se de passagem, ótimas conversas também ocorrem na informalidade da vida cotidiana, regada pelo seu movimento aparentemente superficial e repetitivo. Agradeço a participação de Nathália Lopes Caldeira Brant, na época aluna de iniciação científica do CNPq vinculada ao curso de Serviço Social da Unesp-Franca. A discente também esteve presente nas entrevistas realizadas com as professoras Carmelita Yazbek (PUC-SP) e Marilda Iamamoto (UERJ)

> essa direção, na medida em que incorpora os princípios do chamado projeto ético-político, ela está muito vulnerabilizada (nos últimos anos). Se você quer que eu diga com todas as letras, o fato de setores mais combativos das vanguardas terem se recolhido à execução de políticas, minimizando e reduzindo suas proposições, tem enfraquecido bastante esse horizonte do projeto ético-político que então passa a ser objeto na medida em que ele nunca tem uma interpretação unívoca. Ele passa a ser utilizado para justificar qualquer tipo de projeto [...] e aí o tal projeto ético-político passa a ser objeto de interpretações que acabam legitimando qualquer tipo de ação, não é? O que eu quero dizer aqui, e não é novidade nenhuma, já escrevi sobre isso, diria até na animosidade de colegas que eu prezo muito, eu acho que esse projeto está em crise, e ao falar que esse projeto está em crise o que eu estou dizendo é que a hegemonia que ele simbolizou, que ele pretendeu simbolizar, está em risco. Isso afeta diretamente a sua pergunta: "não está se atraindo muita gente para assistência, enquanto a gente precisa reforçar outras áreas?". Sim, mas você não tem como travar isso, se você não tem uma formação teórico-política que clarifique isso, meu amigo! Eu não vejo alternativa para isso não, ou seja, em curto prazo a minha visão é muito pessimista do quadro profissional. Se a minha amiga Marilda estivesse aqui ela diria que o meu pessimismo leva ao imobilismo.[42] Eu quero dizer que eu não penso assim, tanto não penso que quero agir e atuar, colaborar, mas o que eu vejo é que você tem aí uma intercorrência de tantos vetores que acabam mesmo vulnerabilizando aquele projeto. [...].

Recuperando o cerne da preocupação de José Paulo Netto e, ao mesmo tempo, reconhecendo e reafirmando a atual direção inspirada em Marx e sua tradição, caberia indagar: quais as condições objetivas para manter a proposta construída pelo Serviço Social brasileiro nas três últimas décadas, radicalizando-a sem ceder às armadilhas messiânicas ou a qualquer forma de abstração? Estaria essa "direção estratégica" condenada a esvaziar-se sob o discurso genérico da cidadania e da emancipação política burguesa?

---

42. Nota-se, aqui, que a discussão sobre o "sincretismo indiferenciado", tratada anteriormente, especificamente entre Netto e Iamamoto, reafirma-se na atualidade.

PARTE 2

Serviço Social e mundialização do capital: trabalho e formação profissional em tempos de acumulação flexível

CAPÍTULO 1

Pragmatismo, utilitarismo e decadência teórico-prática no Serviço Social:

retomando velhas-novas tensões

As análises realizadas até o presente momento revelaram os inúmeros problemas e desafios para estimular a aproximação entre uma determinada teoria social crítica (o marxismo — considerando-se sua diversidade e seus pressupostos) e uma profissão cuja gênese está vinculada ao conservadorismo e ao sincretismo ontologicamente dados pela inserção do Serviço Social na divisão social e técnica do trabalho, como uma especialização do trabalho coletivo. A ascensão do Serviço Social como profissão, sob as condições do capitalismo de monopólios na era imperialista (final do século XIX e início do século XX — assunto tratado na primeira parte deste livro), foi marcada por um campo contraditório e de tensões sociais originadas na irreconciliável relação capital-trabalho. Como se argumentou até aqui, essa sociabilidade se particulariza no continente latino/centro-americano e caribenho (onde se insere o Brasil) sob as condições de um capitalismo hipertardio marcado por um legado colonial sustentado, no geral, por uma base econômica comprometida com a grande propriedade, com a escravidão, com a economia agrário-exportadora, servil à economia mercantilista responsável pela acumulação originária, primitiva, do capital. Nessas nações, as classes sociais fundamentais e suas frações foram se consolidando conforme a ordem burguesa se objetivava nas condições hipertardias, já sob o mando do capital monopolista. Aos poucos, nesses países, a sociedade tradicional e seus resquícios (ainda que distante do modelo feudal clássico ou tardio europeu) foram se metamorfoseando, transformando e rearranjando as relações de perfil estamental, baseado em relações pessoais e no manuseio da violência.

Esse polêmico e necessário debate entre a tradição revolucionária marxiana e marxista e o Serviço Social remete a inúmeros cuidados que passam pela necessidade de uma *interlocução refinada, cuidadosa e, portanto, não imediata, pragmática ou utilitarista entre eles (uma tarefa desafiadora considerando-se o legado da profissão, seus desafios contemporâneos e o permanente empobrecimento da razão pós-moderna).*

Preservados os avanços propiciados pela renovação do Serviço Social a partir da década de 1960, é preciso destacar a heterogeneidade que caracterizou o movimento de reconceituação, bem como as inúmeras limitações que o marcaram, independentemente da matriz teórica que o inspirou. O projeto de "intenção de ruptura" (de inspiração marxista) não escapou dessa limitação, ainda que tenha avançado a passos largos no campo ideopolítico se comparado às outras perspectivas reconceituadas. Netto (1989), desde o final dos anos 1980, já destacava claramente os problemas para uma interlocução mais refinada entre o Serviço Social e a tradição marxista, mesmo considerando os avanços obtidos nas últimas décadas. Em outras palavras, se por um lado é preciso valorizar as conquistas obtidas, por outro é fundamental reconhecer seus limites objetivos bem como o real impacto da ordem monopólica flexível-financeirizada, no Brasil, na segunda metade dos anos 1990. O final do século XX impôs aos segmentos progressistas do Serviço Social e ao debate marxista no Serviço Social (diga-se de passagem, não hegemônico) desafios imensos que reafirmaram e aprofundaram velhas-novas tensões: *o pragmatismo, a departamentalização, a fragmentação, o utilitarismo teórico-prático, a gestão da desigualdade social na era da acumulação flexível, a racionalização e a inten-*

sa especialização em tempos "pluralistas", "democráticos" e de "solidariedade cidadã".

> A riqueza e a complexidade do pensamento de Marx raramente tocaram as cordas do Serviço Social, substituída que foi a documentação primária por intérpretes os mais desiguais [...]. O que ocorreu, a meu juízo, foi uma aproximação enviesada de setores do serviço social à tradição marxista — um viés derivado dos constrangimentos políticos, do ecletismo teórico e do desconhecimento das fontes "clássicas". [...] Estou convencido de que o recurso à tradição marxista pode nos clarificar criticamente o sentido, a funcionalidade e as limitações do nosso exercício profissional [...] Anima-me porque é um signo inconteste da pertinência contemporânea da interlocução entre o Serviço Social e a tradição marxista, porque atesta que ela possui um significado concreto para nós, porque assegura que a sua inserção no debate profissional não é algo artificioso ou aleatório. Mas, igualmente, me preocupa, porque pode induzir à falsa ideia de uma hegemonia da tradição marxista no cenário profissional — e não creio que este seja o quadro real [...] (Netto, 1989, p. 97, 98, 99 e 100).

Recuperar esse debate, extremamente atual, é condição básica para estimular uma discussão sobre a atualidade da perspectiva de totalidade — certamente orientada por uma razão ontológica, não instrumental (Silva, 2013b) — para a formação e para a atuação do assistente social nos diversos espaços sócio-ocupacionais em que esse profissional vem sendo demandado, no sentido de "*consolidar e aprofundar a atual direção estratégica*" (Netto, 1996, p. 117). Mais do que isso, *é condição básica para negar qualquer tipo de reducionismo, pragmatismo e utilitarismo no âmbito da profissão, caminho necessário para reafirmar e radicalizar o Projeto Ético-Político Profissional em curso.* É preciso reconhecer, no entanto, que os desafios nessa direção continuam intensos e enriquecidos por determinações que vêm se adensando principalmente a partir da segunda metade dos anos 1990.

A decadência e o pragmatismo teórico-prático e a negação do ponto de vista ontológico e de totalidade que assolam o processo de produção de conhecimentos no âmbito das chamadas "Ciências Sociais" e/ou "Sociais Aplicadas" (particularmente no Serviço Social) não podem ser descontextualizados.[43] Esse processo se inscreve em um dado momento sócio-histórico, marcado pela produção e reprodução do capital em escala ampliada, que repõe — ao mesmo tempo — as condições necessárias para o aprofundamento da sociabilidade burguesa e os elementos que interagem para sua crise (Mészáros, 2002; Netto, 1991 e 1992). Nesse contexto, têm sido adotados vários e "modernos" mecanismos que permitem a crescente apropriação privada da riqueza socialmente produzida, com ênfase em diferentes estratégias para lidar com a desigualdade social estrutural, que é inseparável do metabolismo do capital (sua produção e reprodução). As consequências disso são claras: 1º) o crescimento do desemprego e dos contratos de trabalho precários (Antunes, 1999, 2000 e 2006); 2º) a reorganização dos Estados nacionais (sempre muito fortes para o capital); 3º) o reposicionamento da "questão social" que não se confunde com uma "nova questão social" a ser enfrentada com um "novo contrato social" (Rosanvallon, 1995) ou, nem mesmo, se trata de "metamorfoses da questão social" (Castel, 1998), justificadas pela ausência de trabalho e pelo enfraquecimento da sociedade salarial, imersas em lutas sociais que se fragmentam em territórios e comunidades e apelam para inovadoras estratégias de inserção social; 4º) a banalização dos direitos sociais também por meio de programas e de projetos sociais precários que lidam com expressões imediato-singulares da "questão social", indicando um recrudescimento da desigualdade social com expressões particulares nos espaços urbanos e rurais.

Portanto, não há como discutir a formação e o trabalho profissional dos assistentes sociais sem considerar esse complexo cenário e as

43. Parte das discussões aqui indicadas foi preliminarmente apresentada no artigo denominado "Perspectiva de totalidade e Serviço Social", publicado no volume 21 da revista *Praia Vermelha* do Curso de Pós-Graduação em Serviço Social da Universidade Federal do Rio de Janeiro. Outro texto, de nossa autoria, denominado "Serviço Social: razão ontológica ou instrumental" foi publicado no número 16, volume 1, da revista *Katálysis* (junho de 2013), do Programa de Pós-graduação em Serviço Social da Universidade Federal de Santa Catarina.

condições materiais objetivas determinadas pela economia-política (entendida como a produção e reprodução do ser social na sua totalidade).[44] Como indica Lukács (1979b, p. 22 e 41; 2010, p. 125),

> [...] a economia marxiana parte sempre da totalidade do ser social e volta sempre a desembocar nessa totalidade [...] o mundo das formas de consciência e seus conteúdos não é visto como um produto direto da estrutura econômica, mas da totalidade do ser social. A determinação da consciência pelo ser social, portanto, é entendida em seu sentido mais geral [...]. A complicação e — frequentemente usada com reprovação — aparente contradição do marxismo mostra-se em sua legítima clareza ontológica: de um lado, nada no ser social pode tornar-se uma categoria determinante da práxis se não tiver efetivas raízes na economia, e por isso também na generidade de seu período; de outro lado, e ao mesmo tempo, essa determinidade econômica, não pode, de modo algum, tornar-se uma determinação linear, univocamente "necessária". A economia como base inevitável não apenas possibilita em suas consequências práticas as decisões alternativas, mas também as torna tendencialmente inevitáveis [...].

A primeira parte deste livro perquiriu a trama que constituiu a gênese, a consolidação e a renovação do Serviço Social (particularmente no Brasil). Está claro que o Serviço Social como profissão é impensável fora dos marcos do capitalismo de monopólios, a era imperialista (como "fase superior do capitalismo" — Lênin, 2008), marcado, entre outras coisas, por profundas transformações na ordem do capital já no final do século XIX.[45] O padrão de acumulação fordista, de produção e consumo em massa com características mais rígidas, se consolidou e se manteve intacto por quase 70 anos ao longo do século XX, potencializado nos quase "30 anos de ouro" do pós-segunda guerra mundial (1945-1973).

---

44. Sobre isso consultar Marx (1988, p. 82-83; 2004. p. 79-90), por exemplo.

45. Desnecessário ressaltar que as lutas operárias a partir da segunda metade do século XIX e a voracidade do capital para capturar e mercantilizar todas as instâncias da vida social foram decisivas para tais alterações.

> [...] a consolidação de direitos sociais e trabalhistas e a oferta de serviços sociais públicos, ao mesmo tempo que foram responsáveis pelo reconhecimento da necessidade de proteção social dos trabalhadores, também possibilitaram o surgimento de ideologias que defendiam a possibilidade de compatibilizar capitalismo, bem-estar e democracia, lastro político da social-democracia — lastro que perdurou durante as "três décadas gloriosas". E enquanto os países centrais viviam o "pleno emprego" e a expansão da seguridade, garantindo a reprodução da virtuosidade do crescimento econômico com desenvolvimento social, na periferia mundial assistia-se a defesa da modernização e do desenvolvimentismo como meio de integração menos oneroso desses países à ordem econômica mundial. [...] (Mota, 2008, p. 27-8).

A sociabilidade burguesa, então, metamorfoseia-se ao longo deste período com o objetivo de intensificar a acumulação tendo como referência a fusão de grupos industriais (visando à otimização de recursos e à monopolização de mercados). Conta, para isso, com a forte participação do capital financeiro-bancário também por meio dos juros e dos créditos (inclusive manipulando fundos públicos para fins privados). O Estado é capturado como componente orgânico da acumulação favorecendo a drenagem dos recursos públicos acima referidos e atuando na gestão do pauperismo travestido de "questão social" (o que particularmente interessa ao Serviço Social)[46]. Marx, brilhantemente, adiantou esta tendência de financeirização no livro terceiro, tomo I, seção V, capítulo XXI de *O capital*. Destaca o autor:

> O possuidor de dinheiro que quer valorizar seu dinheiro como capital portador de juros aliena-o a um terceiro, lança-o na circulação, torna-o

46. Não há dúvida de que o perigo dos "vermelhos" atuou nesse contexto e impôs à burguesia — que necessitava reconstruir a Europa do pós-segunda guerra, particularmente sob o mando do capital norte-americano — a necessidade de negociar com os sindicatos e estimular a política de expansão sob a égide de "pleno emprego", consolidando direitos universais por meio do chamado *Welfare State* (diga-se de passagem, inexistente em países capitalistas dependentes e hipertardios como o Brasil — sem a menor possibilidade de serem construídos nessas localidades — e hoje, inclusive, descaracterizado mundialmente sob o mando da acumulação flexível).

> mercadoria como capital; não só como capital para si mesmo, mas também para outros; não é meramente capital para aquele que o aliena, mas é entregue ao terceiro de antemão como capital, como valor que possui valor de uso de criar mais-valia, lucro; como valor que se conserva no movimento e, depois de ter funcionado, retorna para quem originalmente o despendeu, nesse caso o possuidor de dinheiro; portanto afasta-se dele apenas por um período, passa da posse de seu proprietário apenas temporariamente à posse do capitalista funcionante, não é dado em pagamento nem vendido, mas apenas emprestado; só é alienado sob as condições, primeiro, de voltar, após determinado prazo, a seu ponto de partida, e, segundo, de voltar como capital realizado, tendo realizado seu valor de uso de produzir mais-valia. [...] (Marx, 1984b, p. 258-9).

Foi nesse terreno sócio-histórico de ampliação dos serviços e constituição das grandes instituições estatais e privadas, racionalização, tecnização e especialização das ações profissionais, com o objetivo de aprimorar e aperfeiçoar as formas de controle das mazelas sociais, que o Serviço Social surgiu como uma profissão privilegiada e socialmente legitimada para lidar com a "questão social".

A racionalidade burguesa em curso, nas suas diversas e heterogêneas formas de manifestação, tem frequentemente limitado a formação profissional a um leque amplo de informações imediatamente úteis à intervenção profissional que reduzem a teoria a um conglomerado caótico e eclético de referenciais (circunscritos às "ilhas de excelência produtoras do conhecimento"), e a prática a um conjunto de intervenções pontuais e cirúrgicas capazes de produzirem mudanças igualmente localizadas (ditas eficientes). Nesse paradigma, nada novo, é exatamente a partir dessa diversidade e dessa convivência dita "plural" que os diferentes — todos eles portadores de certa verdade — se completam por meio de uma convivência que se ajusta harmoniosamente, procedimento essencial para uma atuação profissional considerada competente e equilibrada. Obtém-se, assim, o conhecimento amplo, aberto, capaz de "dar conta da realidade", "sem preconceitos" e eficiente para o enfrentamento dos desafios concretos impostos pela modernidade.

Os profissionais, então, encontram uma teoria ajustada à realidade, que responde com maior pertinência às suas angústias como tais e permite que seu "objeto" — razão primeira de sua intervenção científica e de seu reconhecimento social — seja tratado com satisfação. Elabora-se, ao mesmo tempo, uma "teoria e uma metodologia específica do Serviço Social" (discussão que se arrasta há pelo menos 45 anos no Brasil), procedimento necessário para inserir o Serviço Social no campo seguro das Ciências Sociais especializadas (ainda que se reserve a ele, nesse "campo de excelências", uma dimensão nitidamente interventiva e marginal). As pertinentes preocupações apontadas por Montaño (2007, p. 181) expressam muito bem o pântano movediço em que estão imersos os profissionais submetidos a essa lógica.

> [...] por um lado, se a teoria é, para os praticistas, identificada com a sistematização (da prática profissional) e se esta só chega ao nível do diagnóstico, então a pesquisa que o assistente social desenvolve não pode nunca, para ser considerada dentro do processo profissional do Serviço Social, superar o mero diagnóstico, a mera sistematização da sua prática. Esta é, para os praticistas, a especificidade da pesquisa "própria" do Serviço Social; entendendo, então, a "teoria do Serviço Social" como: a) o conhecimento de uma realidade específica, singular, imediata (com a qual se vincula o profissional): diagnóstico ou sistematização da primeira; b) do processo de intervenção que levou da situação inicial à final: controle da prática e do método profissional e c) da realidade transformada depois da ação profissional: avaliação diagnóstica ou sistematização final. Esta concepção, portanto, condena o Serviço Social à subordinação em face das outras disciplinas sociais, condena-o a produzir apenas um saber profissional instrumental: o diagnóstico e a sistematização da "sua" própria prática. [...].

É certo que estamos diante de algo que não é novo, ainda que certamente esteja repleto de componentes que o atualizam sem, todavia, promover qualquer tipo de alteração — por menor que seja — na sua essência. Perde-se, então, o ponto de vista de totalidade, adota-se uma razão instrumental, operativa, reduz-se e reedita-se um tipo de "saber profissional" restrito à mínima sistematização de assuntos imediatamente impostos à profissão e aos profissionais, como prioridades que justificam a existência do Serviço Social no processo de gerenciamento do pauperismo, bem como lhes oferecem legitimidade e um porto seguro. Como salienta Lukács (1979b, p. 23), ao criticar a "ciência" comprometida com a mistificação da realidade,

> Nas ciências sociais, são mais raros os casos de "realismo ingênuo"; em geral, as declarações de intenção no sentido de uma fidelidade aos fatos conduzem a reedições vulgares do empirismo onde a aderência pragmática aos fatos imediatamente dados exclui da concepção de conjunto certas conexões efetivamente existentes, mas que se apresentam com menos imediaticidade, com o frequente resultado de se desembocar numa falsificação objetiva dos fatos fetichisticamente divinizados [...].

No que diz respeito particularmente ao Serviço Social, os problemas relativos à decadência e ao pragmatismo teórico-prático têm sido retomados a partir de modismos requentados e (re)atualizados com o discurso de que existe uma preocupação primeira com os problemas reais enfrentados pelos assistentes sociais (com requintes que reeditam certo tipo de endogenia). Qualquer teoria social que não responda imediatamente às angústias e às demandas imediatamente impostas aos profissionais *é rapidamente descartada e rotulada de inadequada, demasiadamente complexa, "genérica", "fora da realidade" ou, de forma mais direta, "ineficiente" e "ultrapassada"*. A solução, então, recupera um leque de conhecimentos ecléticos que reforçam o sincretismo presente na profissão desde sua origem. Esse cenário vem sendo potencializado, no campo da formação profissional, por um processo intenso de precarização do ensino (a distância — em si precário particularmente na graduação — e presencial), que, por caminhos diferentes, destroem a possibilidade de uma formação sustentada na educação integral nos níveis de ensino, pesquisa e extensão. Evidentemente que esse contexto inviabiliza uma discussão séria — ainda que sempre inacabada — acerca das dimensões teórico-metodológica, ético-política e técnico-

-instrumental que orientam as diretrizes curriculares em curso. Reafirma, ao mesmo tempo, a razão instrumental como orientação básica para a produção de certo tipo de conhecimento, descartando a razão ontológica, ou seja, o movimento da razão que persegue a dinâmica real de coisas materiais (reconstruindo suas múltiplas mediações certamente complexas), como um procedimento estranho e desnecessário à profissão e aos profissionais. O lúcido depoimento de uma assistente social revela os embates cotidianos por ela vividos, uma resistência solitária marcada pelo desejo de estimular uma abordagem teórico-prática mais profunda e, ao mesmo tempo, contraditoriamente, pela necessidade de oferecer respostas objetivas e imediatas diante de dramas reais.

> Outro fator que, acredito, tem afetado não só meu trabalho, mas grande parte da profissão, é a propagação de "novas teorias" que ignoram os avanços históricos alcançados pelo Serviço Social tanto do ponto de vista teórico, quanto ético-político. Aproximações preocupantes com estudos da psicologia e com práticas terapêuticas, contrariando as orientações do Conselho Federal de Serviço Social (CFESS), ganham espaço sem reflexão crítica e acabam por retomar, com novas roupagens, práticas controladoras de enquadramento e policiamento de comportamentos. No meu caso temos uma equipe composta por seis assistentes sociais e duas psicólogas, cujas chefias também são assistentes sociais e mesmo assim, o referencial teórico escolhido para formação dos grupos que serão, em sua maioria, desenvolvidos por assistentes sociais, foi buscado em um curso de psicologia, com o aval de todos e sem nenhum questionamento. Os limites estão surgindo dentro da própria profissão e aí fica muito difícil. [...] (Manoela — assistente social).[47]

É importante, nesse momento, fazer uma distinção nada desprezível: uma coisa é reduzir a dimensão teórica à sistematização do

47. Os depoimentos de profissionais de Serviço Social que serão reproduzidos neste livro foram obtidos por meio de dois instrumentos básicos: entrevistas e questionários (conforme esclarecido nas considerações introdutórias). Vale destacar que os nomes adotados, nesse caso, são todos fictícios com o objetivo de preservar a identidade do informante, exceto no caso dos pesquisadores da área de Serviço Social.

empírico-operativo e à sua aplicação capaz de "dar conta" de temas imediatamente demandados ao Serviço Social (e aqui existem diferentes formas para se fazer essa redução praticista — abordadas por Montaño, 2007); outra, muito diferente, diz respeito ao necessário conhecimento de especificidades (como particularidades conectadas a uma totalidade e não como campo específico e segmentado, em si mesmo) que são importantes para que os assistentes sociais operem criticamente (ainda que sempre contraditoriamente) ações e políticas no campo do fazer profissional. Note-se que são movimentos bem diferentes, ambos absolutamente metidos no pantanoso terreno empenhado em gerenciar a pobreza, mas a forma de inserção, o nível de apreensão profissional e, claro, as propostas formuladas são qualitativamente diferentes (ainda que formuladas e implementadas sob os ditames institucionais demandados pelo capital — um dado insuprimível na sociabilidade burguesa). Esse processo, como se discutiu a partir dos estudos de José Paulo Netto (1991 e 1992), é componente demandado pela própria materialidade do Serviço Social, por sua inserção na divisão social e técnica do trabalho (Iamamoto e Carvalho, 1985), sendo impossível descartá-lo abstratamente, messianicamente. O problema está, objetivamente, não apenas na constatação dos limites que estão ontologicamente dados à profissão e ao profissional, *mas no enrijecimento, na destruição da potência crítica capaz de forcejar negativamente (criticamente) o imediatamente e positivamente dado.* É preciso destacar que a sociabilidade em curso não apenas engessa o profissional nas suas relações de trabalho assalariado-estranhado, mas também, simultaneamente, *endurece sua "alma crítica" (vista como desnecessária), retira dele as condições objetivas para que ele se qualifique mais profundamente, para além do imediatamente posto no cotidiano profissional, submetendo-o a uma esfera meramente operativa.* Nesse cenário, o conhecimento e a "formação permanente" não superam o nível da assessoria esporádica, dos cursos rápidos e fragmentados para dar conta das demandas dos usuários sob o ponto de vista institucional, das palestras colhidas pontualmente, isoladamente, a partir das condições objetivamente dadas, algumas delas ocasionalmente. Certamente que, sob essas condições, as individualidades sociais respondem como podem, de forma heterogênea, ora embrutecendo-se de vez, ora indicando lapsos de consciência.

> [...] hoje infelizmente não sou uma pessoa que tenho planejamento e expectativa para aprimorar minha atuação, devido a algumas passagens que enfrentei no decorrer da carreira não tenho mais motivação. Simplesmente hoje eu trabalho. [...] (Andreia — assistente social).

> A gente tem aqui assessoria, mas eu acho que a formação profissional exige que o profissional tenha formação continuada, sempre. Mas a gente foca muito na prática. Então, de repente, gostamos de falar: "ah vamos contratar uma assessoria que consiga construir conosco uma metodologia de trabalho com família". Então, vamos contratar uma assessoria que fale sobre violência, então vamos! Eu acho que é muito focado na prática. Eu acho que a questão da teoria, para mim (tanto que eu tive dificuldade na hora que eu vi isso daqui), que às vezes chegam estudantes e falam assim: "eu posso te entrevistar para o meu trabalho de conclusão de curso? É sobre o PET ou é sobre isso...". A gente não tem dificuldade nenhuma de falar sobre isso porque é no dia a dia, é a nossa prática, está ali todo dia. Mas a hora que a gente tem que pegar um texto atualizado é difícil. Quando a gente estava lá na faculdade a gente tinha tudo aquilo ali que a gente estava lá lendo. Na hora que a gente vai para a prática, e a gente rompe com isso, por mais que a gente estude, a gente leia, são sempre coisas relacionadas com nossa prática. Essa questão teórica, acho que a gente deixa ela à parte, e isso é muito importante. A gente não acha tempo. [...] Penso que a busca tem que ser um pouco minha também, esta questão da falta de tempo. A gente tem que dar um jeito. Acho que é questão de disciplina. [...] (Vanda — assistente social).

> [...] eu penso que me distanciei um pouco do Serviço Social. Eu acho que tem uma coisa que eu fiz nesses últimos anos que foi um distanciamento com a profissão. Desde que eu saí da faculdade eu fui fazendo várias capacitações, participando de vários cursos sempre em outras áreas e nunca em Serviço Social. Eu sou assistente social, mas eu me especializei em várias coisas que não tinham nada a ver com o Serviço Social e aí quando você pergunta o que é o Serviço Social para mim, eu acho que eu não tenho uma resposta clara e objetiva. [...] (Amanda — assistente social).

A formação profissional generalista e particularizada em nível de Serviço Social (tão necessária e cara aos intelectuais) torna-se uma capacitação fragmentada, por temáticas, nada afeita e útil a uma abordagem sob o ponto de vista da totalidade, de base ontológica, portanto incapaz de apanhar as múltiplas e complexas determinações que explicam o exercício profissional do assistente social e a "questão social". A capacitação, nesses termos, quando existe, serve para instrumentalizar primeiramente demandas institucionais, hoje centradas nos núcleos familiares (em nome da "emancipação" das famílias e de seus membros) e nos programas assistenciais (nas suas diversas formatações). Além desse esvaziamento que *identifica formação com capacitação* por áreas fragmentadas, a própria noção generalista da formação profissional é absolutamente deturpada. Ao generalista, que deveria ser entendido como o profissional-intelectual capaz de extrair da realidade, como "concreto-pensado", suas determinações que expressam desafios, limites e possibilidades objetivamente dados no espaço profissional, é atribuído o *status* grosseiro do "profissional que faz tudo" ou do "teórico desnecessário, fora da realidade", em contradição ao especialista competente, o "técnico", que sabe o que quer ao recortar o "seu pedaço" do real e definir, cientificamente, "seu objeto" no campo movediço do multidisciplinar (rebatizado de "transdisciplinar"). A "formação profissional", aqui reduzida à capacitação setorizada, também é banalizada por um processo que prioriza a assimilação acrítica da lei, da política e de suas normas operativas que, devidamente ruminadas, devem servir de base para uma requalificação que gerencie o sistema social, evite transtornos patológicos que impeçam seu adequado funcionamento e promova a "cidadania inclusiva" (?) dos usuários. O "generalista", então, é entendido e criticado como aquele que entende um pouco de tudo e, por isso, "faz de tudo", sem muita precisão. O antídoto para isso: o especialista e a especialização, que abre mão "do que não é dele" e responde científica e tecnicamente às demandas instituídas (nisso a necessidade da formação continuada). Esse é o "pulo do gato" para a competência e para a eliminação da angústia do profissional.

Claro que, nas condições objetivamente postas — e já tratamos disso anteriormente — não há como eliminar esse componente reformador a que é submetido o Serviço Social (e não só ele) desde sua gênese. O problema está em tomar, imediatamente, tais espaços como instâncias comprometidas *"com a transformação social em favor de todos, principalmente os excluídos"*, em tempos neoliberais, como uma *evolução gradualista operada pelo viés das ações sociais em curso.* É conhecido, mesmo para os maiores e ferrenhos defensores — no Serviço Social — da atual configuração das políticas sociais (como espaço estratégico), o quanto tais ações sociais são funcionais à era monopolista-flexível-financeirizada. A "massa crítica", reduzida à criatividade para operacionalizar-operar a política com base em seu "acervo legal", enterra, de vez, qualquer possibilidade para se pensar profundamente e agir propositivamente, por mais bem intencionados que sejam os profissionais (e de fato o são).

> A PNAS, focaliza suas ações na família, mais especificamente na manutenção dos vínculos, mas observando a prática dos assistentes sociais ao longo da minha carreira, foi possível constatar que o técnico carece de formação especifica para o atendimento às famílias. Atualmente as ações dos técnicos estão focalizadas na transferência de renda e entrega de benefícios em seus territórios de atuação. Ha necessidade de promover capacitação dos profissionais para a execução da PNAS, assim pode gerar possibilidade de autonomia dos profissionais. O processo de implantação do SUAS tem exigido inovações, porém com responsabilidade, organização e conteúdo próprio. [...] (Andreia — assistente social).

> O Serviço Social eu acho que ele vem sofrendo uma crise, como todas as profissões, esta questão da formação generalista eu acho que acaba deixando a gente fazer tudo sem fazer nada, tudo o que não é demanda de ninguém é nossa demanda, do Serviço Social. Então eu acho que isso fica um pouco complicado [...]. Eu acho que assim, a gente precisa ser generalista porque a gente lida com as expressões da questão social e que não fica só em uma área, você vai trabalhar a questão da fome você vai trabalhar com educação, com saúde, com assistência, com outras

questões. Então eu acho que a formação tem que ser generalista, mas a gente precisa se posicionar: "não, isso realmente não cabe a mim, posso colaborar dessa forma, mas tem outros profissionais que podem fazer isso". Quando eu falo dessa questão da formação generalista aos olhos dos outros profissionais, de outras áreas, eles entendem que não cabe a eles, cabe ao assistente social, ao Serviço Social. Eu acho que tem que ter, sim, essa formação, mas é lógico, por exemplo, se eu trabalhar num CRAS, eu tenho que me especializar na área da assistência e eu acho que de acordo com a atuação (Sueli — assistente social).

Penso que a atual configuração da assistência social brasileira, assentada sobre os princípios da legislação que permeia a ação dessa política pública, ainda encontra-se em processo de construção. Como tal, é necessário um tempo para que haja a assimilação de toda essa novidade por todos os profissionais envolvidos no trato da questão social. Não se pode deixar de reconhecer que houve avanços sim e que já estamos há anos-luz distantes daquela assistência social benevolente, caritativa que possuíamos até 1988. Mas é um processo em construção que, diante da onda ofensiva do projeto neoliberal, tem caminhado a passos muito lentos. Por esta razão, penso que a melhoria do atendimento nos CRAS está acima de tudo na necessidade de constante atualização a respeito do conhecimento e entendimento sobre a legislação da assistência social, bem como o acervo legal que permeia a profissão. Com igual importância, também deve ser tratado o processo de formação profissional, que deve ser contínuo. Por fim, acima de tudo, que haja o comprometimento com a transformação social em favor de todos, principalmente os excluídos. [...] (Claudia — assistente social).

Entre as diversas áreas em que o trabalho profissional tem se objetivado nesse início de século XXI,[48] uma delas merece ser citada para demonstrar as preocupações apontadas até o presente momento:

---

48. A categoria trabalho tem suscitado inúmeros debates também no âmbito do Serviço Social. Visões diferentes, ambas situadas em campos claramente progressistas, podem ser acessadas nos estudos de Lessa (2007b) e Iamamoto (2007). Faremos, mais adiante, algumas observações sumárias a respeito dessa categoria no Serviço Social.

a assistência social.[49] Se por um lado é necessário reconhecer os avanços relativos contidos nas lutas empreendidas para que fosse possível viabilizar a Lei Orgânica da Assistência Social (LOAS), a Política Nacional de Assistência Social (PNAS) e o Sistema Único de Assistência Social (SUAS) (considerando-se a perspectiva assistencialista que predominou na história brasileira marcada pelo capitalismo hipertardio e por sua forte presença repressiva e policialesca — que deixou seus resquícios até os dias atuais — Pereira, 2000), por outro é preciso destacar a funcionalidade dela para a ordem monopólica-flexível implantada em países como o Brasil. Gestada na segunda metade dos anos 1980 e presente na Constituição Federal de 1988 integrando o tripé da seguridade social (juntamente com a saúde e a previdência social), a assistência social não pode ser considerada universal pelo motivo de destinar-se "a quem dela necessitar". O destino é certo: *o pauperismo e sua gestão em uma época em que a alteração na composição orgânica do capital expulsa trabalho vivo por meio da ampliação do capital constante em detrimento do capital variável.* Não há, aqui, qualquer perspectiva que coloque tais programas sociais como coadjuvantes de uma política maior, mais abrangente, transitória, intersetorial, com mínimas perspectivas emancipatórias, *mas de pura administração de uma miséria estrutural irreversível na ordem monopólica do início do século XXI.*

Mesmo o grande trunfo dos que a defendem, qual seja, o avanço inédito em relação ao velho assistencialismo policialesco que predominou durante toda a história brasileira até 1988, *deve ser relativizado.* Destaca-se, para isso, a permanência-convivência do velho e do novo no Brasil também no campo social (uma característica da revolução burguesa brasileira — Fernandes, 1987; Hirano, 2008), bem como a precariedade da assistência oferecida aos que, por desgraça, se juntam aos quadros do pauperismo. Soma-se a isso a funcionalidade dessa

49. A escolha dessa área em absoluto elimina a importância e a presença de outras formas de inserção profissional em diversos espaços sócio-ocupacionais particulares, como também não reduz o Serviço Social a ela (Mota, 2008). Esse destaque remete à atual importância dela para o Serviço Social.

política, operada, sobretudo, por meio de cartões que intermedeiam o acesso dos miseráveis aos recursos obtidos no sistema financeiro pela via dos programas de transferência de renda.[50]

Como destaca Iamamoto, a única política universal no campo da seguridade é a saúde, guardados os problemas que também a afetam: a precarização do atendimento e a convivência com o sistema privado.

> [...] a política da assistência não é uma política universal, ainda que a Constituição a defina, ela é universal para os que dela necessitam, ou seja, ela é universal para as "franjas" miseráveis. Então ela é focalizada, só que é uma focalização quantitativamente ampla, de quantidade (eu não estou falando em pobreza não, estou falando em pauperismo). Eu me refiro àquele segmento que está abaixo da linha da pobreza, quantitativamente nos moldes dos organismos internacionais, é esse segmento que é atendido. O que é política universal? É a aposentadoria do trabalhador rural, esta é universal, ou seja, o cara não tem comprovante do trabalho, chegou uma idade ele vai lá e tem um salário mínimo para qualquer um, esse é universal. A saúde é universal, agora a assistência não é, nem a previdência [...] é uma política que é necessária, acho que ela é absolutamente necessária e eu diria, até posso recorrer lá em *A ideologia alemã* que mostra que o homem para fazer história tem que

---

50. [...] todo esse processo de atenção à extrema pobreza passa pelo privilégio do setor bancário, claramente. Tem muito dinheiro que você joga no setor bancário todo mês para se reproduzir e as pessoas ingressam via cartão, com todos os recursos (de pagar conta de empréstimo, de estímulo ao cartão bancário, o endividamento). Então eu acho que tem esse viés aí (que de um lado é progressista, os colegas diriam: "mas nós implantamos isso, você queria o quê, que a gente desse alimento direto?"). Certamente é muito difícil você fugir a esta lógica da sociedade que você vive, mas você também não precisa ser o agente que vai estimular essa lógica quantitativista do valor no meio da população [...] (Marilda Iamamoto — entrevista). É interessante ressaltar o quanto essa dimensão do uso dos cartões nos programas sociais (seja para os programas de transferência de renda e/ou para os demais "benefícios") é tomada como um dado positivo, de autonomia do usuário inclusive em relação ao assistente social (ainda que, imediatamente, simbolize isso). Uma assistente social destaca: "[...] é importante que eles tenham este cartão para desvincular qualquer necessidade de prestar conta para a assistente social, ou para o CRAS, de 'olha eu estou gastando com isso' ou vir todo mês, de madrugada, para pegar uma senha, para passar pelo assistente social no plantão social para pegar uma cesta básica, e todo mês ainda não recebe porque não tem para todo mundo. [...] Mas eu acho que vem melhorando muito com esta questão do cartão". [...] (Sueli — assistente social).

> comer, tem que dormir, tem que viver, garantir a sobrevida humana é decisivo. Mas é absolutamente insuficiente! Esses mínimos vitais aí que a assistência, que a gente conseguiu, foi o que a força política permitiu. Olha, eu vou te dizer uma coisa, quando saiu o primeiro debate que teve sobre a assistência, a LOAS, eu fui no CRESS num debate aqui e falei que era a "nova lei dos pobres", entendeu? Depois disso nunca mais falei sobre a assistência. [...] (Marilda Iamamoto — entrevista).

José Paulo Netto faz observações na mesma direção de Iamamoto, destacando um aspecto importante: o que concretamente reafirma o caráter assistencial da assistência em oposição ao assistencialismo (diga-se de passagem, uma dimensão reformadora implícita nessa modernização) é justamente a sua inserção no campo da seguridade social (legalmente prevista, mas efetivamente inexistente). A fragilidade da seguridade social brasileira como política universal,[51] também aviltada pelo aprofundamento do capitalismo monopolista em tempos de flexibilização, esvazia e isola a assistência social que passa a ser uma área pobre para o pauperismo (para os miseráveis, predominantemente), sem perspectivas para uma articulação com o conjunto das outras políticas (inclusive as que se juntam a ela na Seguridade Social — permanentemente aviltadas por condicionalidades e privatizações). A ênfase da assistência social, então, obscurece, camufla "[...] o lugar que a precarização do trabalho e o aumento da superpopulação relativa têm no processo de reprodução social. [...]" (Mota, 2008, p. 141).

> Olha, em sociedades como a nossa a assistência social é uma necessidade, é uma necessidade social. Os níveis de desigualdade, os níveis de pauperismo, as assimetrias sociais numa sociedade como a nossa justificam e legitimam a atividade social. Quer dizer que eu não tenho nada contra a atividade assistencial, acho que nós precisamos de política de assistência, é preciso uma política de assistência. Eu, quanto a isso, acho que foi uma conquista, por exemplo, a caracterização, o marco constitu-

51. A previdência social é contributiva e a saúde sofre o impacto dos problemas há pouco indicados.

> cional pós-1988, da assistência como um direito não como um favor, benemerência, caridade etc., e penso que a LOAS foi um passo importante, (não é a lei ideal, que a gente quer, que a categoria dos assistentes sociais deseja). Acho que ela foi um passo importante. Agora, eu só entendo a legitimidade dessa assistência no marco de uma ampla política de seguridade social [...] o que distingue o traço assistencial de qualquer forma assistencialista é que ela faz parte de uma política muito mais ampla, a política de seguridade social. Ora, isso não existe no Brasil, não existe política de seguridade social, é bastante interessante, inclusive, que a discussão acerca da seguridade social se esmaeceu, já não se faz mais. [...] Mas, na medida em que você tem um sistema de seguridade há uma hipertrofia, há uma visibilidade hipertrofiada, descolada de uma política e de uma concepção ampla de seguridade social, eu não vejo como a Política de Assistência Social possa promover qualquer tipo de processo ou projeto emancipatório, não vejo. [...] não acho que isso é desimportante não, manter as pessoas vivas eu acho legal, não desprezo isso não, mas acho que é muito pouco para constituir um elemento significativo de um projeto profissional que não quer ser minimalista. [...] (José Paulo Netto — entrevista).

Potyara Pereira mantém o tom crítico em relação à assistência social atualmente executada. Oferece, no entanto, uma leitura própria do atual contexto nacional e mundial, destacando o que denomina "desassistencialização da população" (e não uma assistencialização das políticas sociais — aos moldes propostos, por exemplo, por Mota, 2008) em um processo em que há o predomínio da focalização sobre a universalização e a absoluta inexistência da intersetorialidade entre diferentes políticas. Por isso destaca uma tendência mundial de laborização por meio da *"ativação do mercado de trabalho"* como forma de substituir a assistência pública, ou seja, as atividades desenvolvidas no campo das ações de cunho social (entre elas a assistência social) atuam, com variações, no sentido redirecionar as pessoas para o mercado de trabalho por meio da quebra do sistema de bem-estar (*welfare*) e do incentivo a alternativas laborativas (*workfare*), o que repõe velhas fórmulas de mercado como respostas à questão social. Embora haja, de fato, essa tendência, parece-nos que esse movimento tem se mostrado precário e insuficiente — ainda que existam esforços nessa direção — para lidar com o atual cenário de crise estrutural do capital também nas regiões centrais da economia capitalista. Não tem sido tranquilo o reaquecimento do mercado de trabalho em tempos de acumulação flexível, com a qualidade desejada. A criação de empregos vem sendo acompanhada, simultaneamente, pela diminuição de postos de trabalho mais seguros, pela intensificação de contratos de trabalho mais precários e pelo aumento da superpopulação relativa com trabalhadores mais tempo desempregados e/ou permanentemente subempregados e desempregados (nos termos já tratados por Antunes, 1999 e 2000). Potyara reconhece que se trata de um mercado "altamente flexível e incerto". Nesse contexto, em países como o Brasil ou em países ditos centrais (guardadas as especificidades dessas nações) têm se intensificado ações assistenciais, com diferentes conotações, destinadas a suprir a precarização ou a ausência de trabalho. Crescem, ao mesmo tempo, a fiscalização sobre aqueles que vivem com tais recursos e o apelo permanente para que deixem de depender dos mesmos.

> A política de assistência social em curso padece das mesmas limitações das demais políticas sociais brasileiras. Esta política está sofrendo um processo de encolhimento da sua cobertura e de restrição de seu orçamento. Isso, sem falar na pulverização dos seus recursos entre diferentes programas de assistência que pertencem a outras políticas sociais, como saúde e educação. Não há, portanto, a prática da intersetorialidade entre as diferentes políticas que desenvolvem ações similares e se voltam para o mesmo público. Tudo isso indica o predomínio do princípio da focalização sobre o princípio da universalidade na realização das políticas sociais, incluindo a assistência. Por isso venho defendendo a tese de que não está havendo a assistencialização das políticas sociais no Brasil e no mundo, mas a desassistencialização da população. Além disso, a própria política social vem sendo confrontada com uma tendência internacional que é a de substituir a assistência pública por políticas de ativação para o mercado de trabalho, mercado este altamente flexível e incerto. Trata-se do que também venho chamando de laborização (e não assistencializa-

ção) das políticas de bem-estar em referência à passagem do *welfare* para o *worfare*, como vem acontecendo até nos países escandinavos, onde as políticas sociais eram mais consistentes e generosas. [...]. (Potyara Pereira — entrevista).

Outras duas importantes pesquisadoras na área, Ozanira Silva e Silva e Maria Carmelita Yazbek, tratam da Política de Assistência Social em curso mantendo certo tom crítico, sem deixar de destacar o campo de possibilidades que se abriu com ela. Ambas ressaltam ranços do passado assistencialista que ainda assolam a atual política, sobretudo na sua operacionalização (seja nos confins da sociedade brasileira ou mesmo, com outra formatação, nos grandes centros urbanos), bem como apontam os inúmeros desafios a serem suplantados para sua operacionalização. Ozanira destaca que a política atende não apenas aos desempregados (o que comprova a funcionalidade da proposta para o atual mercado de trabalho flexibilizado), ainda que reconheça a instabilidade contida no atual "mundo do trabalho", caracterizando a assistência social como necessária na atualidade (inclusive para satisfazer determinadas demandas daqueles que dela vivem). Yazbek, por sua vez, enfatiza experiências interessantes desenvolvidas nos Cras e nos Creas, implantadas a partir da criação do Suas em 2004, em que pesem os inúmeros problemas e contradições contidos nesse cenário. Há, em ambas, o claro reconhecimento de que a atual política *é funcional à gestão da pobreza*, embora a ênfase esteja na necessidade — ainda que contraditória — de defendê-la criticamente, como uma conquista, como um legado a ser preservado com observações e ponderações críticas.

Tanto Ozanira quanto Yazbek ressaltam, nessa contraditoriedade, a necessidade dessa política para a sobrevivência física e a reprodução de certas carências humanas, bem como o espaço de inserção profissional em que atuam muitos profissionais de Serviço Social. Quanto à necessidade da presente política para a sobrevivência de populações pauperizadas (empregadas ou semiempregadas), não há o que questionar. José Paulo Netto, Marilda Iamamoto e Potyara Pereira também destacaram a existência concreta dessa necessidade. O problema a ser enfrentado é outro: *em que medida o espaço objetivamente dado contém a riqueza possível para ser potencializada por profissionais críticos e criativos? Mais do que isso, os profissionais de Serviço Social possuem, de fato, capacidade para ocupar esse espaço de forma crítica e propositiva? A formação profissional em curso, nas condições concretas em que vem se efetivando, será capaz de qualificar, formar (não apenas capacitar), a massa de trabalhadores sociais inseridos nos cursos de graduação a distância e/ou presenciais?* Tais questões são decisivas ainda que sejam incapazes de estancar a clara tendência — ontologicamente dada — do mercado de trabalho para os assistentes sociais e sua íntima relação com a assistência social. Não se trata, portanto, de dizer se temos ou não que enfrentar essa demanda (pois ela está objetivamente posta e não pode ser abstratamente desconsiderada), mas de discutir como ela será tratada, as condições reais que temos para isso e o tipo de inserção que se pretende.

> [...] a Política de Assistência Social tem sido vista, de certa maneira, como um entrave, um retardamento ao trabalho, ou seja, como uma política que retarda o direito ao trabalho. Então há essa dicotomia entre Política de Assistência Social e política de trabalho. Certamente o cidadão deve ter direito ao trabalho, mas só que numa sociedade capitalista nem todos os cidadãos conseguem ter trabalho. Ainda que tenham o direito ao trabalho, eles não têm acesso ao trabalho. Esse direito não chega a todos. Quando chega, para muitos é o trabalho precário, é o trabalho instável, é o trabalho com salários baixíssimos. A Política de Assistência Social não é direcionada só para quem não trabalha, mas é para quem trabalha e quem também tem essa condição de precariedade. Isso, inclusive, foi lembrado na nossa mesa de debates feita ontem: os próprios beneficiários do programa Bolsa Família, por exemplo, mais de 70% (setenta) trabalham. Mas, que tipo de trabalho? Qual é o salário que eles ganham? Claro que é um trabalho precário, com baixos salários. [...] A Política de Assistência Social, na minha leitura, não está contribuindo para as pessoas não terem acesso ao trabalho, mas ela é funcional nesse momento do capitalismo, em que o trabalho precário e instável se amplia. Então, ela é requisitada considerando a própria situação estrutural. [...] Agora, nós, assistentes sociais, que historicamente temos uma vinculação com

a Política de Assistência Social, então agora tem um grupo dizendo: "era bom não ter a Política de Assistência Social, não sei o quê...". Eu que faço pesquisa empírica, eu sugiro, por exemplo, que as pessoas façam pesquisa empírica e perguntem para o beneficiário do programa Bolsa Família, o que esse programa significa para eles. A partir daí vamos ver se teremos a coragem de dizer que o programa não deve existir. Eu posso dizer que o programa é funcional à pobreza. E eu digo isso em todos os textos que eu produzo sobre o tema. O programa Bolsa Família, seguramente, não vai acabar com a pobreza. Ele está controlando a pobreza, mantendo a pobreza num dado padrão de controle. Ele serve para legitimar o poder político, mas também atenua a situação de miséria de milhões de famílias. [...] (Ozanira Silva e Silva — entrevista).

[...] eu tenho uma hipótese, talvez ambiciosa, de que os CRAS e CREAS vão ter muito da nossa presença. Nós não somos os únicos profissionais (e nem tenho pretensões nesse sentido), mas eu acho que os assistentes sociais estão profundamente envolvidos por este processo, os assistentes sociais e os psicólogos [...]. Nós temos condições de fazer uma tipologia sem ficar preso na parte tecnológica em si mesma. Nós temos condições de definir quais são os serviços mais do que qualquer outro profissional, sobretudo definir serviços naquele território, com aquele grupo onde há uma prevalência de jovens ou onde há uma prevalência de famílias chefiadas por mulheres. Essa capacidade de adequar a política à realidade do território, de criar estratégias é muito nossa. Ela depende muito da nossa capacidade, daí a importância da capacitação. [...] Eu tenho visto muitas coisas interessantes. Os trabalhos dos profissionais nos CRAS itinerantes, por exemplo. Eles pegam o veículo, vão nas residências, tem muita coisa boa acontecendo, muita coisa boa. E tem muita omissão, também. Tem muitos profissionais sem condições de contrato (ainda não é o contrato por concurso), sem qualificação e que acaba desenvolvendo uma atuação precária. Mas eu vejo esse espaço como um espaço teste, vamos dizer assim, para a gente desenvolver projetos, desenvolver o nosso Projeto, que é maior que o CRAS e o CREAS, saber trabalhar com a realidade. O assistente social é um profissional preparado para trabalhar com a realidade. Ele vai se adaptar a essa realidade, ele tem condição para isso. Então eu sou animada com a política, eu sou uma defensora dessa política, porque ela é muito problemática, eu sei (a história da assistência, a nossa história e a história da assistência, elas caminham

> paralelo, o que nós já fizemos em nome da assistência de benemerência e todas essas coisas), mas eu acho que esse espaço é rico. [...] Considero que nesse sentido os CRAS e os CREAS nos colocam diante de uma enorme diversidade. É isso, é tudo, é todo tipo de problemática e todo tipo de recurso. Há experiências muito boas em andamento, há CRAS fazendo trabalhos bons com famílias do programa Bolsa Família e há outros que funcionam como "polícia dos pobres", a assistente social é meio "polícia", cobrando as faltas de usuários em reuniões ou as contrapartidas obrigatórias". Quer dizer, então aí é muito triste não é? A realização dos valores do Projeto Ético-Político Profissional (que apontam para outra ordem societária) deve ser trazida para a concretude daquele campo de trabalho, e o CREAS que é diferente do CRAS, não é? No CREAS eu vou lidar com a mulher que é espancada, violência doméstica, com criança, com idoso que apanhou de sua família. Então é com isso que eu vou lidar, é a possibilidade de cumprir o direito, realizar o direito, muitas vezes numa linha de proteção. Antigamente, ninguém falava em proteção e há pessoas que precisam ser protegidas. [...] (Carmelita Yazbek — entrevista).

Não há qualquer dúvida sobre a funcionalidade dos programas sociais e de transferência de renda para as famílias atendidas e seus membros. A própria formatação desses programas impede que o usuário do sistema viva exclusivamente deles, mesmo destacando a importância desses recursos para o orçamento geral do núcleo familiar. Na pior das hipóteses, o "beneficiado" permanece empenhado em procurar uma atividade que ofereça uma contrapartida capaz de melhorar suas condições. Destaca-se que essa condicionalidade é componente central do programa endossado e estimulado pelos principais organismos mundiais de "combate" à pobreza focados no pauperismo, enfatizando a necessidade da contrapartida (determinada pela precariedade e insuficiência do recurso repassado) e o não estímulo à ociosidade (ainda que se reconheça a "excepcionalidade" de um momento "passageiro", "atípico", de crise do mercado de trabalho)[52].

52. Uma criteriosa análise dos documentos publicados pelo Banco Interamericano de Desenvolvimento (BID) e pelo Banco Mundial sobre a redução da pobreza na América Central, do Sul e no Caribe, revela claramente esta tendência.

> Recebo o Bolsa Família e o Renda Cidadã, eu estou recebendo um atrasado do governo, que eles tá me pagando, o governo tá me pagando. Dá R$ 106,00 para cada um, só que não dá né, porque a gente tem luz, tem água, tem muita coisa pra pagar, como eu pago imposto daqui né, então tem muita coisa pra pagar. Então eu recebo só isso, R$ 130,00 de um e R$ 126,00 do outro. [...] Ajuda, papel não dá dinheiro, né, eu vivo com o papel também, só que o dinheiro pra eu pagar essas contas não dá, porque é muito caro, então pra mim pôr comida essas coisas dentro de casa não dá, agora que nós vamos mudar, nós vamos passar a pagar aluguel, eu arrumei uma casa de R$ 300,00, então o meu menino vai pagar o aluguel pra mim e nós vamos ficar só nas coisas de comer, assim que nós vamos fazer, pra inteirar, pra ajudar, né. [...] (Ana — usuária da assistência social).

> É a minha única renda, eu tinha faxinas (as minhas faxinas), agora a minha mão tá quebrada, está sendo a minha única renda. Esse Bolsa Família é a minha cesta básica por mês, e vou no mercado, supro aquilo que está faltando da cesta básica, o leite de segunda, quarta e sexta, reponho uma caixinha de leite e economizo. Agora, como eu já falei pra ela que eu estou desempregada, ela sabe que eu estou desempregada, que ela vai fazer outra renda pra mim, porque ela tá vendo um serviço pra mim... reciclagem, também é um vínculo com a assistente social isso, mas eu não posso por causa da mão, tenho que operar a mão primeiro, estou esperando o hospital me chamar, o SUS. [...] (Rosa — usuária da assistência social).

Para os assistentes sociais e gestores da assistência social, os avanços obtidos com a nova legislação são nítidos. Todos os profissionais, de uma forma ou de outra, destacam a validade da PNAS e das possibilidades que se abriram a partir dela (sobretudo as possibilidades de crítica em relação à benesse que predominava, inclusive legalmente, até 1988 — o que é inegável). São reconhecidas, também, inúmeras dificuldades relacionadas com a operacionalização dessa política e a implantação do Sistema Único de Assistência Social — SUAS (nitidamente inspirado no Sistema Único de Saúde — SUS). Nota-se, no entanto, que as ações de capacitação e as forças da categoria profissional são totalmente capturadas pela implantação e pela operacionalização da PNAS e do SUAS, no sentido — no seu limite — de superar as barreiras assistencialistas utilizando o antídoto do que se convencionou denominar, genericamente, sem muita clareza, como "autonomia" e "empoderamento" em defesa de ações "socioeducativas" e a favor da "cidadania" (assunto que trataremos mais intensamente logo à frente). Os limites apontados por alguns profissionais de Serviço Social denunciam, em si, obstáculos para a viabilização da legislação e para um maior envolvimento da população nas ações empreendidas (reduzida à "participação" pelo voto), bem como a dificuldade para a implantação da rede integrada de serviços na municipalidade. Vejamos alguns depoimentos:

> A Política Nacional de Assistência Social traz no item Gestão Nacional de Assistência Social na Perspectiva do SUAS que um dos eixos estruturantes é a matricialidade sociofamiliar. Ao direcionar o trabalho com foco na família, reconhecem que existem fortes pressões dos processos socioculturais em nossas famílias e com isso acentuam suas fragilidades. Para tanto, há que empoderá-la, fortalecê-la para que possa ser um "espaço privilegiado de exercício de cidadania", segundo Prof. Pe. Mário José Filho em sua tese de doutorado. Há obstáculos importantes a serem superados: a cultura das benesses, a falta de participação nas decisões que as envolvem, garantia dos direitos, a acessibilidade a uma política social universalizada, mas para tanto, há que haver um trabalho socioeducativo consistente. O primeiro desafio é trazer as famílias para as nossas reuniões. É difícil, não há manual com caminhos a serem percorridos. Eles têm que ser construídos e só se constroem com participação. [...] Limites desta atuação: podem ser desde institucionais como profissionais. Deverão ser enfrentados como desafios a serem superados para a construção de uma Política de Assistência Social que seja justa, atenda realmente as necessidades das pessoas para a qual são direcionadas e que possam dar respostas às demandas destas famílias e não que vá atender a interesses de grupos que se sentem no direito de definir como as pessoas devem ou não serem atendidas. Isso tudo deve começar pela nossa classe política, que ainda se acham "todo poderoso" e que estão acima do bem e do mal. O momento que a nossa população entender o

> poder de decisão que tem através do voto, através da participação em instâncias de controle social, iniciaremos um processo de mudança concreto e sem precedentes neste país. [...] (Giselda — assistente social).

> O trabalho desenvolvido tem sido no sentido de consolidar a Assistência Social como Política Pública. Em 2005, quando nos integramos à equipe da SEDHAS, constatamos que grande parte dos servidores desconheciam a Política Nacional de Assistência Social — PNAS. Nossa primeira ação foi estudar e discutir a política, buscando a unidade na compreensão dessa legislação. Durante o processo de estudo, os profissionais foram evidenciando uma série de dificuldades para implementação da assistência social como política pública. Despertar na equipe a importância de identificar alternativas de intervenção, considerando a situação do órgão gestor na época (início de 2005), foi um processo difícil. Adotar uma prática inovadora, rompendo com a postura assistencialista, era um grande desafio. A compreensão de uma visão e atuação exigia de nós um acompanhamento permanente e próximo. A então Secretária, pessoa de grande credibilidade e dinamismo, era elemento importante no processo de encorajamento das pessoas e de convencimento de que era possível fazer de forma diferente, criar, buscar, fazer acontecer aquilo que, até então, sempre tinha sido colocado como empecilho ou como problema. [...] Como limites, podemos registrar a dificuldade da administração municipal como um todo e a rede de serviços socioassistenciais em compreender a assistência social como política pública. proceder ao reordenamento e garantir a estruturação adequada de todas as unidades de serviço tem se constituído num processo moroso. Observar as deliberações das Conferências Municipais de Assistência Social, também tem sido um desafio para nós, trabalhadores da assistência social [...]. Outro entrave está relacionado à questão burocrática, que os órgãos públicos ficam obrigados a se submeter. [...] (Ivonete — assistente social).

Alguns outros assistentes sociais, no entanto, mesmo que submetidos à prioridade da implantação da política (o que é inevitável), são mais lúcidos e destacam temas importantes a serem potencializados: a fragilidade dos programas, o gerenciamento de situações emergenciais, a importância do profissional e do trabalho em equipe para pensar e intervir criticamente, o investimento na intersetorialidade das políticas, os entraves políticos locais, a falta de recursos, o lugar subalterno e precário da assistência social no campo da seguridade social e das políticas sociais, entre outros temas. Tais indicações, mesmo que iniciais, abrem brechas importantes para pôr em movimento duas questões centrais: a natureza da atual política e suas tensões-contradições e, o que não é menos importante, a necessária não identificação entre o Serviço Social (como profissão) e a Política de Assistência Social. Ou seja, a profissão tem algo a dizer para essa política e não pode, em hipótese alguma, encontrar nela sua razão de ser, reduzir-se a ela.

> Então os nossos programas também são paliativos, que a coisa de novo do "apagar incêndio". Eu acho que a gente teria que trabalhar mais o preventivo, embora eu entenda que a política do Creas é essa: o Creas atende situações graves e instauradas, mas existe toda a Secretária que poderia desenvolver todo um trabalho preventivo. Também acredito que a impressão, a cara do trabalho quem dá é o profissional que executa, entendeu? E isso eu acho que é o maior trunfo que a gente tem nas mãos. Por mais que exista uma chefia na equipe que impõe algumas coisas, quando eu estou com o usuário, em grupo e tal, eu é que faço, eu é que trabalho e eu é que dou a característica, a cara para o grupo. Acho que é a mesma coisa de fazer uma busca ativa, vou trabalhar com morador de rua (que é o que está acontecendo hoje), por exemplo, a gente faz busca ativa, mas nós damos o nosso tom. [...] (Fernanda — assistente social).

> Então, eu como Secretária, como gestora da Política da Assistência Social, eu acho que o grande desafio que temos é motivar a equipe. Para que possamos desenvolver trabalhos mais efetivos, precisamos ter uma equipe motivada. Precisamos identificar o potencial dos profissionais e aproveitar este potencial no desenvolvimento dos trabalhos. O profissional pode ser muito bom só que não tem perfil para trabalhar em determinada área e isso pode comprometer tanto o trabalho como o profissional. [...] Existem as limitações de cada um no sentido de que as pessoas têm dificuldades de trabalhar em equipe, mas isso é um processo, não temos uma cultura de gestão participativa. Além disso, existem dificuldades financeiras, dificuldades com a máquina pública, que é muito morosa. Então às vezes não depende só da vontade política, mas de toda essa engrenagem que faz parte do setor público. Outro desafio

é a questão do trabalho integrado: além da motivação da equipe a gente precisa pensar como integrar os trabalhos. Nós não estamos integrados. Cada setor centra forças em suas áreas e se divide. [...] é preciso não só integrar a secretaria, os programas da secretaria, mas integrar com as outras políticas sociais. Na hora que a gente vai discutir o enfretamento da pobreza isso passa, por exemplo, pela questão da Secretaria de Agricultura, que coordena um programa de agricultura familiar, pela questão do desenvolvimento sustentável, pela economia solidária, passa pela questão da educação, passa pela questão da saúde e outros [...] (Gabriela — assistente social e gestora).

Há de se reconhecer os inúmeros problemas relativos, por exemplo, à implantação dos Centros de Referência de Assistência Social (Cras — responsáveis pela proteção básica) e, ainda mais, dos Centros Especializados de Assistência Social (Creas — responsáveis pela proteção especial). No entanto, a existência desses problemas (certamente previsível e inevitável) traz desafios cotidianos para uma atuação profissional inspirada no ponto de vista de totalidade, considerando também os limites estruturais encontrados na própria Política Nacional de Assistência Social (Pnas — de perfil nitidamente sistêmico; Capra, 2002). Entre "os eixos estruturantes e de subsistemas" (Brasil, 2004, p. 33) estabelecidos na Política Nacional de Assistência Social, dois deles merecem destaque: *a matricialidade sociofamiliar e a descentralização político-administrativa cujo foco principal é o território.*[53]

A matricialidade sociofamiliar, prevista na Pnas, está ancorada na premissa da centralidade da família e na superação da focalização (embora na prática ocorra o seu oposto), salientando que para a família "prevenir, proteger, promover e incluir seus membros" (Brasil, 2004, p. 35) é necessário, em primeiro lugar, garantir as suas condições de

---

53. Não é objetivo deste estudo fazer uma avaliação da Política Nacional de Assistência Social (Pnas), dos programas de enfrentamento à pobreza e do Sistema Único de Assistência Social (Suas). Pretende-se, somente, situar essa discussão para perquirir a preocupação central deste livro: o que se entende por resistência e emancipação no Serviço Social, considerando-se um dos mais importantes espaços de inserção profissional na atualidade e o legado marxista aprimorado, sobretudo, nos últimos 30 anos.

sustentabilidade. Reconhecendo a existência de fortes impactos dos processos de "exclusão sociocultural" nas famílias brasileiras, gerados pela "reconfiguração dos espaços públicos, em termos dos direitos sociais assegurados pelo Estado democrático de um lado e, por outro, dos constrangimentos[54] provenientes da crise econômica e do mundo do trabalho" (Brasil, 2004, p. 35), a Política Nacional de Assistência Social destaca a centralidade da família no campo de ações da Política de Assistência Social. Essa atuação deve considerar as "novas feições da família", "tipologias ou arranjos familiares" (inseridas nas "transformações societárias contemporâneas" [Brasil, 2004, p. 35-6]), como também a importância da Política de Assistência Social no "conjunto protetivo da Seguridade Social" por meio de "redes socioassistenciais" (Brasil, 2004, p. 36).

> Ou seja, a centralidade da família é garantida à medida que na Assistência Social, com base em indicadores das necessidades familiares, se desenvolva uma política de cunho universalista, que em conjunto com as transferências de renda em patamares aceitáveis se desenvolva, prioritariamente, em redes socioassistenciais que suportem as tarefas cotidianas de cuidado e que valorizem a convivência familiar e comunitária [...] (Brasil, 2004, p. 36).

A organização político-administrativa e a territorialização estão estruturadas na PNAS em um "sistema descentralizado e participativo" (Brasil, 2004, p. 37), em rede, considerando-se a articulação e a intersetorialidade das políticas setoriais, bem como o envolvimento paritário da sociedade civil e do governo por meio de conselhos, e a realização de conferências municipais de assistência social com a participação dos segmentos envolvidos na política (desde os gestores até os usuários). Há, dessa forma, um apelo para que sejam construídas ações "territoriamente definidas" (Brasil, 2004, p. 37) que respeitem a intersetorialidade das políticas, a participação dos segmentos locais

54. A palavra "constrangimentos" em nada contribui com uma análise mais detalhada da realidade. Quais constrangimentos?

envolvidos, identificando os "problemas concretos, as potencialidades e as soluções, a partir de recortes territoriais" (Brasil, 2004, p. 38), valorizando a autonomia em todas as esferas da gestão da política no âmbito local. A PNAS destaca textualmente:

> É no embate relacional da política pública entre Governo e sociedade que se dará a ratificação ou o combate ao processo de exclusão social em curso. Pensar na política pública a partir do território exige também um exercício de revisita à história, ao cotidiano, ao universo cultural da população que vive nesse território [...]. A perspectiva de totalidade, de integração entre os setores para uma efetiva ação pública [...] vontade política de fazer valer a diversidade e a inter-relação das políticas locais [...].

Ainda que seja necessário observar a importância dos núcleos familiares na esfera da reprodução social, a relevância do Estado e de seus respectivos governos, sua dimensão política e pública e os embates sociais também vivenciados nos territórios, algumas observações devem ser feitas no sentido de precisar as preocupações aqui indicadas sobre esse contexto. Reafirmar a importância das famílias e das ações sociais com elas realizadas, também com apoio no Serviço Social, é algo incontestável. Negar essa dimensão significa negar uma demanda real e importante (mas não central — sob o ponto de vista aqui reivindicado) para a sociabilidade e para a reprodução do ser social. Reconhecer a sua diversa formatação na sociedade capitalista nesse início do século XXI é algo igualmente necessário e óbvio para qualquer intervenção profissional minimamente respeitosa e competente. Não se trata, portanto, de formular críticas desse nível.

Os problemas se adensam, todavia, quando a família é tomada como o *ponto nevrálgico, central e fundante da produção e reprodução social* (quando na verdade é mera coadjuvante — mesmo que importante), ainda que seja para se referir especificamente à Política de Assistência Social. Ora, as famílias e os programas e projetos sociais que as atendem estão inseridos em uma dada sociabilidade que não se "perde no espaço", no processo histórico (não são a-históricas), ou seja, tais intervenções estão fincadas e são formatadas sob determinadas relações socialmente constituídas. *Isso significa que a família é a família burguesa, que o Estado é o Estado burguês e que os programas e projetos sociais são aqueles constituídos na era monopolista-flexível-financeirizada e funcionais a ela (embora também contemplem certas demandas da população usuária).* Essa insistência não é uma força de expressão, uma retórica desnecessária à prática profissional, uma abstração teórica demasiadamente geral, inadequada e fora da realidade com a qual os assistentes sociais imediatamente lidam. Ao contrário, trata-se de um componente imprescindível para o trabalho profissional (mesmo que insuficiente). Sem ele, o estranhamento social encontra um terreno fértil para se cristalizar e se reproduzir.

> Quando falamos da família como determinação das relações primeiras a serem vivenciadas pelo indivíduo em formação, não podemos nos esquecer de que essa mesma família é por sua vez determinada pelo estágio histórico em que se encontra, sendo, portanto, uma subjetividade já educada. [...] Acontece que aquilo que é visto pela pessoa em formação como mundo externo, como objetividade inquestionável, portanto, como realidade, é apenas uma forma particular, historicamente determinada, de se organizarem as relações familiares. [...] A cada passo, o novo ser vai criando a base sobre a qual estruturará seu psiquismo e sua personalidade, ao mesmo tempo que se amolda à sociedade da qual está interiorizando as relações e formando, a partir delas, a consciência de si e do mundo. Evidentemente que aquilo que fica interiorizado não são as relações em si, mas seus valores, normas, padrões de conduta e concepções. [...] (Iasi, 2007, p. 15 e 17-8).

A "centralidade da família", no entanto, existe sob outras condições e com outros objetivos. Os núcleos familiares são centrais para as modernas ações sociais integrativas cujo eixo central é a rede sistêmica de serviços que racionaliza e torna mais complexa a forma de policiar e capturar os núcleos familiares e seus membros, ainda que critique o passado assistencialista e policialesco. A política em curso foca, sistemicamente, suas ações nesses núcleos (e não apenas em seus membros individualizados), nas suas relações sistêmicas, por meio de subsistemas (a escola, o trabalho-emprego, igreja, grupos de relacionamento, entre outros), respondendo e modernizando uma velha questão com um viés ideológico importante:[55] o seu papel central, como "célula primeira" da sociabilidade (e não apenas como coadjuvante), sem precisar historicamente de qual família se trata (a burguesa), num campo estratégico da reprodução — física, afetiva e valorativa — da força de trabalho, seja para mantê-la, seja para formá-la (também por meio da criação dos filhos e do repasse de valores sociais — burgueses).[56] Nesse cenário, a participação é formal, a emancipação se reduz à autonomia para sobreviver no circuito mercadológico e a integração passa por ações socioeducativas e por cursos profissionalizantes (diga-se de passagem, um assunto antigo). Não seriam essas algumas das formas contemporâneas, polidas e elaboradas de controle em tempos de "sociedade democrática"? Trata-se, portanto, de ações que não ultrapassam, nem mesmo ameaçam, as fronteiras institucionais, consolidando uma atuação profissional comprometida com a reprodução criativa (quando muito) do formalmente estabelecido.

> As famílias e usuários de programas e demais serviços são mobilizados a participarem de grupos socioeducativos, reuniões, palestras educativas, datas comemorativas, eventos sociais, dentre outros. As atividades absorvem também os encaminhamentos provenientes dos Conselhos Tu-

55. A palavra ideologia aqui é entendida como uma generalização da parte como sendo o seu todo. Em outras palavras, as visões sociais de mundo — dominantes — generalizam suas concepções, no campo superestrutural, tomando partes do processo como sendo o processo por inteiro, aspectos parciais da dinâmica do real como sendo o real. A ideologia não é, portanto, uma mentira, uma abstração pura, mas uma deturpação da dinâmica do real feita com base no próprio real. Como lembra Marx (1987, p. 72), "[...] As ideias (Gedanken) da classe dominante são, em cada época, as ideias dominantes; isto é, a classe que é a força *material* dominante da sociedade é, ao mesmo tempo, sua força *espiritual* dominante. [...]"

56. Destaca-se que, nesse aspecto, os atuais estudos sobre família, no geral, não superam uma "análise" puramente fenomênica ao descrever os "tipos de família" (nuclear, extensa, monoparental, entre outras), com uma perspectiva que, no seu limite, trata a história linearmente. O essencial é que todas essas formas de objetivação e organização dos núcleos familiares, certamente diferentes entre si (e isso beira à obviedade!), são formas particulares burguesas, claramente situadas no campo da reprodução social dessa ordem societária.

telares, Conselhos Municipais, Ministério Público, Rede Socioassistencial, Intersetorial e demais serviços. Os eixos temáticos ora são indicados pelos usuários, ora identificados pelo técnico, com vista o Programa de Apoio Integral à Família (Paif), ressaltando que contamos com os profissionais das universidades locais para desenvolvimento do trabalho. As ações sociais são fundamentadas no Sistema Único de Assistência Social (Suas), Tipificação Nacional de Serviços Socioassistênciais, Política Nacional de Assistência Social, NOB-RH/Suas, Lei Orgânica da Assistência Social (Loas), do Código de Ética Profissional, dos Estatutos do Idoso, da Cidade e da Criança e do Adolescente, dentre outros, o que tornam as ações fortalecidas para o avanço junto ao usuário. [...] (Joana — assistente social).

[...] centrado na família, você vai ver ali determinado tipo de família, você vai ver uma série de problemas que, embora cada família tenha seu histórico próprio, mas você vê que os problemas são iguais. Então, às vezes, você orientando uma família, na orientação você vai conseguir atacar vários tipos de problemas: problemas de alcoolismo, problemas de drogas, problemas de falta de capacitação de mão de obra, uma série de problemas que através da atuação do profissional de Serviço Social, uma orientação que der, a pessoa acha o rumo. Então coloca o adolescente num programa, Sementes do Amanhã, ou no Programa de Ação Jovem, Agente Jovem, ou pega a mãe, ensina costura, ensina panificação, o pai pedreiro eclético ou qualquer outro. Essas orientações socioeducativas dentro da família, elas tem uma repercussão geral. Isso buscando o quê? Buscando a autonomia daquela família, o sentido do programa é esse, que a família busque a sua autonomia, que não fique dependendo. [...] No começo foi entendido muito errado esse programa. A pessoa fala assim: eu quero bolsa família porque ele me ajuda a pagar a água, pagar o aluguel. O sentido não é esse, o sentido é de dar sustentação à família para que ela tenha os produtos de primeira necessidade, sejam gradativos, mas que através das reuniões do Cras ela tenha uma orientação socioeducativa, ela vai ser educada socialmente para achar o seu caminho (Ubamar — gestor de assistência social).

O trabalho hoje tem como foco a família, observada e respeitada nos seus diferentes modelos e formatos, considerando-a sempre como grupo integrante de um determinado território, onde ela estabelece suas rela-

> ções sociais, afetivas e de pertencimento. O trabalho busca o desenvolvimento da autonomia, da autoestima, do indivíduo, procurando trabalhar questões relativas à potencialização do grupo familiar. A família é convidada a elaborar em conjunto com a equipe técnica o seu projeto de vida, e o acompanhamento se dá na perspectiva de levar a família a buscar e defender os seus direitos sociais. O trabalho desenvolvido pelo Órgão Gestor tem se dado nessa direção. É a família quem indica o que fazer, quando fazer, onde fazer, e as equipes vão desencadeando uma série de ações que possam contribuir para a concretização dos sonhos e interesses dessa população. [...] (Ivonete — assistente social).

É evidente que, sob o ponto de vista de totalidade, a família jamais pode ser a categoria central para a produção e reprodução do ser social, embora ela faça parte do processo de sociabilização humana, como instância estratégica. Trata-se, portanto, de um complexo social secundário, ou seja, sustentado em outros elementos contidos na sociabilidade burguesa, determinada — não mecanicamente — por essa sociabilidade e por uma importante categoria: *a categoria trabalho* e sua forma particular de objetivação no capitalismo. Há de se denunciar, portanto, o perigo de se repenalizar os núcleos familiares e seus indivíduos sob o fetiche de que se realiza um trabalho "socioeducativo", bem como de rechaçar toda e qualquer tendência que "desclassicisa" os núcleos familiares reunificando-os em grupos territoriais que, na melhor das hipóteses, lutam por demandas pessoais e pontuais: "a minha rua", a "minha calçada", "a violência no meu bairro", entre outros aspectos. É preciso ter claro que a "questão social" não será equacionada a partir de sugestões e de encaminhamentos edificados pelos indivíduos sociais nos microterritórios (quase sempre perdidos na fragmentação de lutas "por segmento"), nem mesmo será solucionada por meio da interação em rede de serviços sociais — por mais bem articulada que ela seja — empenhada em afirmar direitos localizados e pontuais. Não se trata, aqui, de negar a potência contida nas discussões sobre as demandas imediatamente expostas nos territórios e nos bairros, mas de rejeitar com veemência o tratamento localizado disso, isto é, a impossibilidade de explicar as demandas locais como expressões reais e imediatas de demandas estruturais. Nessa direção, Iamamoto, Netto e Yazbek tecem informações importantes:

> Corre-se o risco de cair na pulverização e fragmentação das inúmeras "questões sociais", atribuindo unilateralmente aos indivíduos e suas famílias a responsabilidade pelas dificuldades vividas. Isso deriva na análise dos "problemas sociais" como problemas do indivíduo isolado e da família (principal alvo dos programas focalizados de combate à fome e à miséria), perdendo-se a dimensão coletiva e o recorte de classe da questão social, isentando a sociedade de classes da responsabilidade na produção das desigualdades sociais. [...] (Iamamoto, 2007, p. 164).

> Acho que há uma inteira dose de gradualismo. O que eu quero dizer é o seguinte: não há nenhum "maluco" que considere que a via assistencial resolve os problemas, mas eu acho que eles estão convencidos, honestamente convencidos (senão todos pelo menos maioria), de que o que estão operando é uma via de acesso à cidadania e daí todo o debate da inclusão. É claro que isso remete a algumas questões de fundo: como compreender a cidadania, como entender uma democracia e as suas relações com a participação e qual é o papel dos institutos democráticos e dos direitos de cidadania. São concepções que precedem a elaboração de políticas e implementação de políticas. E aí você fez bem a pergunta "será que isso não estava lá trás?". Eu diria que se você observar, pelo menos nas manifestações teóricas registradas ou profissionais desde os anos 1980, você vai ver aquela grande frente de vanguarda que arejou o Serviço Social, você vai ver que há diferenças teóricas e ideológicas muito substantivas. [...] (José Paulo Netto — entrevista).

> Eu fiz essas observações para um grupo de assistentes sociais que estava ligado com as questões do Cras, Creas e eu levantei a questão da família, o desafio de trabalhar com famílias. Não de enquadrar as famílias, não de usar violência contra essas famílias, enquadrando, domesticando dentro do sistema. Porque há profissionais (e vocês devem saber disso) que realmente penalizam as famílias: "ela está nessa situação porque ela fez por merecer", quer dizer, você tem isso e isso é doloroso. Então a discussão, a preparação, a politização desse trabalho é fundamental, não esquecendo que essa família pertence a uma classe. As fa-

> mílias não são a última ou a única instância. Eu acho que a PNAS deixou de lado outra instância que é classe, que é a organização do bairro, fala em comunidade e em outras coisas, mas não pode deixar de considerar que o CRAS está num território. Dependendo do rumo que a gente imprimir a essa forma de trabalhar com famílias, e não é só na assistência, mas na saúde, na habitação, e em outros campos, nós podemos dar um passo à frente na perspectiva de direitos ou podemos retroceder muito, podemos assumir uma postura conservadora, muito preocupante (Carmelita Yazbek — entrevista).

As ponderações acima descritas aparecem, ainda que dispersamente, nos depoimentos de algumas das assistentes sociais entrevistadas. O que se observa é que o cultivo permanente da "massa crítica", como crítica da crítica, intensifica e aprofunda a análise sobre a ação profissional realizada, enriquecendo teórica e praticamente o exercício profissional do assistente social. Na esteira que resiste ao estranhamento, a assistente social Manoela não apenas questiona a centralidade da família na Política de Assistência Social, como também chama a atenção para as abordagens conservadoras que têm instrumentalizado a ação profissional no conjunto CRAS-CREAS (genericamente denominadas por ela como base positivista/funcionalista). Não sossegada com isso, reivindica — maduramente — uma visão de totalidade e reconhece as dificuldades reais para efetivá-la no cotidiano profissional. O complexo CRAS-CREAS, em si, como espaço objetivamente posto, não "permite olhar o sujeito em sua totalidade, focando a realidade local". Rico em determinações imediatamente expostas, esse espaço não permite, em si e por si, "olhar o sujeito na sua totalidade". Em outras palavras, não é a atual organização dos CRAS-CREAS (em tese menos fragmentada) que permite o salto qualitativo da análise operada, *mas a potência analítica da profissional que se apropria criticamente das ricas determinações imediatamente propiciadas (apenas imediatamente) por tais espaços, desconstruindo-as na sua aparência fenomênica*. O que a razão crítica promove é uma desconstrução do imediatamente dado, da ideologia como falsa consciência que atua sob bases reais e promove um "[...] 'deslocamento' do significado da questão social, *que se afasta da relação entre pauperização dos trabalhadores e acumulação capitalista, para ser identificada genericamente com as expressões objetivas da pobreza.* [...] (Mota, 2008, p. 32).

> A primeira é que a defesa da "centralidade na família", expressa pelos atuais programas e projetos, especialmente no âmbito do Suas, tem trazido, com novas roupagens, velhas concepções com bases positivistas/funcionalistas que colocam "os problemas" no sujeito e na família, ignoram a estrutura social, partindo de uma compreensão fragmentada da sociedade, e acabam por retomar aquele serviço social que enquadra os sujeitos "desviados" na "normalidade", ou seja, na ordem vigente. A segunda, e mais positiva na minha concepção, é que a forma como estas políticas e programas estão se organizando, a qual busca acabar com a fragmentação das demandas (salvo no Creas que é um caso a parte e continua fragmentado), antes tínhamos uma série de serviços: um para as vítimas de abuso sexual, outro para adolescentes, outro para idosos, outro para mulheres. Enfim, as demandas eram repartidas e catalogadas, o que dificultava e desviava o foco da raiz comum de todas elas: a questão social e tudo que implica este entendimento. Hoje a estrutura Cras e Creas permite olhar o sujeito em sua totalidade, focando a realidade local. Pensando por aí, há grandes perspectivas para esses programas. Permitir, contudo não é necessariamente acontecer, acredito que a grande questão esta na forma como os profissionais conduzem estas políticas e programas, como compreendem a realidade, enfim, com qual intencionalidade desenvolvem suas ações do ponto de vista político e ideológico. Assim, concluo que o foco na família pode ser realizado com diferentes concepções e finalidades, o que observo, infelizmente, é a prevalência e crescimento da primeira forma citada. [...] (Manoela — assistente social).

O endurecimento profissional é criticamente denunciado por outras profissionais, revelando erupções de consciência mesmo que imersas em um inevitável sincretismo implícito na materialidade em que o profissional atua e na sua própria formação profissional eclética (Netto, 1992). Os comentários emitidos colocam em xeque, mesmo que de forma inicial, as práticas conservadoras com famílias, as condicionalidades, o corte do "benefício" pelo não cumprimento dessas condicionalidades, as ações empobrecidas reduzidas a momentos formais (ditas "socioeducativas") e a rigidez e o cumprimento formal de metas estatísticas nas municipalidades (por exemplo). Notam-se, aqui, potencialidades para o cultivo do pensar crítico, ainda que imerso na névoa da "vulnerabilidade" (que, ao mesmo tempo, tudo e nada diz) e nos perigos de uma intervenção profissional centrada na escuta por si mesma (resquícios de um passado reconceituado voltado à ajuda psicossocial).

> Vejo a atuação do assistente social nos programas e projetos que atendem às famílias ainda muito acanhada, com práticas conservadoras, distantes das teorias e das propostas, com grandes dificuldades de mudança dos paradigmas, impregnada por datas religiosas e preconceitos, ficando na superficialidade e com entraves funcionais — (equipe), tempo e local adequado — (o que muitos ainda não têm) e falta de disposição interna para resolver questões pessoais, diminuindo ou acabando com a rigidez e aumentando a flexibilidade e aceitação do diferente e do novo. [...] (Marina — assistente social).

> Eu fico me perguntando, às vezes, por que nós elegemos como prioridades as famílias que estão nos programas de transferência de renda, que são as famílias que nós devemos atender. Mas essas famílias querem ser atendidas por nós? Essa é uma questão que eu acho importante de ser colocada, assim eu como profissional tenho o direito de dizer a uma mãe como ela deve educar o filho dela? E aí tem a questão das condicionalidades do programa, como é que a gente trabalha com essas condicionalidades? Hoje a gente elege uma das prioridades de trabalho aqui do Cras, exatamente as famílias que estão em descumprimento de condicionalidades. Agora, a grande questão é assim: o Cras não é entendido como um espaço em que eu vou lá medir se a pessoa cumpre ou não as condicionalidades, mas eu estou entendendo que a família que está em descumprimento, está em descumprimento por alguma razão, porque a situação dela é de mais vulnerabilidade do que a de outras que estão naquele espaço. Então eu acho que essa é uma questão, é uma linha muito tênue [...] (Amanda — assistente social).

> Eu acho que se é outra questão, se é proteção, se é prevenção, se é emancipação, se é efetivação de direitos. Eu acho isso ótimo, a gente está trabalhando na linha certa, mas, infelizmente, [...] você vai trabalhar a família para a criança ir à escola, para a criança não faltar à escola, mas como eu vou trabalhar esta questão da educação? Não é simplesmente eu chegar e falar: "olha, você não vai deixar, vai ser cortado do bolsa família se a criança não for pra escola". Então eu acho que a gente precisa aprender a trabalhar esta questão. [...] Não é simplesmente reduzir os índices de falta, de descumprimento de condicionalidades, mas é melhorar a condição de vida, a qualidade de vida. [...] Então eu acho que de possibilidade, é essa possibilidade de trabalhar com as famílias, porque elas têm uma abertura, elas têm uma carência e uma necessidade de ouvir... e essas famílias a gente consegue atingir, essas famílias não são famílias que não aparecem, elas são participativas, a gente só precisa estimular essa participação, é um pouco cultural não participar e... Eu acho que a gente tem muita possibilidade e os limites talvez estejam relacionados com esta questão de cumprir meta: "ah, o município está com índice muito alto de famílias em descumprimento". Então a gente precisa correr atrás disso aí. Então fica nessa questão de cumprir a meta e de melhorar por causa dos recursos, ou das avaliações do município, eu acho que isso é um pouco complicado. [...] (Sueli — assistente social).

Há de se destacar, todavia, outros ingredientes problemáticos contidos na própria redação da Política Nacional de Assistência Social. O processo de luta em defesa da assistência social universal sintetizado, na PNAS, como "embate relacional" entre governo e sociedade (outra terminologia pouco reveladora) carece de precisão. De qual governo se fala? Constituído sob qual Estado? Sob quais condições sócio-históricas? O "embate relacional" é meramente político? O Estado e a sociedade civil não são entes abstratos; estão, ao contrário, metidos na trama sócio-histórica. Trata-se, então, de uma determinada forma de Estado (o burguês) e de uma sociedade civil repleta de tensões de classe que não podem ser resumidas a um "embate relacional da política pública entre Governo e sociedade". O Estado e o governo que o compõe são, para Marx, determinados pelos embates presentes na sociedade civil que se expressam na disputa para ocupar o Estado e assumir o governo. Essa sociedade (a burguesa), por sua vez, é composta por classes sociais antagônicas — no campo da economia-política —, que se (re)organizam permanentemente em favor de seus interesses como classe (Marx, 2005a). Portanto, o uso da palavra pública (ou "ação pública" — no sentido utilizado) também gera confusão ao esvaziar o seu conteúdo classista. Não se pretende, com essa afirmação, sugerir uma política sob bases marxistas (o que seria, no mínimo, nessas condições, cômico). Não se trata disso, uma vez que as políticas são tecidas a partir de embates e limites muito concretos, a partir de condições sócio-históricas bem definidas. Todavia, é preciso ter claro o debate de fundo que orienta a formulação dessa política, o patamar de onde se estabelece a crítica, a teleologia implícita, nisso a clareza categorial e conceitual (tão caras).

Nota-se que a concepção liberal separa Estado e sociedade civil (o "povo", organizado em instâncias representativas), ou seja, coloca-os como esferas estanques, como se o primeiro não fosse a expressão das lutas sociais, de classe, contidas na sociedade civil. Mais do que isso, a mediação entre eles se faz pela proliferação de instâncias representativas (formais e consultivas — no limite), sobretudo, ainda que não somente, por meio de conselhos de direito organizados por área: infância e juventude, idoso, assistência social, segurança pública, entre outras. A intersetorialidade, então, aparece formalmente como a dimensão articuladora entre tais setores e também aproxima a "sociedade civil organizada" do Estado e do governo que o compõe, harmonizando tensões e aplainando divergências. Disso também deriva a ideia abstrata (manejada grosseiramente) de que o Estado é o reino da governança, dos equívocos, privilégios e das orgias financeiro-administrativas (como uma névoa fetichizada que absorve e responde às tensões societárias), e que a sociedade civil "organizada" (genericamente caracterizada como espaço público), ao contrário, é o reino da liberdade, da transparência fiscalizadora, da ética em defesa dos interesses democráticos, de todos. A consequência disso é direta: *a contradição fundamental entre capital e trabalho, entre produção social e apropriação privada, entre proprietários e desapropriados, aparece como uma simples e imediata oposição entre Estado-governo e "sociedade civil organizada"*.

Desde a *Crítica da filosofia do direito de Hegel*, Marx, ainda transitando pela democracia radical, já destacava e criticava as ilusões hegelianas reconstruídas com base nos debates travados pelos "clássicos" da teoria política.[57] Sendo assim, em Hegel existe uma clara fissura entre Estado-governo e sociedade civil, aos moldes da tradição liberal burguesa, sustentando a ideia (no sentido real dessa palavra) de que o Estado é uma instância superior, racional e avançada, como "espírito absoluto", que soluciona as tensões provocadas pelos interesses privados contidos na sociedade civil, como síntese que, ao mesmo tempo, acomoda e suplanta as lutas sociais socialmente fragmentadas.[58] Sob essa perspectiva, o indivíduo é um ente imaginário que vive uma soberania igualmente abstrata, um coletivo genérico expresso num Estado (igualmente abstrato), sem base material real para isso, despojado dela na medida em que universaliza na abstração estatal, uma situação irreal. Como destaca Iasi (2007, p. 51), "[...] essa cisão é mais que um fenômeno constatável, no caso da sociedade capitalista contemporânea, ela é funcional. Expressa no nível político a pretensão de universalidade de uma classe particular, a burguesia. [...]", caracterizando uma "inversão", uma deturpação ideológica.

> O Estado constitucional é o estado em que o interesse estatal, enquanto interesse real do povo, existe *apenas* formalmente, e existe como uma *forma determinada* ao lado do estado real; o interesse do estado readquiriu aqui, *formalmente*, realidade como interesse do povo, mas ele deve,

---

57. Esse debate expressou-se, de diferentes formas, nos "conselhos" de Maquiavel (2010) ao príncipe, na gestão das "paixões" humanas por meio da renúncia dos direitos individuais em favor de "Estado Leviatã" em Hobbes (2008), na sociedade de "proprietários", antiabsolutista e parlamentarista de Locke (2002, 2005 e 2012) na reforma das monarquias por meio de uma reorganização dos poderes em Montesquieu (2010), no contrato social sustentado na vontade geral de Rousseau (2000 e 2008), passando por Hegel (1999 e 2010), Marx (1986, 1987 e 2005a) e Gramsci (2000, 2001 e 2007), por exemplo.

58. Tanto em Hegel quanto na tradição burguesa, há uma clara fissura entre Estado-governo e sociedade civil. Todavia, em Hegel o Estado, como expressão máxima da razão absoluta, supera a sociedade civil, soluciona suas tensões. Na tradição liberal, especificamente na sua expressão ultraliberal, a sociedade civil (burguesa) se sobrepõe ao Estado, caracterizando-o como uma esfera desclassicizada, fiscalizada pela sociedade civil, um escudo que a protege de tensões contidas, na verdade, na própria constituição da sociabilidade burguesa.

também, ter apenas essa *realidade formal*. Ele se transfigurou numa *formalidade*, no *haut goût*[59] da vida do povo, numa *cerimônia*. [...] Estado e governo sempre colocados do mesmo lado, como idênticos; do outro lado, é colocado o povo, dissolvido nas esferas particulares e nos indivíduos. Os estamentos situam-se como órgão *mediador* entre os dois. Os estamentos são o meio em que "o sentido e a disposição do estado e do governo devem se encontrar e se unir com "o sentido e a disposição dos círculos particulares e dos singulares". [...] os *estamentos* devem, ao mesmo tempo, fazer a mediação "de tal forma que os interesses particulares das comunas, corporações e dos indivíduos" não "se isolem". Ao contrário, eles fazem a mediação: 1) transigindo com o "interesse do estado"; 2) sendo eles mesmos o "isolamento *político* desses interesses particulares; esse *isolamento como ato político*, já que, por meio dos estamentos, esses "interesses isolados" alcançam o grau de interesse "universal". Finalmente, os estamentos devem fazer a mediação contra o "*isolamento*" do poder soberano como um "extremo" (que, assim, *apareceria*[60] "como simples poder dominante e como arbítrio"). [...] (Marx, 2005a, p. 83 e 85-6).

A afirmação de que "é no embate relacional da política pública entre Governo e sociedade que se dará a ratificação ou o combate ao processo de exclusão social em curso", destacado pela PNAS (Brasil, 2004, p. 37) e normatizado pelo conjunto NOB-Suas, abre brechas e estimula procedimentos altamente flexíveis com relação às responsabilidades do Estado na esfera da afirmação de direitos. Absolutamente coerente com a prestação de serviços sociais sob o mando do capitalismo de monopólios flexibilizado e financeirizado, a "solidariedade cidadã" opera sob um tripé fartamente defendido e propagado por Rosanvallon (1995), qual seja: a redução (desresponsabilização) da demanda estatal no campo social (o que ele considera como a "crise do Estado-Providência" e a nova "questão social"), o reposicionamento da solidariedade de classes e o adensamento de uma maior visibilidade

59. Requinte.

60. Grifos de Marx.

do social por meio de ações voluntárias que cultivem experiências reais solidárias nos espaços locais.[61]

Ainda que a PNAS atribua ao Estado o papel de coordenador das ações assistenciais e negue a possibilidade de a rede socioassistencial substituí-lo, é preciso destacar que isso não elimina a proliferação de serviços assistenciais dos mais variados tipos (sustentada na ação de voluntários ou não), que escapam por completo da esfera estatal. Não há, portanto, conflito algum em definir o Estado como o coordenador do processo e flexibilizar sua inserção na rede por meio de parcerias e contrapartidas (humanas, físicas e financeiras) necessárias e bem-vindas sob o ponto de vista aqui criticado. Ao contrário, a organicidade do Estado no gerenciamento do social, sob o mando do capitalismo de monopólios, não pressupõe, necessariamente, a execução direta dos serviços socioassistenciais, mas sua coordenação "democrática", "parceira" e "corresponsável" com a "sociedade civil organizada", também por meio dos conselhos de direito.[62] Captura-se, assim, na rede, a força de trabalho voluntária e solidária no campo da reforma moral e social.[63]

---

61. Uma boa análise desse processo encontra-se disponível no estudo de Montaño (2002). A imprecisão teórica do conceito de terceiro setor é latente: "[...] Para alguns, apenas incluem-se as organizações formais, para outros, contam até atividades informais, individuais, *ad hoc*, para alguns outros, as fundações empresariais seriam excluídas, em outros casos, os sindicatos, os movimentos políticos insurgentes, as seitas etc., ora são considerados pertencentes, ora são excluídos do conceito. [...]" (Montaño, 2002, p. 55).

62. O vínculo entre tais propostas e as orientações do Banco Interamericano de Desenvolvimento (BID) e o Banco Mundial são inegáveis. Para uma análise minuciosa, consultar os documentos contidos nos seguintes endereços virtuais: <http://www.bancomundial.org/> e <http://www.iadb.org/?lang=pt>.

63. José Paulo Netto destaca: "[...] não sou contra o voluntariado. Quero dizer para você que se não fosse o voluntariado, Cuba não teria eliminado o analfabetismo em dois anos: de 1959 a 1961. Eu mesmo assisti em Portugal o PRE (Processo Revolucionário) que, se não tivesse voluntariado, uma série de ações — sobretudo educativas — não teria se realizado. O problema é a direção política! Quando o voluntariado é utilizado para suprir carências que derivam do Estado, direcionar os recursos do orçamento público para benefício de camadas, classes sociais, se a necessidade do voluntariado decorre disso, eu sou contra. Se o apelo voluntário é para 'botar' gente trabalhando de graça em função pública eu sou contra. O problema é político! [...]" (José Paulo Netto — entrevista).

> [...] essa reforma social e moral busca, dentre outros objetivos, transformar o cidadão sujeito de direitos num cidadão-consumidor; o trabalhador num empreendedor, o desempregado num cliente da assistência social; a classe trabalhadora em sócia dos grandes negócios e as comunidades em células do "desenvolvimento local", delas surgindo uma "sociedade solidária e cooperativa". [...] *O que está posto na agenda contemporânea (e, mais largamente, no horizonte sociocultural) são outras formas de conceituar e tratar a questão social, através de uma reforma social e moral conduzida pela burguesia contemporânea.*[64] As tendências em curso chegam ao extremo de imaginar que é bastante ter políticas sociais para suprir "a questão social" ou, como querem outros, que é suficiente que o Estado reconheça o direito de homens e mulheres das classes subalternizadas a atenderem suas necessidades sociais, transformando-os em cidadãos, para que também a questão social seja solucionada — é este, aliás, o substrato do novo contrato social à moda de Rosanvallon [...] refiro-me ao neosolidarismo, à refilantropização, à política dos mínimos sociais, aos projetos de emprego e renda, à emulação do empreendedorismo, ao binômio privatização-assistencialização da seguridade social [...] (Mota, 2008, p. 32, 50-1).

> [...] quem é Rosanvallon? É um conservador francês que discute a falência do Estado Providência. É exatamente o ideário que está por detrás da política de assistência, ou seja, fazer contrapartidas. Então eu acho que tem essa questão. E tem mais ainda: tem a teoria dos organismos internacionais, especialmente o do Banco Mundial, que é a teoria do risco social e das vulnerabilidades, com um novo enfoque do Banco Mundial nos anos 2000, que põe para pensar os modelos de proteção social. É a teoria do risco social e da vulnerabilidade. Então, veja, nesse *mix* entre liberalismo e conservadorismo, a gente simplesmente reproduz todas essas noções e vê a sociedade nortear trabalho a partir delas, em nome do projeto ético-político. Eu acho que isso é muito complicado. [...] (Marilda Iamamoto — entrevista).

Carmelita Yazbek também vê com cuidados o amplo segmento caracterizado como "terceiro setor" e seu impacto na assistência

64. Grifos de Mota.

social. Ressalta, todavia, dois aspectos de fato reais (mas certamente discutíveis): a presença do terceiro setor no gerenciamento compartilhado da assistência social e o envolvimento dos assistentes sociais com essas organizações (inclusive como mercado de trabalho). Embora seja pertinente e necessário destacar esse aspecto, é preciso, ao mesmo tempo, perquiri-lo e criticá-lo. Nesse processo é importante reconhecer sua diversidade e sua absoluta incapacidade para afirmar direitos (inexistentes sem o Estado — entendido aqui não apenas como o "coordenador" dos programas e projetos sociais). Elaborar e objetivar experiências interessantes e criativas na área social com apoio da categoria profissional dos assistentes sociais — diga-se de passagem, uma necessidade imperativa — também não pode servir de base para que se amenizem críticas mais radicais ao processo em curso.

> Entendo que o terceiro setor se constitui de um grupo muito heterogêneo de instituições. Eu tenho agrupado em três subgrupos: as entidades mais tradicionais; as fundações empresariais (estas em geral têm muitos recursos) e as organizações não governamentais propriamente ditas (esse subgrupo é também muito heterogêneo: das ONGs que defendem as baleias, dos golfinhos às que trabalham com crianças de rua). Eles têm experiências interessantes em andamento só que não realizam direitos. O terceiro setor não constrói direito, o direito se constrói na esfera pública. O direito se constrói na relação com o Estado. É o Estado que define os limites. [...] Não é a iniciativa privada que constrói direito. Então eu vejo, com muita preocupação, embora nós não possamos esquecer que isso é mercado de trabalho, isso é emprego de colegas nossos e que fazem o melhor possível. Então você tem presídio terceirizado, é uma coisa impressionante, você tem trabalhos na área da criança e do adolescente, na assistência social, compondo a rede que é uma forma de compor com a política pública e participar do processo de construção dos direitos. Há, nesse contexto, tantos trabalhos "privatizados" como municípios onde se articula de fato a rede, as instituições partilham responsabilidades e é possível afirmar que de algumas dessas num acordo com o município. Elas contribuam com a construção do direito. [...] (Carmelita Yazbek — entrevista).

Uma profissional de Serviço Social que atua diretamente com entidades ligadas ao amplo e heterogêneo "terceiro setor" — denominadas como "não governamentais" — faz apontamentos positivos sobre o papel por elas desempenhado na rede socioassistencial. Suas observações ressaltam o envolvimento dessas organizações na rede de atendimento social e no suprimento das responsabilidades do Estado, sem, todavia, indicar qualquer observação crítica a esse processo. Segundo ela, as dificuldades de adequação das entidades à Política de Assistência Social em curso devem-se, sobretudo, à ausência de financiamento adequado. O fato é que, no vasto campo caracterizado como "terceiro setor", existem organizações afinadas com a "responsabilidade social cidadã", outras em transição para isso e um terceiro grupo que permanece vinculado às tradicionais ações "caridosas" e pouco afeito à racionalidade organizacional modernizadora.

> O terceiro setor surge com tamanha importância que eu particularmente valorizo muito e percebo que essa questão vai sendo esclarecida ao longo dos anos. Ainda hoje a motivação da gestão do terceiro setor está atrelada à questão religiosa. Os dirigentes destas instituições são movidos para uma ação voluntária, sempre despertada pelas religiões. Assumem, muitas vezes, papel do Estado na oferta de diferentes serviços. Dentre esse grupo, percebemos que existem pessoas sérias, competentes e que precisam ir se informando e incorporando diretrizes da política de assistência. Percebemos que a informação deve ser contínua. Penso que as organizações não governamentais não estão ainda melhor estruturadas em razão das dificuldades relacionadas muito mais à questão do financiamento das suas ações do que com o desejo de fazer uma mudança de paradigma. [...] O terceiro setor tem contribuído para a oferta dos serviços de responsabilidade do Estado. [...] (Ivonete — assistente social).

É preciso analisar, ainda, outra terminologia central e fartamente utilizada na atual discussão sobre a Política de Assistência Social e sobre os programas e projetos sociais atualmente desenvolvidos. Trata-se do que se convencionou denominar "exclusão social", mais precisamente, do binômio "exclusão-inclusão social".[65] O que se entende por "exclusão social"? Do que se trata? Essa "categorização" não explica — ao contrário, escamoteia — a não satisfação de carências e necessidades humanas dos diversos segmentos que constituem a classe trabalhadora neste início de século XXI.[66] Considerando-se o eixo "exclusão-inclusão" (sistemicamente em interação), exclusão de que para incluir onde? O termo "exclusão-inclusão" é falacioso, pois supõe a "exclusão" como uma distorção possível de ser sanada (ou pelo menos mais bem encaminhada) por uma "inclusão" (sua oposição e solução imediata — diga-se de passagem, abstrata) entendida como inclusão sistêmica sustentada na interação comunicativa da rede e no "trabalho socioeducativo" (também realizado pelos assistentes sociais). Sobre isso basta perguntar: *na ordem burguesa em curso os ditos "excluídos" podem ser "incluídos"*? Quais os parâmetros para que se possa *mensurar se estão ou não incluídos*? Incluídos como consumidores? Para muito além dessas questões, é preciso perguntar: *existem seres sociais "excluídos" ou permanentemente expropriados*?[67] É oportuno indagar o que há por detrás das palavras "excluídos" e "usuários", por exemplo. A homogeneização propiciada por elas não apenas escamoteia inúmeras particularidades que constituem os seres sociais atendidos pelos assistentes sociais no conjunto Cras-Creas (em nada desprezíveis), como também mostra que são inúteis para descortinar as tramas que

---

65. Não são poucos os intelectuais, pesquisadores e porta-vozes da grande mídia, filiados a diferentes concepções, que utilizam do conceito de "exclusão social" para "explicar" o quadro social atual, especificamente para caracterizar um conjunto de "problemas" que marcam a "contemporaneidade": miséria, desemprego, ausência de acesso à educação, à habitação, à alimentação adequada, entre outros assuntos.

66. Nos *Manuscritos econômico-filosóficos*, de 1844, Marx (2004) aponta que a satisfação de carências humanas (comer, vestir, dormir, entre outras) é pressuposto, mas não viabiliza, por si só, necessidades humanas. A realização do ser humano-genérico, de suas potencialidades como ser social livre e criativo, conta com a objetivação de necessidades que superam a mera sobrevivência física dos homens. Portanto, a vida produtiva — nela o trabalho — não pode aparecer "ao homem apenas como um meio para a satisfação de uma carência, a necessidade de manutenção da existência física [...]" (Marx, 2004, p. 84). Por isso, o reino das necessidades requer a superação do capital e de seu modo de (re)produção em escala planetária: o capitalismo.

67. Para tanto, a discussão que efetuamos na primeira parte deste livro, a partir de Marx, acerca da "Lei Geral da Acumulação Capitalista", é reveladora.

envolvem o trabalho alienado-estranhado no âmbito da propriedade privada. Para isso, a principal tendência é associar e identificar a "questão social" com a "exclusão social", reduzindo a primeira à segunda, ou seja, simplificando pragmaticamente a complexidade da "questão social" a fenômenos singulares caracterizados como "novos problemas sociais" produzidos em uma "nova ordem social" marcada, em si, pela crise do Estado Providência ou da possibilidade de edificá-lo sob as condições do Brasil do século XXI. Os desdobramentos disso são claramente identificáveis nas falas das assistentes sociais: ser criativo para fazer o possível para amenizar processos de "exclusão" em curso e "incluir" os excluídos nos programas e projetos sociais disponíveis. Destaca, providencialmente, Maranhão (2008, p. 95):

> Ao resumir a heterogeneidade das teses dos "teóricos da exclusão", mesmo correndo o risco de generalizações, poderíamos dizer que o que une seu pensamento é a defesa de uma espécie de neocontratualismo. Para eles, a transição de uma sociedade industrial para uma sociedade pós-industrial ou pós-salarial rompeu com o "contrato social" que vigorou na época do Estado de Bem-Estar e isso gerou uma crise filosófica do Estado, que, por sua vez, tem como consequência a desagregação dos princípios de solidariedade e coesão social. [...] Com a teoria da "exclusão social", temos diante de nós um conceito que mais obscurece do que esclarece a totalidade das relações sociais em que o fenômeno está envolvido e, por isso, deixa de apreender as condições concretas que fazem parte do desemprego crescente, e da pauperização ampliada, parte constitutiva da dinâmica social contemporânea. [...]

Ou, nos dizeres de Mota (2008, p. 42 e 51),

> "[...] *A questão social desloca o seu enfrentamento para o nível dos epifenômenos a ela conectados.*[68] [...] questão social como exclusão; questão social como objeto da política social; questão social como ausência de cidadania e direitos sociais; questão social como desemprego [...]."

---

68. Grifos de Mota.

A apreensão e a discussão dos profissionais de Serviço Social sobre a "questão social" são significativamente heterogêneas, muito embora estejam contaminadas pelo conceito atribuído ao eixo "exclusão-inclusão" e pela ênfase nas "vulnerabilidades" expressas em "epifenômenos", como acima destacado por Mota: o alcoolismo, o desemprego, as tensões familiares, a "desestruturação" familiar, a violência, entre outros temas — macros e micros, segmentados. O problema, no entanto, não se resume a esse nível, mas se estende a uma confusão empreendida no campo da atuação profissional que rapidamente identifica a "questão social" (vista como as "tensões derivadas de fatores econômicos externos" que aparecem nos núcleos familiares) como o *objeto* do Serviço Social, cujo antídoto se encontra no fortalecimento da população por meio do seu "empoderamento". Empoderar tem, nesse caso, o exato sentido de criar as condições para que a família e seus componentes tenham condições próprias para lidar com seus problemas (imediatamente vivenciados), cabendo ao assistente social "traduzir", decodificar essa problemática para os núcleos familiares e "reduzir as tensões" geradas nesse processo.[69] Como destaca Potyara Pereira,

> Os assistentes sociais, e não só eles, estão inseridos profissionalmente nesse contexto. A ideologia liberal penetra em todos os redutos da vida humano-social. Até as universidades, onde a prática da contestação é mais fácil, são atropeladas por ela. Trata-se, no meu ponto de vista, de uma ideologia que não visa nem pratica uma reforma ou contrarreforma, mas o desmonte mesmo e a destruição de conquistas valiosas da sociedade no campo da cidadania e da democracia. O liberalismo e, consequentemente, o novo liberalismo vigente, é contra tudo o que é social, público e universal. Para ele não existem direitos sociais, só os individuais, assim como não existem necessidades e justiças sociais. Da mesma forma, ele rechaça o caráter público das políticas (que é sinônimo de universalidade) para privilegiar caráter privado e focalista, em todo e qualquer tipo de relação. Enfim, tal ideologia não se pauta pelo

69. Ora: nada mais velho do que isso!

> direito, mas pelo mérito e pela competição. Os assistentes sociais discutem demais essas mudanças, às vezes com alguns equívocos, não percebendo a profundidade do seu caráter destruidor. Poucos percebem que as políticas sociais da atualidade com a sua linguagem de empreendedorismo, de empoderamento (*empowerment*), de destruição criativa, de inovação, recuperaram paradigmas, como o schumpeteriano, que reintroduzem o darwinismo social, que desdenha da pobreza. Conhecer melhor essa realidade é condição para o assistente social lutar contra ela e encontrar formas de resistências coletivas. [...] (Potyara Pereira — entrevista).

Não se trata, aqui, de rechaçar o desenvolvimento de habilidades para que as famílias e seus membros possam lidar com temas concretos da vida (aliás, um dado necessário), mas de entender que esta convivência deve ser balizada pela *crítica* e não pelo estímulo à independência por meio do "empoderamento" que fornece as condições para uma *integração passiva e pragmática* às regras de mercado. É preciso ressaltar que esse aspecto não é marginal; ao contrário, *orienta e determina, teórica e praticamente, o sentido do que se entende por socioeducativo.*

> Questão Social: vejo como o objeto do Serviço Social, o assistente social trabalha o quotidiano do munícipe, através da teoria-prática, todas as formas de fortalecimento, do empoderamento do munícipe ou comunidades, todo tipo de relação (Política e Social), da identificação, das discriminações, da autonomia, ligado à Ética Profissional. [...] (Eliana — assistente social).

> Questão Social: tensões existentes que decorrem de fatores externos, ou seja, adoção de modelos político/econômicos equivocados que ainda mantêm parte considerável da população à margem dos avanços e conquistas intelectuais/materiais da sociedade. E também de fatores internos, ou seja, da família, que além de vivenciar mudanças em sua própria estrutura (com novas formas e arranjos), não consegue suprir as necessidades básicas de seus membros, quer seja no tocante às demandas materiais ou afetivas de seus membros. O assistente social seria, basicamente, o profissional com o papel de reconhecer e tentar reduzir essas tensões, através da identificação e leitura (com as famílias) dos principais

> entraves e das possibilidades de superação dos mesmos. [...] (Hilda — assistente social).
>
> O usuário vem com a autoestima lá embaixo, não vê muitas possibilidades dentro daquilo que ele está vivendo e assim, muito, como eu vou colocar isso, além da questão social, a família, são relações familiares muito comprometidas, pessoas que têm um grande número de filhos e que trocam constantemente de parceiros tem muitos problemas de alcoolismo, de droga, então assim, são pessoas que chegam para a gente numa situação muito complexa, tanto social como emocional, pessoal. [...] Para mim, a questão social é toda essa gama de relações que eu coloquei antes, que o usuário traz, a questão do trabalho, a questão da violência, a questão da família que ele está envolvido e que interfere na vida dele tanto a nível amplo como micro. [...] (Josie — assistente social).

Outras profissionais manifestam uma compreensão mais abrangente sobre o significado da "questão social", embora continuem fortemente vinculadas (com maior ou menor intensidade) às suas manifestações imediatas ou a um tipo de associação mecânica entre os determinantes estruturais e suas expressões fenomênicas (presentes, inclusive, no Método de Belo Horizonte [BH] referenciado na primeira parte desta obra). Nesse contexto, imerso em contradições, reforçam-se o *sincretismo* e o *ecletismo teórico-prático* que atribuem à sociabilidade burguesa (identificada como "o capitalismo") a paternidade das mazelas sociais, resgatando os conceitos de "exclusão-inclusão" e "vulnerabilidades" que atingem "novos usuários" em tempo de "novos conflitos". Tais noções, como já destacado, são absolutamente incapazes de fornecer mediações necessárias à crítica mais radical e à produção e reprodução da "questão social" na ordem burguesa monopólica-flexível-financeirizada, em que se inserem os programas e projetos sociais de enfrentamento ao pauperismo. Há, todavia, nesses depoimentos, um rico potencial a ser lapidado por meio de uma formação profissional empenhada em formar intelectuais capazes de pensar e agir criticamente no mundo e em suas relações objetivamente constituídas. Insistamos na reprodução de algumas falas que ilustram esse contexto.

> [...] A gente atende aos efeitos disto tudo, de uma sociedade perversa, deste sistema capitalista perverso que exclui as pessoas, aí a gente atende às consequências disso, que é o desemprego, o analfabetismo, a prostituição, então são esses problemas, todas essas situações que chegam até nós que eu chamo de questão social, são essas situações-problema que eu não sei explicar direito isso. [...] Como eu posso explicar, não consigo atuar na raiz do problema, a gente vai remediando essas consequências (Débora — assistente social).

> A questão social pode ser entendida como resultante das relações sociais de uma sociedade desigual, com concentração de riquezas, miserabilidade, educação e moradia precária, estreito acesso à informação, formação e capacitação profissional, insuficiente e ineficiente serviço de saúde. A questão social tem que extrapolar do individual para o coletivo, para não ser entendida como um fracasso ou incapacidade pessoal. As famílias são atendidas em suas especificidades, mas o enfrentamento das situações de vulnerabilidade social deve indicar mecanismos de participação e articulação desta população nas reflexões e decisões inerentes às questões sociais. [...] (Valquíria — assistente social).

> Entendida enquanto expressão das desigualdades produzidas pela sociedade capitalista e em constante e rápida transformação. Permanece insolúvel. Vem sendo reforçada, renovada pelos novos conflitos gerados, atingindo novos usuários do Serviço Social. [...] (Tânia — assistente social).

> [...] se existe um modelo econômico que cria essa desigualdade social não adianta focar batalhando só individualmente a situação da família, pois ao mesmo tempo existem outras famílias entrando para o ciclo da pobreza. Eu sempre faço uma relação, e o pessoal brinca comigo. Eu ouvi do Pe. Júlio Lancelotti, num encontro do movimento de meninos e meninas de rua de São Paulo, que às vezes a gente da área social trabalha enxugando o chão e a torneira está aberta e ficamos só enxugando o chão, mas a gente tem que pensar como fechar essa torneira, é uma relação causa e efeito. Se a gente ficar só enxugando o chão, a torneira continuará aberta e não vamos chegar a lugar nenhum [...] Quando você fere direitos, você pratica uma violência, [...] então de repente a gente pode estar fortalecendo a violência sem às vezes saber. [...] É preciso

> pensar como que a gente vai fechar essa torneira [...] (Gabriela — assistente social e gestora).
>
> A questão social é indissociável da forma como a sociedade é organizada. Não dá para entender a questão social fora da sociedade capitalista, onde a desigualdade social é nítida. Tem relação com a luta de classes, com a exploração do capitalismo e tudo a ver com o Serviço Social, porque o Serviço Social veio a ser uma profissão quando a questão social foi vista como uma questão que o Estado tinha que estar interferindo. Então o Serviço Social nasceu aí e tem a ver Serviço Social e questão social, apesar de que eles têm muitas formas, como diz Iamamotto. [...] (Vani — assistente social).

É preciso ter claro que a "questão social" é componente inseparável da "Lei Geral de Acumulação Capitalista", conforme já foi destacado exaustivamente na primeira parte deste livro. Trata-se de uma determinação estrutural, criada ao se produzir a riqueza no mundo do capital, que somente será superada por meio da superação do capital e da sociabilidade que o sustenta. A revolução e a emancipação humana *não serão empreendidas pelo Serviço Social ou pelas profissões* (evidentemente), pelo simples fato de que elas não possuem as condições objetivas para tal. Porém, é preciso que aqueles que estejam comprometidos com a emancipação social dos homens propiciem condições para que a crítica adquira "força material" (Marx, 2005b, p. 151) nas mãos daqueles que também se ocupam — no mercado do trabalho — com o gerenciamento do pauperismo. Eles não farão a revolução (uma tarefa das massas conscientes e enfurecidas e, claro, da organização dos trabalhadores), mas poderão ser úteis nesse processo. Nesse esterco de contradições, urge desmistificar a "solidariedade cidadã", o reformismo modernizador e toda sua ampla gama de conceitos que "explicam" o pauperismo, submetendo-os à crítica radical.

> [...] o que eu vejo é um enorme empenho de assistentes sociais sérios, honestos, numa política que tomada segmentarmente (me parece uma política muito ineficiente), é uma política que não oferece alternativa e não é mesmo para essa política oferecer alternativas. Ela precisava

> estar imbricada num conjunto de políticas, por exemplo, de emprego, não esse papo furado de geração de renda: "bota" meia dúzia de famílias coletando a garrafinha pet e outras coisas mais e acha que isso é inclusão! Eu sempre quero deixar claro que esse negócio de inclusão social não tem nada a ver com a minha perspectiva analítica... mas é o papo hoje, o papo hoje é inclusão. Tem inclusão digital, visual, "penal", eu não me ocupo disso, não acho que isso seja sustentável. Mas note que tudo isso acaba por dar um destaque às políticas de assistência. [...] penso que uma orientação de prática profissional isolada de um elenco efetivo de medidas maiores é perfeitamente estéril, não elimina nenhuma das multicausalidades do que os nossos companheiros chamam de exclusão, nenhuma, não elimina nenhuma. Mantém as pessoas vivas, às vezes com patamar de reprodução fisiológica até melhor, eu acho isso importante, mas não contribui de forma alguma pra qualquer tipo de transformação social, mesmo as mais adjetivas. [...] (José Paulo Netto — entrevista).

> Eu acho que tem um segmento minoritário que tem essa consciência, que inclusive tem uma noção do que é este Projeto Ético-Político Profissional. Mas a grande maioria não sabe nem o que é esse Projeto Ético-Político profissional. Não sabe qual é o conteúdo dele mesmo, o que ele significa etc. E lá na intervenção deles, na implementação dos programas que nós vimos, por exemplo, no campo da Política de Assistência Social, estão colocando o povo para fazer bolinho, para fazer crochê, para fazer coisinha de criança (enxoval de criança, não sei o que lá). Quer dizer, é lógico que esse Projeto Ético-Político — que eu acho que tem que ser ampliado no sentido de chegar até a intervenção do Serviço Social —, ainda está distante e muita gente não sabe nem mesmo o que ele é [...] (Ozanira Silva e Silva — entrevista).

Mesmo com todos os limites presentes nas ações sociais realizadas para manter "as pessoas vivas" (nos dizeres de José Paulo Netto), os trabalhadores que procuram os serviços oferecidos pelos Centros de Referência de Assistência Social e pelos Centros de Referência Especializados de Assistência Social avalia positivamente esses espaços. Trata-se, inegavelmente, no geral, de unidades descentralizadas que possuem o potencial de receber e acolher demandas imediatamente individuais (embora não sejam somente individuais). Após o primeiro atendimento e o estudo do contexto apresentado, os profissionais (frequentemente assistentes sociais ou psicólogos) fazem os encaminhamentos "inclusivos" por meios dos programas sociais e outros serviços oferecidos pela "rede socioassistencial" ou pelo próprio conjunto Cras-Creas. Há de se reconhecer que ouvir dramas pessoais, propor ações e projetos sociais (mesmo que precarizados), discutir dificuldades familiares (sobretudo envolvendo os filhos), obter estímulos para melhorar a autoestima ou solucionar dificuldades emergenciais (obtenção de passagens, pagamento de contas atrasadas, entre outras questões), em uma sociabilidade pouco afeita a tudo isso (particularmente em relação à pobreza), acaba sendo uma referência altamente significativa para as pessoas que procuram os centros de atendimento.[70] A população atendida, inclusive, nomeia os profissionais que foram atenciosos na abordagem inicial e que deram continuidade ao atendimento realizado. Esse vínculo é relevante e pode ser fonte para uma aproximação mais sólida (o que é importante), muito embora não deva ser estimulado como uma relação de dependência aos moldes das velhas práticas assistencialistas e personalistas. É necessário que a equipe de trabalho não apenas evite a reprodução de antigas formas de tutela, como também vislumbre ações que suplantem o emergencialmente posto (ainda que a dinâmica cotidiana e a natureza dos programas assistenciais draguem as forças do profissional no sentido oposto).

---

70. Vale destacar que as demandas apresentadas pelos usuários dos Cras (relacionadas com a proteção básica) são diferenciadas daquelas que se manifestam nos Creas (de proteção especial). Não é objetivo deste estudo aprofundar-se nisso, ainda que seja relevante oferecer esse destaque. O potencial de acolhimento do conjunto Cras-Creas só é seguido de perto — ou superado — pelas igrejas: "[...] Ela não me abandona, não é só porque eu estou indo buscar a Palavra, eles não me abandonam, toda hora tão me ligando no meu celular: 'Você está bem? Você acordou bem? Na hora de dormir a gente vai fazer uma oração, fique em paz'. Então eu me apeguei nisso também, eles querem o meu bem, são pessoas que se eu chegar perto deles e a bolsa deles tiver aqui, eles não tiram a bolsa deles de perto de mim, isso me incomoda sabia? [...]" (Rosa — pessoa atendida pela assistência social). Como dizia Marx (2005-3, p. 145): "[...] A miséria *religiosa* constitui ao mesmo tempo a *expressão* da miséria real e o *protesto* contra a miséria real. A religião é o suspiro da criatura oprimida, o ânimo de um mundo sem coração e a alma de situações sem alma. A religião é o *ópio* do povo. [...]"

> Porque assim, na minha vida, foi importante, não só o CRAS, o CREAS e o Conselho Tutelar também, porque através do CREAS eu aprendi os direitos que eu tinha (porque você, quando o seu filho vai preso, você acha que você é culpada, a gente e a sociedade, a gente fica no "fundo do poço", fica sozinha), quem me recebeu bem foi o pessoal do CREAS e me fortaleceu através dali, me encaminharam para eu receber o Bolsa Família, que é no CRAS e inclusive ali, lá eu tenho o antes, o durante e o depois. E através do CRAS também eu comecei a fazer uma oficina e hoje eu trabalho aqui fazendo bolsa através deste projeto. É onde lá a gente trabalha com autoestima, né? Então hoje eu agradeço por ter participado, se não tivesse esse dois, três lugares, eu acho que eu não estaria aqui não. [...] (Júlia — pessoa atendida pela assistência social).

> Eu acho bom, porque para mim é muito bom, porque ajudou meus meninos, os meus meninos ficaram internados por causa do CREAS, foi lá, nós conversamos, ela, saiu daqui agora a Josefa né, ele veio aqui agora fazer uma visita, que ela faz visita todo mês na minha casa, eu faço lá também, eu também, eu vou lá, terça-feira agora eu vou ter que ir lá. Agora nós vamos ter que buscar o menino, ele tem que arrumar passagem, arruma passagem pra eu ir e para eu voltar. É muito bom. [...] (Ana — pessoa atendida pela assistência social).

> Eu acho bom em tudo, tanto o CAPS como procurar as meninas no CRAS para conversar, porque o CAPS ajuda, eu faço tratamento no CAPS faz uns três meses, faço tratamento com a dra. Maira, tomo bastante remédio controlado, mas, infelizmente a Manoela parou de trabalhar no CAPS, tem outra pessoa no lugar dela, eu não conheci ainda. Então quando eu preciso dela eu vou ter que ir lá no CRAS onde ela trabalha, mas o CAPS é muito importante, não tem como a gente não procurar, dependente químico, um alcoolatra tem que ir, até mesmo quem faz tratamento para depressão. Eu fico lá o dia inteiro, eu almoço lá, sou muito bem tratada, têm grupos fechados, psicólogos, psiquiatra, a gente faz terapia ocupacional, é um tratamento excelente. [...] (Rosa — pessoa atendida pela assistência social).

Para os assistentes sociais, os Centros de Referência de Assistência Social e os Centros Especializados de Assistência Social representam importantes inovações. Há um consenso de que boas possibilidades se abrem no sentido de questionar e superar o clientelismo e o assistencialismo historicamente reinantes na assistência social brasileira, muito embora sejam grandes as dificuldades para a implantação desses centros de atendimento: acúmulo de trabalho (inclusive durante a implantação da proposta); resquícios físicos, materiais, humanos e culturais de práticas anteriormente consolidadas; resistências locais para a implantação das ações e dificuldades para implantar uma atuação intersetorial; natureza predefinida dos programas e projetos sociais governamentais; e dificuldades relacionadas com a organização do sistema de atendimento. Como possibilidades, que também se mesclam com as expectativas dos profissionais no sentido de esclarecerem — para si próprios — seus papéis no conjunto Cras-Creas, se destacam as potencialidades dos trabalhos em grupo, a aproximação com o território e com as demandas da população na sua comunidade.

Nota-se, portanto, *que todo potencial dos profissionais, seu poder de criação, sua força intelectual, é consumida no sentido de implantar o sistema legalmente previsto apropriando-se de todo seu leque conceitual, qual seja, a matricialidade sociofamiliar, a identificação de situações de vulnerabilidade, a territorialização, a rede de atendimento e o fortalecimento de vínculos*. Em certo sentido, na atual configuração do mercado de trabalho e da própria Política de Assistência Social em curso, não há como desconsiderar certa inevitabilidade do consumo da força de trabalho do assistente social nas atuais condições (negá-la seria ingenuidade). É preciso, todavia, destacar a absoluta necessidade de não somente implantar, operar e gerenciar o instituído (como algo dado), mas também de pensar criticamente sobre sua natureza (sua gênese), sua funcionalidade e sobre o tipo de inserção profissional desejada pelo profissional e pela categoria profissional dos assistentes sociais.[71]

> Eu entendo que o nosso trabalho aqui no dia a dia, no cotidiano, é trabalhar essas relações familiares, o fortalecimento dos vínculos de per-

---

71. O texto "A atuação do assistente social no CRAS", publicado como *Cadernos do Conselho Regional de Serviço Social* (Cress), 9ª Região, São Paulo, n. 4, oferece algumas pistas iniciais nessa direção (em que pesem os problemas também aqui presentes).

tencimentos, as potencialidades dessas famílias, e isso relacionado à comunidade, ao território que ela está inserida, pois muito do histórico dessa família está relacionado com o contexto que ela está inserida, como ela veio aqui, porque ela chegou até aqui se existe ali uma situação de vulnerabilidade, como ela enfrenta isso no seu dia a dia, quais pessoas e instituições ela tem como apoio [...] Então é a gente trabalhar esta relação da família com o território fortalecendo estes vínculos, o fortalecimento da identidade dela dentro dessa comunidade. Agora como limite, [...] o que eu vejo hoje essa falta do trabalho articulado entre as políticas setoriais, porque a gente fica trabalhando a assistência social no Cras, a saúde na UBS, a educação na Secretaria da Educação, cada um fazendo o seu papel sozinho. [...] Então assim o benefício por si não resolve, a gente tem que ter estas condições para trabalhar a família e articulado com outras políticas porque a assistência social sozinha não vai conseguir dar conta de auxiliar essa família a superar a condição de vulnerabilidade em que ela se encontra (Érica — assistente social).

Limite é esse acúmulo de trabalho, [...] um acúmulo muito grande, às vezes você tem um projeto que você quer colocar em prática e não consegue, porque não dá. [...] Essa própria questão desses programas que já vêm prontos do governo, Renda Mínima, Renda Cidadã, Bolsa Família, Peti, Ação Jovem, são projetos que já vêm prontinhos com período de permanência da família que ela tem que fica no máximo de um ano a dois anos (a não ser o programa Bolsa Família, que fica um pouco mais). [...] é triste falar isso, é triste ver o pobre do mais pobre, mas acho que isso é desde o início do Serviço Social e por mais que teve uma reconceituação, por mais que hoje a gente tenha uma linguagem tão diferente, mas na prática, olha a gente fica muito limitada. Acho também que vai um pouco da pessoa, aquele profissional que tem uma visão mais aberta, que tenha um objetivo mais lá na frente ele vai tentando trabalhar desde agora, embora com as limitações, ele vai tentando fazer alguma coisa para que lá na frente essa situação mude um pouco, mas a gente sabe que não depende só do profissional (há toda uma questão por detrás). [...] Agora as possibilidades, eu vejo muito isso quando eu trabalho com grupos, a gente percebe quando é alguma coisa que a gente leva, que o próprio grupo leva, porque a gente aprende muito com o grupo, e o grupo aprende com eles, entre eles (Débora — assistente social).

> [...] a criação desse serviço acho que é uma coisa interessante. Mas acho que a criação desse serviço, ele não se faz imediatamente, ele se faz num processo, e se faz num processo em que os municípios não têm como "parar a bomba", "vamos parar e vamos começar a fazer uma nova proposta, vamos trabalhar com uma nova proposta". Você herda profissionais, você herda estruturas que você precisa modificar e modificar para funcionarem de acordo com o que está proposto, isso envolve capacitação profissional, isso envolve mais recursos financeiros do que a gente tem disponível, ou melhor, do que a gente consegue. [...] Bom, mas eu acho que nós vamos ter com a criação do Centro de Referência da Assistência Social muito mais possibilidades de aproximação com os territórios, aproximação de outros trabalhos com as famílias. [...] (Amanda — assistente social)

> Eu acho que os serviços que estão sendo implementados são muito bons, principalmente os do Creas, porque a gente vê como eles têm uma demanda fechada, eles sabem qual o é o público. [...] Os Cras, eu acho que a gente vem tendo um ranço dos centros comunitários, então antes era o centro comunitário, virou Cras, então já tinha de alguma forma uma metodologia de serviço já criada, e a população já tinha acostumado com isso. Então eu acho que a gente precisa na verdade é desmontar toda aquela forma de atendimento, trabalhar com a população essa nova metodologia, essa nova sistemática da política pra trabalhar a implantação aqui. Diferente de você começar, a gente tem que desmontar e começar de novo, entendeu? [...] (Sueli — assistente social).

As confusões conceituais e teóricas presentes nos profissionais de Serviço Social e estimuladas pelo sincretismo que compõe sua inserção no mercado de trabalho também estão contidas na própria Política de Assistência Social. Tomemos, por exemplo, a seguinte frase: "[...] a perspectiva de totalidade, de integração entre os setores para uma efetiva ação pública [...]" (Brasil, 2004, p. 37). Totalidade, integração ou, de forma um pouco mais elaborada, interação das partes? Há, aqui, uma confusão teórica e conceitual importante. Ou será que o ecletismo — regado de certo tipo de utilitarismo — é o caminho adotado? Esses sérios problemas de entendimento desembocam na simplificação de importantes categorias de análise: trabalho, emancipação, "questão social", cidadania, solidariedade, igualdade, entre outras.[72] Além disso, se adensa e se aprofunda o abismo entre as diferentes esferas de atuação profissional e os polos que, em tese, produzem ou deveriam produzir conhecimentos.[73] Ainda que a categoria profissional, com maior ou menor intensidade, envolvendo um ou outro segmento, tenha avançado significativamente na fundamentação teórico-metodológica, sócio-histórica e ético-política, mais especificamente a partir do processo de reconceituação, esse avanço ainda vem se mostrando *insuficiente* para enfrentar o intenso processo de fragmentação (e/ou banalização) teórico-prática estimulada, fomentada e endossada pela sociabilidade burguesa em curso. Trata-se de um movimento que impõe determinadas condições objetivas que independem dos profissionais que lidam com elas, mas que, ao mesmo tempo, não eliminam a intervenção da massa crítica desses mesmos profissionais (ainda que seja sempre uma atuação relativa). Mas o estímulo a essa massa crítica é extremamente precário. Em artigo publicado em 1996, sobre os possíveis caminhos do Serviço Social brasileiro a partir da segunda metade dos anos 1990, José Paulo Netto tece importantes anotações:

> [...] a desqualificação começa a ganhar corpo: o racionalismo dialético é posto sumariamente no mesmo nível da razão miserável positivista, e ambos, são inapelavelmente impugnados como "paradigmas" anacrônicos; o humanismo marxista é acoimado de "eurocêntrico"; a perspectiva de totalidade (bem como a análise sistemática que é seu corolário) é equalizada à "vontade totalitária"; a preocupação com a dinâmica histórica é informada pela atenção às "continuidades profundas"; a ênfase na macroscopia social é catalogada como discurso generalizante... [...] Pois bem: na minha ótica, no curto prazo (digamos: nos próximos

72. Sobre isso, as observações de Lessa (2007a) são absolutamente pertinentes. Retomaremos essa discussão mais adiante analisando outra importante categoria: a emancipação.

73. É importante destacar aqui que o motivo desse distanciamento não está, unicamente, na ausência de discussões teóricas que partam das demandas imediatamente enfrentadas pelos assistentes sociais e retornem a elas. Embora esse aspecto não possa ser desconsiderado, essa discussão — como nos alerta Montaño (2007) — não pode ser reduzida a isso.

quatro ou cinco anos), o debate mais determinante no campo do Serviço Social será travado em torno da direção social estratégica que se afirmou na passagem dos anos oitenta aos noventa — *o que estará no centro da polêmica profissional será a seguinte questão: manter, consolidar e aprofundar a atual direção estratégica ou contê-la, modificá-la ou revertê-la.*[74] As perspectivas imediatas do desenvolvimento profissional estarão diretamente vinculadas aos desdobramentos desse debate que, é óbvio, marcará a agudização da luta ídeo-política no campo do Serviço Social. [...] (Netto, 1996, p. 114 e 117)

Embora possamos e devamos considerar que toda política é tecida quase sempre com muitas dificuldades, por "várias mãos", e sob embates de classe nem sempre assumidos (ainda que reais), é preciso reconhecer que os problemas acima indicados (entre outros) têm refletido concretamente no cotidiano profissional dos assistentes sociais na operacionalização do Suas e da NOB-Suas e na constituição do conjunto Cras-Creas. As questões pontuadas ajudam a pensar como estão sendo construídos tais espaços e o que os assistentes sociais estão ou não fazendo neles.

Preservados os múltiplos esforços para aprimorar o atendimento assistencial brasileiro historicamente marcado pelo eixo assistencialismo-repressão (e isso não é pouco ou desprezível), é preciso reconhecer, com toda clareza, *a fundamentação sistêmica contida na Pnas* e o *distanciamento dela de qualquer alternativa que se inspire na perspectiva de totalidade.* Mesmo reconhecendo que existem diferentes momentos de elaboração textual que são formulados e redigidos também com base nos limites sócio-históricos, nas condições objetivas de uma época e com determinadas finalidades (portanto, repleto de história e de historicidade), é necessário ter claro que na "prática a teoria não pode ser outra" (ou pelo menos não deveria ser), ainda que isso não elimine, em absoluto, inúmeros desafios que impeçam a reprodução prática do inicialmente projetado (e isso é inevitável também no âmbito da sociedade burguesa). Em outras palavras, considerando-se as imensas tensões e contra-

74. Grifos de Netto.

dições para a reconstrução do real como "concreto pensado" (Marx, 1989, p. 410) e os embates e obstáculos para que sejam materializadas alternativas e propostas em uma dada historicidade, é preciso ter o cuidado para não misturar perspectivas teóricas claramente antagônicas.

Embora essa afirmação pareça óbvia para os mais avisados, é fato que a confusão é imensa não somente no âmbito do cotidiano profissional. A própria redação da PNAS fica imersa em terminologias confusas (e sincréticas) que mesclam a noção de rede sistêmica (para negar a fragmentação e o isolamento) e um linguajar que poderia confundir os mais desavisados[75]. *O que se propõe na Pnas, claramente, é a noção de um todo articulado, sustentado em uma rede de serviços que se comunica para lidar de forma mais abrangente com o eixo "exclusão-inclusão" (com base na intersetorialidade)*. O isolamento das partes causado pela ausência de integração-interação gera a falência do todo (do corpo social) e a decadência da política assistencial, impedindo um "equilíbrio dinâmico" capaz de lidar com as tensões imersas no sistema e desdobradas nos subsistemas. Na perspectiva de Capra (2002, p. 260 e 264),

> Os sistemas são totalidades integradas, cujas propriedades não podem ser reduzidas às unidades menores. Em vez de se concentrar nos elementos ou substâncias básicas, a abordagem sistêmica enfatiza princípios básicos de organização [...]. A estabilidade de sistemas auto-organizados é profundamente dinâmica e não deve ser confundida com equilíbrio. Consiste em manter a mesma estrutura global apesar de mudanças e substituições contínuas de seus componentes [...].

A rede de serviços real (cotidianamente tecida com apoio dos assistentes sociais) nem de longe reproduz a rede de serviços ideal comprometida com a interação e a comunicação sistêmica dos subsistemas. E o motivo para isso é relativamente simples: *ela não é capaz, ontologicamente, de dar conta das imensas contradições a que se propõe solucionar — ou pelo menos lidar — já que essas contradições constituem gene-*

---

75. Refiro-me às terminologias "dialeticamente condicionadas", "mundo do trabalho" e "totalidade" (Brasil, 2004, p. 35 e 37), por exemplo.

ticamente a própria sociabilidade burguesa; ou, em outras palavras, os arranjos sistêmicos comprometidos *"em manter a mesma estrutura global apesar de mudanças e substituições contínuas de seus componentes"*[76] (Capra, 2002, p. 264) *são insuficientes para lidarem com tensões de ordem estrutural e promoverem o tão esperado "equilíbrio dinâmico"*. Seria oportuno, então, indagar: não estaríamos lidando, aqui, com um marco teórico abstrato, inadequado ou desatualizado para iluminar a análise dos desafios teórico-práticos diariamente enfrentados pelos assistentes sociais?

> [...] acho que a questão da assistência me preocupa em dois níveis fundamentais: primeiro é o ideário conservador que atravessa a acumulação da política, formulador, conservador na leitura da sociedade, conservador em quê? Conservador do ponto de vista da família como célula básica da sociedade... Isso aí está, é a NOB-Suas. Qualquer estudo sobre o pensamento conservador da sociologia vai com isso: você substitui a mercadoria, a contradição, as classes e põe a família, porque a família tem importância, mas ela não é a célula básica da sociedade. Foi no passado. Então qual é a lógica? A família, porque a família é o campo de atendimento, mas essa família ela não é reinterpretada, ela não é articulada com classe, nada disso, e aí você territorializa e pronto; e aí, se você for ver esses fundamentos, você vai ver que tem resquícios do "homem meio", aquela coisa da Mary Richmond que mantém isso nessas formulações. Isso é uma grande questão. Eu acho também que nós temos a responsabilidade, pois nós não trabalhamos uma releitura da família trabalhadora nestes últimos períodos. Então as pessoas não têm outra alternativa a não ser buscar as terapias familiares ou coisa parecida para lidar com a família. [...] (Marilda Iamamoto — entrevista).

Evidentemente que toda crítica radical que pretenda se debruçar sobre o mundo e propor alternativas para influir em uma dada realidade terá que considerar estratégias contidas dentro da ordem (e isso é inevitável e insuperável nas condições objetivamente dadas — onde se inserem também as profissões). No entanto, é preciso destacar que esse processo pode e deve ser orientado por um espectro teórico que

---

76. Grifos nossos.

seja capaz de iluminar (não mecanicamente) as determinações estruturais que sustentam as formas particulares de desigualdade na ordem burguesa madura e a relação disso com o Serviço Social. Afirmar esse aspecto e não perdê-lo de vista não é uma retórica abstrata; *ao contrário, é componente fundamental e necessário para negar abstrações e ilusões quanto às possibilidades de superação da "questão social" e de suas múltiplas expressões sob o mando do capital.*

Posto que a apropriação do real como "concreto pensado", que a crítica radical (para além da imediaticidade dos fatos) e a abordagem sócio-histórica não se colocam como retóricas, é preciso, sim, considerá-las como componentes essenciais para qualificar e tornar mais competente o exercício profissional do assistente social. Por mais que se possa reconhecer o esforço honesto para se criar mecanismos reais para melhorar a vida dos seres sociais e se aproximar de suas demandas ontológicas (sobretudo por meio da defesa e da afirmação de direitos — o que não é pouco em países como o Brasil), é necessário perquirir essa trama, desvelá-la, apontar suas armadilhas e contradições.

O que interessa afirmar, aqui, com toda a radicalidade, no campo do trabalho e da formação profissional, é que os estragos e equívocos são imensos. Além do manejo indiscriminado de tendências genericamente caracterizadas como "sistêmicas", inclusive sem o cuidado merecido por essa tradição (vulgarizada em diversos cursinhos preparatórios de "terapia familiar" para atuar com núcleos familiares e seus indivíduos), o que impera é um discurso genérico a favor da cidadania e da "inclusão socioeducativa (?)" dos usuários (tudo isso "abençoado" — discursivamente — pelo Projeto Ético-Político Profissional do Serviço Social!), proposta essa que se mostra absolutamente incapaz de viabilizar os próprios pressupostos sistêmicos idealmente comprometidos com a comunicação-interação entre as partes e a sólida articulação entre elas visando a um "equilíbrio dinâmico". As confusões se completam à medida que os profissionais acreditam que estão viabilizando direitos sociais e emancipando socialmente os usuários (sem terem muito claro do que se trata isso) e que a "questão social" — causada por um "desarranjo sistêmico" — pode ser, enfim, equacionada por meio de uma eficiente rede de atendimento.

CAPÍTULO 2

Serviço Social: de qual emancipação se fala?

A discussão sobre processos emancipatórios e de resistência no Serviço Social brasileiro remete aos debates travados principalmente na década de 1990 (mais intensamente na sua segunda metade). Nesse contexto, as vanguardas vinculadas ao projeto de "intenção de ruptura" (organizadas e influentes na profissão na era pós-reconceituada — conforme analisado anteriormente) exerceram um papel central para compor o que se convencionou denominar "Projeto Ético-Político Profissional" (como direção social). Os projetos profissionais não devem ser confundidos com projetos individuais (embora suponham e busquem adesões de indivíduos), muito menos podem ser identificados com projetos societários de maior envergadura e amplitude. Porém, todo projeto profissional, de uma categoria profissional, articula-se com projetos societários, ou seja, com projetos coletivos, macroscópicos, de classe, com teleologia e valores definidos (direcionados a determinados objetivos, metas e fins).[1] Tais projetos, por isso, envolvem posições

1. Sobre o Projeto Ético-Político como direção social, Iamamoto lembra que: "[...] quando, em 1993, foram discutidos esses princípios (igualdade, liberdade, democracia, justiça e emancipação) foram discutidos dentro de uma tradição intelectual, dentro de uma perspectiva marxista, com uma ontologia, enfim, e dentro inclusive de um debate dentro da tradição marxista. Eu me lembro do debate entre Carlos Nelson Coutinho e Zé Paulo Netto, não é? Tem um debate aí,

políticas, relações de poder, ainda que não se igualem à política partidária. Inscritos e vinculados a projetos coletivos e como estruturas dinâmicas (compostas por forças heterogêneas, plurais, mas não ecléticas),

> Os projetos profissionais *apresentam a autoimagem de uma profissão, elegem os valores que a legitimam socialmente, delimitam e priorizam seus objetivos e funções, formulam os requisitos (teóricos, práticos e institucionais) para o seu exercício, prescrevem normas para o comportamento dos profissionais e estabelecem as bases das suas relações com os usuários de seus serviços, com as outras profissões e com as organizações e instituições sociais privadas e públicas*[2] (inclusive o Estado, a que cabe o reconhecimento jurídico dos estatutos profissionais). [...] (Netto, 2010, p. 4).

O Projeto Ético-Político Profissional do Serviço Social, como *direção social estratégica*, possui três pilares centrais: a Lei de Regulamentação da Profissão, o Código de Ética profissional (aprofundado em 1986 e maturado em 1993) e as *diretrizes curriculares* amplamente discutidas e aprovadas pelo MEC (com cortes) na segunda metade dos anos 1990. Elegendo a *liberdade* como valor central — explicada como a possibilidade de escolha entre alternativas reais-concretas —, o Projeto Ético-Político Profissional do Serviço Social afirma seu compromisso *com a autonomia, com a emancipação e com o pleno desenvolvimento dos indivíduos sociais*. Para tanto, destaca a necessidade da construção de outra ordem societária sem exploração e dominação de classe, gênero e etnia (Netto, 2010, p. 15).

---

mas isso aqui não vem de um lastro liberal da igualdade, da liberdade, da equidade, do interesse privado, lá que o Marx coloca muito bem em *O capital*. Vem de um outro lastro político — intelectual. [...] Agora, a gente precisa ver aquilo que eu sempre busquei e o Carlos Nelson me sugere umas coisas nesse sentido: que a igualdade, que esses valores só podem existir na sociedade enquanto projeto, porque é uma sociedade da desigualdade, uma sociedade em que a igualdade convive com a desigualdade, uma sociedade da injustiça, é uma liberdade que não é liberdade de todos, mas uma liberdade individual, uma liberdade mercantil do livre proprietário da propriedade privada. Então, esse ideário, ele funciona como norte, mas norte que vai se construindo enquanto história. Eu acho que é isso a classe para si, ela nunca está pronta. [...]" (Marilda Iamamoto — entrevista).

2. Grifos de Netto.

Como princípios gerais, tal projeto reafirma o compromisso com a equidade, com a justiça social, com a universalização de bens e serviços, com a ampliação e consolidação da cidadania e dos direitos civis, políticos e sociais da classe trabalhadora, bem como com uma ampla e radical democratização entendida como socialização da riqueza socialmente produzida. No campo da formação profissional, há uma clara defesa do aperfeiçoamento *intelectual* entendido como (auto) formação acadêmica qualificada, permanente e investigativa. O projeto estabelece, ainda, uma relação diferenciada com as pessoas atendidas, endossando o compromisso com o serviço prestado à população e com uma ampla publicidade e participação dos usuários atendidos.

As análises expostas até aqui (particularmente no capítulo anterior) demonstraram as inúmeras dificuldades para a afirmação desse projeto profissional, nos dias atuais, como direção social. Diga-se de passagem, um projeto, uma direção social, composta por forças heterogêneas que, desde as discussões iniciais sobre essa direção estratégica, não tinham um consenso sobre o significado de algumas importantes categorias: liberdade, emancipação, autonomia, entre outras (ainda que houvesse uma tendência dessa heterogênea vanguarda em sustentar o debate da época em Marx e em parte de sua tradição). Havia, ainda, a preocupação de não partidarizar a profissão, isto é, tratá-la como partido político, bem como não desprezar seus fortes vínculos ontológicos com o conservadorismo e o reformismo. Isso, de alguma forma, demonstrou maior maturidade e cuidado para estabelecer um diálogo entre uma teoria social crítico-revolucionária e uma profissão inserida, contraditoriamente, em processos comprometidos com a restauração da ordem. Marilda Iamamoto, protagonista desse período, um dos quadros mais importantes do Serviço Social brasileiro, expõe claramente suas dúvidas e "angústias" (aliás, oportunas) sobre a ultrapassagem e a construção da "outra ordem":

> [...] acho que uma das grandes questões disso aí é essa questão de que a profissão é partido político. Tem que limpar muito isso. [...] Nós enquanto cidadãos podemos estar juntos nos debates com os partidos. Nós queremos uma direção de ultrapassagem da sociedade capitalista? Que-

> remos! Agora, e esse tal projeto societário? Que projeto é esse? Eu não sei, eu sei que é um projeto de classe, mas temos inúmeros: você tem um projeto do PCB, do PCdoB, do PSOL, do PT, de vários grupos. Enfim, a gente parece que está blindado, ou seja, fala de um projeto societário como se a gente soubesse do que se trata. Você não conhece nem esse Brasil de hoje, entendeu? Então, como é que você vai pensar a revolução? Eu estou perseguindo a história da revolução desde que eu sou gente. E pensar na revolução brasileira, tem que entender a sociedade brasileira. [...] eu acho que os direitos civis são fundamentais. Os direitos políticos são fundamentais. Quem viveu a eliminação deles sabe o que é isso. O direito de ir e vir. Cara: se você fica seis meses em "cana", você sabe o que é o direito de ir e vir. Então esses direitos burgueses da emancipação, eles são fundamentais. [...] O Serviço Social é uma profissão que vai batalhar, vai tentar batalhar pelos direitos, direitos sociais universais. Eu acho que é algo muito importante para acumular força, para criar condição: o direito ao trabalho, o direito, enfim, à saúde, direito ao emprego (acho que está tudo aí misturado nessas questões). É lógico que isso aí, vamos dizer assim, é o horizonte máximo e que muita gente diz que "vai ser um capitalismo mais humano" (humanização, se isso é possível, porque eu não sei se é, na minha lógica não é muito). Então, há que superar. Mas eu acho que esse processo de aprofundamento dos direitos leva contraditoriamente ao processo de criação de uma sociabilidade democrática que, para se constituir, impulsiona a ruptura dos limites e barreiras que impedem isso, não é? Então eu acho que aí está a acumulação de forças na direção de ruptura, de outra ordem social. Agora, é muita força para acumular companheiro! É muita força para acumular! É muita força para acumular, a não ser que a gente opte por uma estratégia foquista, que já teve a sua história. [...] (Marilda Iamamoto — entrevista).

Ozanira Silva e Silva igualmente critica a partidarização da profissão, embora reconheça que ela não prescinda de uma dimensão ético-política (a autora já havia insistido, anteriormente, no uso da terminologia "Projeto Ético-Político Profissional").[3] Para a autora, a mediação da profissão envolve habilidades e estratégias no campo da

3. Como foi exposto por Ozanira Silva e Silva no depoimento reproduzido anteriormente.

atuação profissional (o que é verdadeiro e importante), por meio do enfrentamento de desafios concretos impostos à profissão. Sob essas determinações é que o Serviço Social e a categoria profissional dos assistentes sociais devem pensar e objetivar alternativas que possam contribuir com a emancipação humana. A formação da consciência crítica advém de um trabalho educativo (que discute e denuncia a exploração em curso), atividade que deve compor a dimensão socioeducativa do exercício profissional do assistente social e ser cultivada junto à população atendida.

> [...] a profissão não pode se confundir com a ação político-partidária. Ao mesmo tempo, a profissão tem uma dimensão política e a gente não pode se esquecer disso. E essa dimensão política, como é que a gente se apropria dela no sentido de contribuir com uma sociedade diferente? Como podemos contribuir? Desenvolvendo uma prática crítica, se contrapondo a uma prática reiterativa de só implementar os programas da forma que vem nos manuais, do jeito que vem as receitas. Como eu disse, repassar os serviços, as ações, seja da assistência social ou de qualquer outra política, mas de maneira crítica, de maneira pensada, de maneira refletida. Eu acho que essa que é a grande contribuição. Eu me lembrava do próprio Gramsci que fala da transformação da sociedade a partir de dois movimentos: a guerra de posição e a guerra de movimento. Então, o que eu acho que é compatível com a prática profissional é a guerra de movimentos, ou seja, aquela guerra que forma consciência política, que contribui com a mudança de mentalidade. Agora nós não podemos colocar no âmbito da profissão a guerra de posição que é a luta armada, pois isso está vinculado aos partidos políticos, aos movimentos revolucionários etc. Mas, eu acho que a profissão tem uma grande contribuição para oferecer na formação de consciências que se pode chegar à emancipação humana. Porque não somos nós assistentes sociais que vamos emancipar a sociedade. Mas a sociedade consciente e organizada que vai se auto-emancipar. Na nossa prática cotidiana pequena, do dia a dia, a gente pode contribuir, sim, nessa direção. Como? Desenvolvendo uma prática pensada ao repassar um serviço, ao discutir com a pessoa que recebe o serviço, ao facilitar e não dificultar o acesso aos direitos, ao mostrar que aquilo ali é um direito etc. Contribuir nesse campo da formação de consciência, quer dizer, a profissão tem um conteúdo educa-

> tivo muito grande. É na formação, é no desenvolvimento desse conteúdo educativo que você pode formar uma consciência que direciona para uma crítica à sociedade, porque é lógico que a sociedade que está estabelecida serve aos interesses de uma minoria. E a população com a qual nós trabalhamos é exatamente quem não é beneficiada por esse interesse da minoria. Então, quer dizer, à medida que essas pessoas forem se incomodando com a injustiça, com o não direito, com a exploração, a sociedade pode avançar. Eu acho que é nesse campo que nós podemos contribuir. [...] (Ozanira Silva e Silva — entrevista).

Profissão, certamente, não é partido político. Tratá-la como tal é um equívoco já claramente esclarecido desde os primeiros balanços críticos sobre o "método de Belo Horizonte". É igualmente oportuno insistir na necessidade de não abstrair e recair na armadilha do idealismo quando se discutem, por exemplo, o significado da revolução e a diversidade desse processo no campo das "esquerdas". Mais sério, ainda, é ter a radicalidade e a maturidade sócio-histórica, bem como o rigor teórico-prático, para situar uma profissão afinada com uma *direção social que a coloca em contradição consigo própria, com sua gênese.* Embora isso seja possível e necessário para o Serviço Social, é preciso reconhecer que aqui os problemas são inúmeros. Todavia, é importante não vacilar com relação às possibilidades de *humanizar o capital* ou crer que a *sociedade emancipada pode se objetivar sob suas fronteiras* (em que pesem as atuais dificuldades reais para pensar, hoje, uma importante categoria marxiana: a revolução). Nesse processo, é preciso pensar com cuidado o sentido do que vem sendo denominado como *socioeducativo*, seja para negar a redução dele a ações pontuais, "inclusivas" ou de forte apelo psicossocial centrado em dinâmicas unicamente individuais, ou, ao contrário, seja para atribuir ao Serviço Social um papel que ele, por si só, não pode viabilizar: a consciência das massas e a emancipação humana. O atual estágio de desenvolvimento do capitalismo tem demonstrado, cada vez mais, a impossibilidade de compor demandas democráticas e afirmar direitos na era monopólico-flexível em tempos de financeirização mundial. Nesse sentido, destaca José Paulo Netto:

> [...] que tipo de sociedade que a gente quer? No fundo a discussão é a seguinte: é possível uma sociedade emancipada? Eu vou dizer grosseiramente: é possível uma sociedade emancipada num regime do assalariado? Estou convencido de que há companheiros que acreditam nisso sim, e acreditam legitimamente (quem sou eu para discutir as suas convicções?!). Eu estou convencido que, por exemplo, os programas de geração de renda, [...] onde há vários companheiros metidos, quase tudo sob a ótica da chamada economia solidária, os companheiros estão convencidos de que juntando "trinta caras" que foram despedidos de uma empresa de calçado você pode emancipar. Esse negócio aí é de um desconhecimento da dinâmica econômica contemporânea monumental! Desconhecem qualquer coisa de economia-política, mas eles estão ali envolvidos e acham o seguinte: se você garante uma renda mínima (para não falar da Renda Mínima, da política de renda mínima) você tem um processo de inclusão social.[4] Como é que você vai discutir isso seriamente? Porque há aí uma concepção de sociedade, que está no fundo. Eu acho que nós temos diferenças profundas, profundas. É interessante que você vê muito pouco falando de socialismo hoje (esse "troço"). Ninguém fala hoje em luta de classes. Ora, alguém fala hoje na dominação do grande capital enquanto está discutindo isso? A noção das parcerias. [...] (José Paulo Netto — entrevista).

Já na segunda metade dos anos 1990, quando se organizava com maior consistência o Projeto Ético-Político Profissional (avançando, com todos os problemas e limites, em um dos seus pilares centrais: a formação profissional expressa nas diretrizes curriculares nacionalmente aprovadas), as tensões começaram a se adensar e a se explicitar com maior clareza.[5] O aprofundamento do paradigma monopolista-fle-

4. É preciso reconhecer que não existe identidade entre os programas de transferência de renda (aos moldes do Bolsa Família) e aqueles de propagados como de renda mínima (na perspectiva do que é defendido pelo senador petista Eduardo Suplicy — como imposto de renda negativo, como devolução de renda para todos de acordo com sua condição socioeconômica e não apenas para "quem dela necessitar"). É preciso destacar, no entanto, que ambos estão plenamente inseridos no circuito mercadológico e são funcionais ao gerenciamento da pobreza e à manutenção da propriedade privada.

5. José Paulo Netto (1996 e 2010, por exemplo) preanunciava isso no momento em que as discussões sobre o Projeto Ético-Político Profissional e a afirmação de sua direção social estavam sendo mais intensamente expostas e analisadas com a categoria profissional dos assistentes sociais.

xível no Brasil e sua intensa objetivação a partir da segunda metade dos anos 1990, adensado por sua face financeira, impactaram a materialidade do Serviço Social, impuseram profundas alterações nas condições da classe trabalhadora, nas suas organizações e no próprio mercado de trabalho do assistente social (conforme já destacamos). O "golpe de misericórdia" viria em 2003 com a eleição de Lula para presidente do Brasil e a captura definitiva de vários quadros de vanguarda do Serviço Social para a esfera governamental, tendência que já vinha em curso em diversas prefeituras petistas conquistadas com base no novo arco de alianças nacionalmente expresso, em junho 2002, na conhecida "Carta ao Povo Brasileiro".[6] José Paulo Netto confirma, com todas as letras, essa tendência.

> [...] muita gente por causa de um artigo meu lá de 1999/2000, naquele curso a distância, onde me coube falar sobre esse projeto, acha que eu sou o pai dessa ideia. Eu quero aproveitar para dizer que não! Já escrevi sobre isso. Eu fui apresentado a esse rótulo, lá no Congresso de Goiânia em 1998. Eu prefiro falar em direção social, mas já que o tal projeto ético-político virou uma denominação, não sou eu que vou brigar contra ela. Eu estou convencido de duas coisas: que o que se chama de projeto ético-político, ou seja, três instrumentos de natureza legal-institucional, o Código de Ética de 1993, a Lei de Regulamentação da Profissão e as Diretrizes Curriculares um pouco depois 1996 [...], um dos elementos do projeto

---

6. É importante lembrar alguns trechos dessa carta: "[...] O Brasil quer mudar. Mudar para crescer, incluir, pacificar. Mudar para conquistar o desenvolvimento econômico que hoje não temos e a justiça social que tanto almejamos. Há em nosso país uma poderosa vontade popular de encerrar o atual ciclo econômico e político. [...] Vamos preservar o superávit primário o quanto for necessário para impedir que a dívida interna aumente e destrua a confiança na capacidade do governo de honrar os seus compromissos. Mas é preciso insistir: só a volta do crescimento pode levar o país a contar com um equilíbrio fiscal consistente e duradouro. A estabilidade, o controle das contas públicas e da inflação são hoje um patrimônio de todos os brasileiros. Não são um bem exclusivo do atual governo, pois foram obtidos com uma grande carga de sacrifícios, especialmente dos mais necessitados. [...] Há outro caminho possível. É o caminho do crescimento econômico com estabilidade e responsabilidade social. As mudanças que forem necessárias serão feitas democraticamente, dentro dos marcos institucionais. Vamos ordenar as contas públicas e mantê-las sob controle. Mas, acima de tudo, vamos fazer um Compromisso pela Produção, pelo emprego e por justiça social. [...]". Disponível em: <http://www2.fpa.org.br/carta-ao-povo-brasileiro-por-luiz-inacio-lula-da-silva>. Acesso em: 22 abr. 2013.

ético-político foi inteiramente vulnerabilizado pela Lei de Diretrizes e Bases: a questão da formação. Lembra que o currículo mínimo foi substituído pelas diretrizes que o MEC adotou (aproveitando as orientações da Abepss)? Elas são liberais — um dos feitos do governo Fernando Henrique e do seu ministro da educação Paulo Renato —, na medida em que você liberalizou de tal maneira a educação superior. Embora as diretrizes sejam uma referência, elas perderam qualquer caráter interativo. Então, eu estou convencido que o quadro da formação é hoje um quadro caótico do Brasil, caótico. [...] O outro, que e a Lei de Regulamentação formalmente está aí, mas você tem formas de empregabilidade dos assistentes sociais que são bárbaras: contratos a termo, contratos por projetos, tempo parcial, uma terceirização que acaba precarizando o exercício profissional. Outro giro foi dado a partir de 2003, quando as nossas vanguardas deixaram de ser só vanguardas profissionais, elas também passam a ter responsabilidades governamentais, de gestão. Eu acho que isso por um lado é uma conquista, agora, por outro lado, tornam os assistentes sociais defensores de políticas de governo. Eu acho isso muito complicado. [...] Eu acho complicado essa condição, é uma condição muito difícil e entendo a condição em que vivem esses companheiros. Não é uma coisa simples não. O meu juízo não é um juízo moral, até porque acho que moralmente todos são figuras exemplares. Para mim o problema é de outra ordem, não é nem um problema técnico-profissional, é um problema político, de orientação política [...]. (José Paulo Netto — entrevista).

Analisar como os assistentes sociais estão lidando com este terreno pantanoso *que limita ao extremo a emancipação política dos pobres (centrada precariamente na satisfação de algumas carências humanas), também considerando que esta forma de emancipação — ainda que relevante — não é, em absoluto, suficiente para a emancipação humana*, é um aspecto crucial para discutir o sentido da ação socioeducativa no Serviço Social. Marx, nos seus estudos de juventude, criticando a produção de Bruno Bauer sobre *A questão judaica* (Marx, 2009a), já expressava os limites da emancipação política e suas diferenças em relação à emancipação humana.[7]

7. Como destaca Iasi (2007, p. 48): "[...] Para Bauer, a busca da emancipação dos judeus esbarraria no fato de que, no caso da Alemanha, ninguém seria politicamente emancipado. Portanto,

Reconhecendo a sua importância e sua necessidade histórica — efetivada com participação do Estado — e sem oferecer qualquer trégua à feudalidade que antecedeu a ordem burguesa, o autor é claro ao expressar os limites e as possibilidades da emancipação política:

> [...] A liberdade do egoísta e o reconhecimento desta liberdade é porém, antes, o reconhecimento do movimento *desenfreado* dos elementos espirituais e materiais que formam seu conteúdo de vida. O homem não foi, portanto, libertado da religião; recebeu a liberdade de religião. Não foi libertado da propriedade. Recebeu a liberdade de propriedade. Não foi libertado do egoísmo do ofício [*Gewerbe*], recebeu a liberdade de ofício [...] O homem real só é reconhecido na figura indivíduo *egoísta*, e o homem *verdadeiro* só [é reconhecido] na figura do *citoyen* abstrato. [...] *Toda* emancipação política é a redução do homem, de um lado, a membro da sociedade civil, a indivíduo *egoísta independente;* por outro, a *cidadão,*[8] a pessoa moral. [...] (Marx, 2009a, p. 70-1).

A emancipação humana, por outro lado, ainda que não prescinda da emancipação política, surge da superação de seus limites e se realiza através da negação do cidadão burguês, abstrato, submetido à sociedade de classes e à propriedade privada. A força política dos homens não se destaca das forças sociais necessárias à revolução. Criam-se, portanto, as condições para a realização do humano-genérico, ou seja, de um devir sustentado na realização das potencialidades humanas de um homem pleno e verdadeiramente livre também em sua individualidade. A emancipação humana, portanto, não se reduz à emancipação política, pois ela exige que os sujeitos assumam, ainda que determinados pela história (portanto, sempre relativamente), "[...] o controle consciente de sua existência, superando as mediações que impedem a percepção de sua história como fruto da ação humana. [...]" (Iasi, 2007, p. 69). Marx nega, evidentemente, a abstração idealista de

---

a luta específica por emancipação do judeu deveria de fato se expressar como luta geral pela emancipação política dos alemães. [...] Marx vai além da crítica de Bauer, afirmando que não basta perguntar quem seria emancipado, mas 'que espécie de emancipação está em jogo'. [...]"

8. Grifos de Marx.

que os homens são sujeitos absolutos da história, como manifestação de uma essência humana autorrealizadora, afirmando o ser humano como sujeito histórico (sempre possível, relativo e historicamente determinado) capaz de projetar prévia e conscientemente, com base nas suas condições materiais de uma dada época, um devir por meio de um determinado pôr teleológico.

> Só quando o homem individual retoma em si o cidadão abstrato e, como homem individual — na sua vida empírica, no seu trabalho individual, nas suas relações individuais —, se tornou ser genérico; só quando o homem reconheceu e organizou as suas "forces propres" [forças próprias] como forças sociais e, portanto, não separa mais si a força social na figura da força política — [é] só então [que] está consumada a emancipação humana. [...] (Marx, 2009a, p. 71-2).

O ideário burguês afirma que o reino da liberdade se circunscreve à emancipação política, ou seja, ao cidadão abstrato, sob os ditames do capital, inserido no circuito mercadológico, sendo seu potencializador e consumidor. Sob essa ótica a desigualdade é entendida, no seu limite, como falta de igualdade de oportunidades para que os indivíduos, "livremente", a partir de seus dotes pessoais, "democraticamente" se emancipem na "livre" concorrência. Todo este processo, evidentemente, é esvaziado de seu conteúdo de classe. *A desigualdade, então, é naturalizada sob o argumento do mérito que valoriza os mais capazes, criativos e preparados (os mais fortes).* São criados, assim, os paradigmas necessários à inserção dos indivíduos que, segundo esse espectro ideológico, não estão suficientemente capacitados para lidarem com as regras naturalmente estabelecidas pela sociedade de mercado.

Os diversos programas e projetos sociais que administram o pauperismo lidam, de uma forma ou de outra, com este contexto. O eixo "exclusão/inclusão" social, frequentemente tomado como jargão, conforme já tratado anteriormente, reproduz o discurso do cidadão abstrato que, no caso brasileiro, sob a ordem do capital abrasileirada, aprofunda-se como precário e minimalista. Esse aspecto precisa ser analisado com cuidado para que seja possível explorar ao máximo os limites e as possibilidades das ações assistenciais e os mais recentes desafios que se colocam com a implantação, por exemplo, dos Centros de Referência de Assistência Social (o complexo CRAS-CREAS) e o Sistema Único de Assistência Social (SUAS). Evidentemente, esse é um componente da política em curso, insuprimível dela, mas a profissão e os profissionais não podem se reduzir a isso e nivelar "por baixo" o campo de atuação profissional. É preciso ter claro que os indivíduos sociais "excluídos" não se situam "fora" do modelo econômico, social, político e cultural vigente e que, portanto, o pauperismo é um complexo social que não se destaca do processo de reprodução do capital na era monopólica, flexível e financeirizada. Para Marx, como foi abordado na "Lei Geral da Acumulação Capitalista", "[...] acumulação do capital é, portanto, multiplicação do proletariado. [...]" (Marx, 1984a, p. 183). *O "moderno excluído" faz parte deste circuito produtivo (mesmo como desempregado ou como subempregado)*, e a desigualdade social intrínseca à sociabilidade burguesa — embora discursivamente se diga exatamente o contrário — impõe um nível de vida precário aos pobres.

Em países como o Brasil, com a atual política em curso, a própria emancipação política é precária (já que as ações são, com muita frequência, pontuais, focais e minimalistas). O problema se agrava quando se crê que o aprofundamento dessa forma de "cidadania possível" para países latino-americanos que fizeram sua revolução burguesa pela via hipertardia e colonial desembocará, automaticamente, na emancipação humana. Neste sentido, as provocações de Lessa (2007) são importantes:

> Somente podemos pensar que a emancipação política é uma etapa histórica no caminho da emancipação humana no preciso sentido de que o comunismo apenas pode vir a ser a partir do patamar do desenvolvimento das forças produtivas possibilitado pelo capitalismo. Mas não há qualquer sentido, nos termos colocados por Marx, considerar que a radicalização da emancipação política possa realizar o milagre de convertê-la em mediação para a emancipação humana [...]. (Lessa, 2007a, p. 47).

A reflexão apresentada por Lessa é ainda mais provocativa quando são consideradas as ações precárias que permeiam as políticas sociais brasileiras (com especial destaque à política assistencial). Como considerar, hoje, o Programa Bolsa Família ou os inúmeros programas de transferência de renda (em nível municipal, estadual ou federal) como espaços para a realização da emancipação política (ainda que seja a "emancipação política" propiciada pelo capital — no Brasil — nas condições históricas deste início de século)? Como discutir, neste "esterco de contradições", a emancipação humana? Essas são questões que não podem ser descaracterizadas como reflexões "teóricas descabidas", desconectadas do "possível" ou "contra os pobres" (como se não existissem outras alternativas). Elas não significam paralisia diante da incontestável e insuprimível realidade, mas, ao contrário, questionam a qualidade e a pertinência do que vem sendo concretamente realizado, *bem como com qual direção político-ideológica este processo vem sendo conduzido* (*inclusive pelos assistentes sociais*). Trata-se de um exercício absolutamente essencial para, no mínimo, desestabilizar consensos que naturalizam ações vistas como as únicas possíveis. Contribuem, ainda, para que os profissionais que atuam na área social repensem as complexas relações cotidianamente estabelecidas e por eles vivenciadas na relação direta com a desigualdade social propiciada estruturalmente pelo mundo do capital (em suas múltiplas expressões particulares) e os programas e projetos sociais que também estão sendo gerenciados por assistentes sociais.

Embora o capital se reproduza em ditaduras ou em democracias supondo, inclusive, compatibilidades entre "[...] cidadania e miséria, cidadania e exploração do trabalho pelo capital, cidadania e desemprego [...]" (Lessa, 2007a, p. 48), é preciso frisar que as lutas travadas em conjunturas marcadas por regimes totalitários de direita (e parte da esquerda latino-americana conhece bem isso) não ocorrem da mesma forma se comparadas, por exemplo, com as democracias liberais. As estratégias para manter ou questionar a ordem não são as mesmas nas ditaduras e nas democracias, *ainda que a emancipação humana seja a referência insubstituível para negar os limites da emancipação política*. Equivocam-se aqueles que se rendem e se limitam às democracias oficiais — sejam elas liberais ou pautadas nos resquícios do *Welfare State* — e às suas inúmeras "seduções" parlamentar-representativas que limitam as lutas à esfera única do Estado (burguês) e acreditam no gradualismo delas (hoje claramente assumido como "o possível" por setores da esquerda).[9]

Por outro lado, no campo das lutas sociais e das condições objetivamente dadas, abandonar a esfera do Estado e entregá-la aos "urubus" — inclusive o gerenciamento de direitos funcionais, sim, à reprodução do capital — pode se configurar como perda de espaço de luta e ampliação da violência estrutural contra as camadas pobres da população. Parece que esse limite também precisa ser pensado com criticidade por aqueles que sabiamente teimam em reafirmar, na era do capital, a radicalidade da emancipação humana. *É preciso negar, ao mesmo tempo, o etapismo, ou seja, a crença de que a emancipação humana derivará do adensamento da emancipação política (e pode acontecer o seu inverso), bem como enfrentar o imobilismo que despreza os espaços a serem ocupados e tensionados inclusive pelos profissionais* (Silva, 2008). É preciso, portanto, saber com qual direção esta defesa de direitos deve ser feita ocupando, ao mesmo tempo, os espaços existentes (que permitem a contradição — e nem todos merecem essa atenção), forcejando seus limites, exercendo a crítica-crítica que põe em xeque as ações empreendidas, os limites nelas contidos, as contradições institucionais. Destaca Lessa:

> Não se trata, está claro, se devemos ou não lutar contra a abolição dos direitos criados e mantidos "por meio do Estado", já que esta é uma imposição histórica da qual os revolucionários, os "emancipadores humanos", não têm como se furtar. A questão é outra: como devemos travar esta luta, de qual perspectiva devemos defender os direitos ameaçados dos trabalhadores para que consigamos acumular força tendo em vista a emancipação humana [...]. (Lessa, 2007a, p. 55).

Ora, é um equívoco atribuir e restringir a emancipação humana à esfera da defesa de direitos, embora defendê-los seja uma necessidade histórica. Ao mesmo tempo, atribuir às profissões e aos profissionais o

---

9. Além daqueles que, definitivamente, abandonaram os parâmetros da emancipação humana. Neste caso seria importante perguntar: será que, alguma vez, nesses casos, a emancipação humana foi realmente referência?

que eles não podem realizar (a emancipação humana) é outro erro messiânico, o que não significa que essas instâncias não tenham nada a contribuir ao acúmulo de forças comprometidas com a emancipação humana (e esse pode ser outro erro imobilista e fatalista derivado das ponderações de Lessa). Isso significa que os profissionais e os espaços por eles ocupados não são instâncias unicamente reprodutoras do capital (ainda que, no limite, determinados espaços o sejam), tratando indistintamente esses trabalhadores "do social" como "sanguessugas" do proletariado clássico. Saturar essa complexidade de história, de historicidade, de mediações e de contradições, é um exercício necessário para negar, simultaneamente, o imobilismo, o messianismo, o dogmatismo, o teoricismo e o praticismo. Trata-se de uma imposição ontológica que não se furta de reconstruir elementos de uma dada tradição teórica (no caso, Marx e sua diversificada tradição), embora isso não signifique a flexibilização dela e a perda de seus pilares centrais, quais sejam, o método dialético, a teoria do valor trabalho e a perspectiva da revolução.

O indivíduo, nesse contexto de *crise estrutural do capital* (Mészaros, 2002; Antunes, 1999 e 2000), não é uma simples "ameba" desprezível diante do movimento geral da sociedade (um telespectador funcionalmente moldado sem resistências ou conformismos — anulado como sujeito histórico possível), bem como não é um ser perdido em uma fragmentação absoluta imersa em um "mar" de subjetividades explicativas da "verdade" ou, ainda, sujeito absoluto da e na história. O indivíduo é, como sujeito e objeto de e em processos sociais complexos e contraditórios, como indivíduo-social, a pessoa (com sua subjetividade que expressa carências e necessidades humanas) e o genérico (o ser que contém as determinações universais). A determinação estrutural — da economia-política — ocorre no exato sentido de impor as condições objetivas por onde tais individualidades-sociais se movimentam, se formam, tomam decisões relativas atreladas às suas condições reais, suas carências e necessidades efetivas, influenciados, inclusive, por casualidades decorrentes da sociabilidade em curso. Estas dimensões que formam o ser social são inseparáveis e recolocam múltiplas possibilidades de intervenção nas diversas esferas da vida dos indivíduos (inclusive a profissional). Sob estas condições os homens tomam decisões, formulam e implementam ações, tendo por base um legado histórico e as condições históricas objetivamente dadas. Destaca Lukács (2010, p. 121):

> Metodologicamente, importa que o marxismo não rejeita apenas, do ponto de vista ontológico geral, a pretensão ontológica de que a individualidade tenha uma originalidade e um papel determinante nos fundamentos da vida social, mas comprova que só uma fase particular do processo de desenvolvimento da humanidade pode produzir esse desenvolvimento da singularidade para a individualidade, que, portanto, esta última é resultado específico do processo de transformação do conjunto dos fundamentos da humanidade, portanto, um produto particular do processo como um todo, nele fundado e em nenhuma circunstância uma forma do ser que pudesse fundar ontologicamente a sociabilidade. [...].

O Serviço Social ocupou, desde sua origem, uma posição de "gerente" das tensões — imediatamente manifestadas nos indivíduos sociais — advindas da contradição estrutural entre capital e trabalho. A "questão social" e suas particulares expressões sempre desafiaram o cotidiano profissional dos assistentes sociais, independentemente de ela ser reconhecida ou não como tal, por eles próprios. Não é possível, portanto, como já foi intensamente analisado, negar o caráter funcional das políticas sociais (situadas, quando muito, em níveis pontuais da emancipação política) e dos diversos tipos de intervenção profissional que, a partir delas, foram se configurando.

Quando indagados sobre o significado do Serviço Social como profissão e a relação dele com o que se entende por emancipação (tendo como "pano de fundo" o Projeto Ético-Político Profissional), as respostas dos assistentes sociais são extremamente confusas e diversas. Todos os profissionais, de uma forma ou de outra, por estarem vinculados à assistência social, oferecem um entendimento do Serviço Social necessariamente articulado a essa área. Todavia, o problema não está nesse vínculo (inevitável e concreto), mas na *clara redução do significado da profissão à assistência social.* Em outras palavras, uma coisa é explicar o significado da profissão tendo como uma das referências o espaço sócio-ocupacional propiciado pela assistência social; outra, bem diferente, limitá-lo e/ou identificá-lo a esse espaço e às suas demandas imediatamente postas na era da acumulação flexível. Essa associação reducionista revela determinados valores sociais (*"mais dignidade"*, *"promoção e garantia de direitos"*, *"acolhimento"*, *"escuta qualificada"*, *"inclusão"*, *"articulação de serviços"*, *"fortalecimento de redes"*, entre outros) que, de uma forma ou de outra, associam-se a uma direção social nem sempre clara para o próprio assistente social. O Projeto Ético-Político Profissional, então, é visto como o compromisso para materializar esses valores (nada desprezíveis como valores em si, claro), mas sempre submetidos a um contexto que os captura e os coloca sob a nuvem ideológica da assistência social na atualidade (já discutida e criticada anteriormente) e sob a sombra de um passado profissional inscrito no "Serviço Social tradicional", reeditado em alguns traços existentes nas matrizes reconceituadas (Netto, 1991 e 1992). Nesse contexto, o atraso, o grande vilão, o problema a ser superado, é o assistencialismo e seus ranços contemporâneos (o que, em parte, é verdadeiro), em oposição ao "novo", ao moderno, visto como progressista e caminho certo para o objetivação do que é genericamente chamado de "Projeto Ético-Político Profissional": a assistência social e sua estrutura contemporânea.

> É a promoção dos direitos sociais, direcionado politicamente pela LOAS. O atendimento contempla procedimentos com os usuários, suas famílias e a coletividade em que está inserido. [...] (Andreia — assistente social).
>
> É o meio pelo qual a comunidade, em situação de vulnerabilidade, social, é orientada e encaminhada para participar e usufruir dos seus direitos garantidos nas Políticas Públicas, com o objetivo de garantir que todos exerçam os seus direitos sociais e vivam com mais dignidade. Assegurado pelo SUAS — Sistema Único de Assistência Social. [...] (Vanessa — assistente social).
>
> Procuro sempre orientar minha ação profissional nos princípios defendidos pelo projeto-ético político profissional da profissão que trabalha pela defesa da pessoa humana. Acredito que somente uma ação permeada pelo valor à pessoa humana terá condição de prosseguir em frente e superar a realidade vigente que, em nome da acumulação injusta da riqueza produzida por todos, oprime e avilta os valores fundamentais à vida. [...] (Cláudia — assistente social).

O Serviço Social é o trabalho prestado, desenvolvido, executado, para as pessoas que dele necessitar[10], nas suas diversas formas de viver, conviver e sobreviver na sociedade. [...] O usuário é toda pessoa que me procura, para uma simples informação, orientação, para ser ouvida e acolhida, para solicitar inclusão em algum programa de benefício e para encaminhamentos. [...] (Marina — assistente social).

Os programas e projetos voltados efetivamente para os aspectos sociais, remetem à dignidade humana, pois promovem o núcleo familiar, no sentido de seus membros serem os protagonistas de sua autonomia e emancipação social, dentre outras conquistas pessoais (cursos para profissionalização e geração de renda). [...] O Serviço Social oferece uma gama de serviços com a possibilidade de acolher a família, exatamente no processo de exclusão e desproteção social. Os encaminhamentos favorecem o acesso à rede socioassistencial e demais políticas públicas, contribuem e favorecem para o exercício da cidadania, buscando a promoção humana com dignidade, com vista de o usuário ser o protagonista de sua história de vida. [...] (Joana).

É uma profissão que nos remete a inquietações constantes, nos permite o exercício profissional na lógica da garantia de direitos. É uma profissão de caráter sócio-político, interventivo. Tem um projeto ético-político forte. Trabalha nas diversas manifestações da questão social. Sou assistente social por opção. Aposto na participação dos usuários como forma de mudança e acredito nas ações propostas pelo Suas, nas formas de pactuação dos serviços e nas instâncias de controle social. E neste processo, há espaço para profissionais que estejam comprometidos com a garantia de direitos e profissionais que fazem a diferença. [...] (Giselda — assistente social).

As atividades profissionais consistem numa referência das políticas públicas de assistência social de proteção básica para as famílias daquele território, ou seja, são procedimentos técnicos para a inclusão social das famílias em serviços e programas da rede socioassistencial, através de entrevistas individuais, reuniões, encontros, visitas domiciliares,

---

10. Nota-se, aqui, uma associação — identificação — direta entre profissão e assistência social: "para as pessoas que dele necessitar". A mística do servir é aqui resgatada com toda a sua força.

encaminhamento, contrarreferência, acompanhamento e discussão interdisciplinar. O princípio básico para a atuação profissional é disponibilizar elementos reflexivos que possibilitem ao indivíduo a sua autonomia e apropriação de informações que incentivem a participação e a atuação familiar e comunitária, com o objetivo de apropriação dos mecanismos de seu efetivo exercício de cidadania e fortalecimento dos vínculos familiares e comunitários. [...] Luta para diminuição das desigualdades sociais, fornecendo elementos reflexivos para o enfrentamento das vulnerabilidades sociais, referenciando e informando os mecanismos de inclusão social, articulando e incentivando a participação efetiva da população nas políticas públicas, visando o empoderamento e o desenvolvimento das potencialidades (Valquíria — assistente social).

Há situações, ainda, em que o trabalho "socioeducativo" com famílias se reduz a um "acompanhamento" para "discutir" os critérios estabelecidos pelos programas (especificamente o programa Bolsa Família). Como é possível "discutir" critérios, se o programa os tem previamente definidos? Qual usuário vai efetivamente discutir os critérios, se são eles que determinam a inserção ou não do núcleo familiar no programa? Os encontros "socioeducativos", na verdade, informam e cobram os critérios! Isso significa "afirmar direitos" com base no Projeto Ético-Político, tendo o profissional como mediador. Todo encaminhamento cumpre um ritual por etapas que culmina na "inclusão" do usuário do sistema. Nesse pântano movediço, pensar, criticar, analisar, perquirir e explicar se revelam procedimentos estranhos, lentos, desnecessários e disfuncionais.

Este acolhimento se faz através da escuta qualificada e, posteriormente, frente à realidade social, utilizo os recursos necessários e para a defesa e garantia de direitos dos usuários, e também encaminho para recursos ou entidade não governamental. Em outras palavras, preencho os programas sociais, como por exemplo: Bolsa Família, Renda Cidadã, Programa de Apoio Alimentar (PAA), Ação Jovem. É também neste espaço que é discutido a questão dos direitos e a importância da documentação civil, ocasionando encaminhamento para o Poupatempo, cartório de registro civil e cartório eleitoral. [...] *O programa federal Bolsa Família, o assistente social é o profissional que possibilita os usuários conhecerem os critérios e através do cadastro inseri-los. Dessa forma, o assistente social é o mediador para a garantia de inclusão do benefício. Tendo como ressalva, que o profissional apenas encaminha para o governo federal, mas é este que inclui o usuário. Assim o profissional esclarece ao usuário quando e como será sua inclusão. Neste programa eu realizo junto às famílias beneficiárias que estão em descumprimento aos critérios do programa, como de frequência escolar e saúde, reuniões socioeducativas discutindo a questão dos critérios e também sobre a educação e escola.*[11] Uma crítica a esse programa é que a listagem só é disponível a cada três meses e sempre com atraso. Com isso, o trabalho fica um pouco prejudicado. Em suma, esta atividade está apresentando com resultado positivo no bairro [...], que pode ser constatado com a diminuição de famílias que se encontram em descumprimento dos critérios. [...] Faço reuniões socioeducativas mensalmente que possibilita a criação de vínculos e, por fim, busca ativa[12] para saber os motivos de seu não comparecimento. (Isabela — assistente social).

É uma profissão que: instrumentaliza direitos para o cidadão brasileiro. É mediador de recursos capazes de *modificar/alterar positivamente o projeto de vida do indivíduo e/ou da família em condições vulneráveis.*[13] [...] Acompanhamento entendido como: atendimento individual, procura espontânea da população ou quando solicitada a comparecer para recadastramento, visita e entrevista domiciliar, visita institucional para ações em rede se necessário e/ou possível, reuniões com grupos de famílias vinculadas nos programas, prioritariamente, as vinculadas ao Bolsa Família. Executo meu trabalho vinculado às normas burocráticas e à precariedade dos recursos existentes. Entendo meu trabalho como espaço privilegiado para viabilizar direitos sociais (e não somente viabilizar Programas Sociais) e de produzir indicadores para definição de políticas sociais. Entretanto, não observo esse movimento na atual conjuntura. É muito distante o grupo que "pensa", que "define", do

---

11. Grifos nossos.

12. Esse termo apareceu anteriormente nos depoimentos dos profissionais. O fetichismo da terminologia é impressionante. Além de possuir um conteúdo velhíssimo (ou seja, a manutenção do caráter investigativo da ação), o termo chega a ser redundante: existe busca inativa?

13. Do que se trata isso? [Grifos nossos].

grupo de base que executa. Tento nortear minhas ações pelos princípios de equidade, transparência e justiça social (Tânia — assistente social).

O depoimento de um gestor da Política de Assistência Social de uma municipalidade identifica o Serviço Social como uma técnica preparada para "questionar" racionalmente e cientificamente a família. O assistente social, segundo ele, detém a habilidade para aproximar-se dos núcleos familiares e encontrar uma "saída" racional, planejada, para os problemas apresentados pelos usuários. Esse procedimento é denominado "científico", devendo a pobreza ser "combatida profissionalmente", com apoio das universidades que ensinam (ou deveriam ensinar) essa "técnica social" para enfrentar os diferentes níveis de pauperismo (seja de acordo com ele, na faixa da pobreza, abaixo dela ou excluído). O "poder público" e seu leque de "profissionais-científicos", então, podem orientar o usuário de forma "eficiente" e "responsável". O pauperismo, assim, é algo inevitável, uma patologia que sempre acometeu a sociedade, um desequilíbrio possível de ser enfrentado cientificamente. O assistente social é parte dessa engrenagem comprometida com a "cura social" em tempos de assistência social como "direito", em tempos de superação do assistencialismo e da repressão. O empobrecimento analítico e o grau de controle e violência aqui operados são *monstruosos*.

> [...] as assistentes sociais, e eu vejo que a técnica, aquilo que ela faz, como que ela questiona a família, como que ela faz as perguntas, tem uma técnica, atrás dessa técnica, atrás desse contato com as famílias ela já está bolando aqui na cabeça dela como vai ser a saída. Então eu vejo que é um serviço extremamente científico. Isso é que vai causar o resultado positivo lá na frente, a pobreza vai ser combatida profissionalmente, cientificamente, através desses profissionais, porque eles passam perto, de estudo, de universidade e aprendem isso como lidar com essas mazelas sociais, como enfrentar a pobreza. [...] Então eu vejo o usuário da assistência, estando ele na faixa de pobreza ou abaixo da faixa de pobreza ou completamente excluído, eu vejo como momentânea essa dificuldade e o poder público através de seus agentes pode contribuir e muito. Então, às vezes, você pega uma pessoa dessa e numa orientação profis-

> sional, eficiente, responsável, às vezes a pessoa sai (Ubamar — gestor da assistência social).

Os pobres atendidos nem sempre aceitam essas "respeitosas" incursões. Oscilando entre momentos de resistência e de conformismo, alguns usuários do serviço fazem críticas às atitudes de profissionais que "pegam no pé", que comandam suas vidas e ameaçam "excluí-los" dos programas ou distanciá-los dos(as) filhos(as). A crítica, mesmo que direcionada inicialmente a profissionais "mal-educados", "grosseiros", "estressados" e que "cobram emprego" — como se fosse uma questão meramente pessoal — revela um claro tom de resistência diante de valores e de procedimentos que, na verdade, fazem parte da sociabilidade em curso e orientam os programas e projetos sociais e os profissionais que neles atuam (ainda que, formalmente, a PNAS expresse o seu oposto). Uma usuária, após formular duras e lúcidas críticas, sugere que a profissional descanse e se afaste de suas atividades, ainda que ela relute em participar de um abaixo-assinado contra a assistente social.

> [...] eu vou falar a verdade pra vocês, meu gênio acho que não se dá com ela, ela pega muito no pé, eu não gosto, você entendeu? Eu não gosto que pega no meu pé, eu sou mineiro, eu não gosto que pega no meu pé, eu trabalho, mas não gosto que pega no meu pé, "ah, faz aquilo, faz aquilo outro e tudo mais", pra mim não gosto, eu já cato o meu papel pra ninguém mandar em mim, agora, essa B., ela quer comandar eu, não gosto que comanda eu. [...] Eu acho que eles deveriam mais é, ajudar mais, não ficar falando as coisas, ameaçando a gente com esse negócio de menino, porque se eu não quisesse criança eu não tinha arrumado, eu só não tenho a vida boa porque catar papel, igual a minha mulher falou, dá, mas para comer, dá melhor para as crianças não tem jeito. Pra comer, tratar deles, tem jeito, agora para comprar roupa, remédios, essas coisas é difícil. É o que eu falei, a gente ganha, mas para falar dos assistentes sociais, reclamar deles não [...] (Carlos — usuário da assistência social).

> [...] eu não procuro ela, eu te falei, uma assistente social do meu bairro, eu não me dou com ela, não gosto dela. Ela é mal-educada, ela é grossa e iam fazer um abaixo-assinado pra tirar ela do bairro, só que ela é uma pessoa que faz muitos anos que é assistente social. Só que eu acho que

o assistente social, quando ele está estressado, já tá cansado, tá com problema familiar, pessoal, tem muita gente pra atender, eu acho que a pessoa tem que se afastar um tempo. Eu não me dou com ela mesmo e não sou só eu não, mais pessoas do bairro iam fazer o abaixo-assinado pra tirar ela, pra não causar conflito. Eu não quero isso, jamais tirar ela do cargo dela, porque se fizer um abaixo-assinado complica pro lado dela, e eu não, da minha parte não, eu não assino e não chamo as pessoas pra virem junto comigo nisso, eu não. [...] Ela acha que eu sou acomodada, ela quis dizer, e eu não sou acomodada, por isso que eu não me dou com a M., "para de pedir cesta básica, vai trabalhar", ela fala: "você só vem aqui, é só problema, problema, só escuto problema da sua boca, não escuto nunca coisa boa". Mas se eu estou procurando ela é porque eu estou precisando de ajuda, senão eu não procuraria ela. Você acha que é bom eu sentar na mesa dela, na frente dela e expor os meus problemas pra ela? Ela é uma estranha pra mim, ela não é nada minha, eu queria muito falar assim pra ela: "eu arrumei um emprego e eu nunca mais vou te procurar". Que bom seria isso! "Pode passar meu bolsa família pro outro que precisa" [...] é porque eu preciso de ajuda, aí ela chega a falar assim: "não, eu cansei, você nunca tem uma notícia boa pra me dar". Ela fala nesses termos que eu estou te falando: "você nunca tem uma notícia boa pra me dar, nunca arruma emprego, sempre pedindo cesta básica, não, você tem que se virar". Então não é assim, é isso que eu quis dizer entendeu? (Rosa — usuária da assistência social).

Enquanto para um grupo de assistentes sociais e de gestores a atuação profissional deve reproduzir e potencializar ações policialescas e repressivas (ainda que se diga o contrário com uma roupagem humana e científica — analisada há pouco), para outro segmento — igualmente heterogêneo e comprometido com os princípios contidos no Projeto Ético-Político Profissional — a afirmação de direitos (também pela via assistencial) é passo importante para a autonomia e para a emancipação das pessoas que usufruem do atendimento social. Nesses casos, os profissionais valorizam a necessidade de encaminhar mais criativamente as demandas apresentadas pelas pessoas por meio da "rede socioassistencial" disponível, mas, ao mesmo tempo, visualizam suas limitações e vislumbram outras atividades a serem potencializadas: uma abordagem menos fragmentada, a articulação de serviços, a desburocratização das ações, uma maior qualificação e acompanhamento dos profissionais que atuam na área e uma ação mais consistente e respeitosa junto às famílias. Nota-se, aqui, a preocupação dos profissionais em oferecerem um atendimento respeitoso e ampliarem as possibilidades e os recursos do atendimento social para além dos programas de transferência de renda. Essas iniciativas, no entanto, absolutamente necessárias e legítimas, inclusive como alternativa às velhas práticas preconceituosas e domesticadoras e suas expressões mais modernas, enfrentam dois desafios concretos quase sempre desconsiderados: o primeiro deles, anteriormente tratado, diz respeito à *precariedade dos programas e dos projetos oferecidos*, centrados unicamente na mera sobrevivência física dos atendidos (considerando a ampla visibilidade e, ao mesmo tempo, a fragilidade da assistência social na seguridade social em tempos de acumulação flexível), o que reduz sensivelmente o impacto de uma atuação profissional mais abrangente; o segundo aspecto recupera um problema mais profundo, relacionado às *incertezas sobre a direção social empreendida* (embora a maioria dos profissionais não tenha consciência profunda sobre isso), que desemboca na crença em uma espécie de *gradualismo*, ou seja, na defesa de pequenas ações afirmativas de direitos que, somadas e potencializadas (inclusive não se limitando à assistência social), estariam atuando a favor da construção do que genericamente se entende por "outra sociedade emancipada".

> A gente está iniciando este trabalho aqui, que eu já tinha colocado. Começamos com a saúde, a gente está com um espaço (até por causa desta questão dos índices, das avaliações, o pessoal não está indo pesar as crianças, tudo...). Então a gente iniciou este trabalho com a saúde não só até pensando no Bolsa Família, mas um trabalho de facilitar o nosso serviço, nosso trabalho na questão dos encaminhamentos. Então a gente está fazendo troca de experiências, apresentando o que é o CRAS, eles estão apresentando as unidades de saúde (porque aqui a gente trabalha muito com isso) e aí a gente está tentando organizar esse serviço. Então, como a gente pode colaborar junto no atendimento. Inclusive as visitas, às vezes, a gente faz aqui em conjunto pra atendimentos de alguns casos

> de acamados, pessoas que não têm condições de vir aqui, famílias. Com a educação a gente ainda não conseguiu firmar. Nós até combinamos que a fecharemos com a saúde e organizaremos juntos para chamar as outras áreas. Chamar a educação e as entidades que têm aqui no bairro, as ONGs para organizar, para apresentar, porque eu acho que primeiro a gente precisa apresentar e se conhecer. Tem gente aqui que não sabe qual que é o papel do Cras. Tem gente, tem entidade, tem profissional que não sabe e cabe a nós ir lá e divulgar. [...] (Sueli — assistente social).

> Eu acho que existe uma diferença entre o que eu considero a minha função e o que eu estou fazendo efetivamente hoje. Eu acho que como coordenadora da proteção básica, eu tenho a função de fazer a articulação dentro dos serviços que a gente tem de proteção social básica para garantir que aqueles objetivos que nós propusemos sejam cumpridos. Hoje eu acho que eu tenho um papel que é muito mais de correr atrás de algumas coisas burocráticas. Eu tenho perdido um pouco de espaço. Tem, por exemplo, a questão da supervisão do assistente social (uma preocupação que eu tenho nesse momento) que é meu papel. É que eu não estou dando conta de chegar lá, eu acho, não é? Então hoje o que eu faço? Todo o processo burocrático de contratação de pessoas para trabalhar nos nossos espaços passa por mim, toda a organização de pessoal (férias, quem vai para qual lugar) são coisas que passam por mim. Eu fico responsável pelas reuniões com os assistentes sociais, pelas reuniões com os supervisores, pelos estagiários, por um monte de gente e todas as ações que acontecem dentro do espaço. Nós temos um problema, eu acho, de organização que tem a ver com a questão da estrutura que a Secretaria tinha e do que ela teve que se adequar agora. Eu acho que a gente ainda está no processo de transição em que o velho vive junto com o novo, e que não é um processo muito simples, não é um processo muito fácil e que acaba implicando nessa minha função de assumir algumas coisas para mim que, na verdade, não são coisas que eu deveria estar fazendo. [...] (Amanda — assistente social).

Outro depoimento identifica, diretamente, emancipação política, luta e efetivação de direitos com os objetivos genericamente almejados: a autonomia e a emancipação. Na mesma linha das duas falas anteriores, o rompimento de ações isoladas, a implantação de uma rede socioassistencial consistente (integrada e articulada) é o caminho para extirpar a angústia dos profissionais (da categoria profissional).

> Penso que o trabalho desenvolvido pela Assistência ainda está distante da concretização da autonomia e da emancipação no sentido de potencializar toda a população que, em diferentes momentos, busca a assistência social. A dificuldade de articulação das Políticas Públicas, e da execução de ações integradas e complementares voltadas para o mesmo público ainda se dá de forma pontual. Embora todos os trabalhadores das diferentes políticas públicas, sejam eles de organismos governamentais ou não, reconheçam a necessidade dessa ação mais ampliada e complementar, as atividades ainda se dão de forma bastante fragmentada e setorizada. Os serviços disponíveis para a população ainda não estão garantindo a autonomia desejada e perseguida por nós. Ainda é necessário percorrer um grande caminho nesse sentido. [...] Penso que isso talvez se constitua numa angústia profissional de grande parte da classe,[14] porque essa questão da emancipação a gente sabe que só a assistência não garante e que todos os serviços deveriam estar voltados para atender às necessidades das pessoas. Para poder de fato contribuir no desenvolvimento da autonomia, é preciso buscar uma ação articulada e complementar com toda a rede prestadora de serviços. Romper as ações isoladas é um desafio e nós temos feito alguns exercícios nesse sentido. Não sei avaliar se os profissionais inseridos em outras políticas públicas têm, a respeito do assunto, a mesma visão (Ivonete — assistente social).

Carmelita Yazbek reconhece que as categorias autonomia e emancipação humana, nos moldes marxianos, têm sido muito mal compreendidas e utilizadas no âmbito da profissão. Reivindica, também, a necessidade de retomar — a partir das condições do Serviço Social — outra importante categoria que compõe a totalidade: a mediação.[15] Ressalta, todavia, que essas limitações não são tão problemáticas, pois

---

14. Entendida como categoria profissional.

15. Vale destacar, diga-se de passagem, que qualquer redução dessas importantes e complexas categorias marxianas ao estreito espaço do Serviço Social constituiria em um reducionismo espantoso. Como dizia certo aluno em sala de aula (popularmente conhecido como "Cidão"), "não dá para colocar uma jamanta dentro de um fusquinha!". Isso, certamente, não é mérito ou

"o que está por trás, apesar dos equívocos, é uma ideia de ruptura com uma condição que se vive hoje, desse ponto de vista é bom" (Yazbek, entrevista). Não há dúvida de que a reconceituação, as lutas empreendidas a partir do final dos anos 1970 e a construção do Projeto Ético-Político Profissional deixaram um legado importante para a categoria profissional dos assistentes sociais: uma tendência geral, no conjunto da profissão, a favor da liberdade, do bem-estar social, do respeito, do compromisso com a justiça social e com uma maior autonomia das pessoas atendidas pelos assistentes sociais (em que pesem algumas aberrações reacionárias localizadas e desprezíveis).[16]

Todavia, esse compromisso profissional com "valores universais" pode conter algumas armadilhas em nada desprezíveis. Há momentos em que alguns profissionais associam *a "responsabilidade" e o "respeito" com a necessidade de "seguir instruções superiores", ou explicam a "ética", a "prudência" e a "transparência" com certo tipo de comportamento que não deve gerar conflitos e "julgar" as pessoas.* Essa docilidade acrítica e cultivadora da "boa convivência" atua no sentido de promover e facilitar, *com retidão e ponderação*, a construção da cidadania do "usuário" do serviço, fazendo-o reconhecer seus direitos e deveres. É nesse "bom e comportado" contexto (na realidade, repleto de conspirações, benesses e mentiras — como bem apontou Maquiavel, 2010) que se inscreve a "emancipação humana" daqueles que são atendidos pelo Serviço Social, ou seja, os usuários se "emancipam" ao reencontrarem sua "essência humana verdadeira" deturpada por sua natureza humana imperfeita. Maria Lúcia Barroco (2001) faz o seguinte destaque ao analisar o neotomismo (diga-se de passagem, absolutamente contemporâneo também no Serviço Social):

> Para tal filosofia, a "autorrealização da pessoa humana" supõe a moralidade ou "consciência reta" voltada à objetivação dos valores universais

---

demérito de ambos, mas apenas uma constatação real de que não se reduz uma teoria social do porte do marxismo a uma profissão, a seus limites ontologicamente dados.

16. Muitas dessas aberrações são membros ilustres da "versada academia", ocupando cargos estratégicos no Serviço Social, também públicos, "concursados" e bem remunerados. A esses meu desprezo crítico! Como dizia Marx, "sicofantas" desprezíveis, paradigma de mediocridade.

> que adquirem sentido absoluto e se dirigem ao "fim último" da existência humana: a "perfectibilidade". Ao obedecer às leis morais, os homens realizam sua "essência", o que os aproxima de Deus, fonte dos valores universais. O homem é dotado de "livre-arbítrio", sendo assim capaz de liberdade; contudo, as escolhas nem sempre se referem ao "bem", pois existem os "vícios", ou seja, aquilo que o afasta da "perfectibilidade" à qual tende sua "natureza humana". Assim, para se afastar do "mal", os homens devem se habituar a fazer o "bem". O hábito, disposição e exercício para "agir bem", supõe a educação moral formadora de costumes voltados à dominação das "paixões" e valorização das "virtudes" [...]. (Barroco, 2001, p. 91-92).

Um bem intencionado depoimento de uma profissional revela essa tendência:

> Tenho como princípios de vida não pactuar com a mentira, em nenhuma de suas formas e em nenhum nível, ser responsável, justa e fiel, cumprir o que é combinado, ter respeito e ética, seguir instruções superiores, não ser omissa e nem arrogante, me colocar no lugar do outro, fazer o melhor que posso, ser honesta, prudente e transparente, me atualizar sempre que possível e procurar não julgar. Estes princípios norteiam a minha vida em todas as áreas, incluindo, a atuação como assistente social. [...] (Marina — assistente social).

É preciso, no entanto, reconhecer com firmeza que essa base heterogênea que sustentou o Projeto Ético-Político Profissional, ainda na segunda metade dos anos 1990, tem enfrentado problemas. Essas tensões se vinculam a imprecisões teóricas importantes para que se tenha maior clareza sobre as dificuldades e os desafios que o Serviço Social tem enfrentado no âmbito do mercado de trabalho e no campo da formação profissional, bem como remete a questões de ordem estrutural relacionadas às imposições da atual sociedade do capital para a direção social empreendida. Não enfrentar isso significará, ao menos, flexibilizar as propostas contidas nesse "projeto" e reforçará crenças abstratas de que *o capital pode ser humanizado em tempos de absoluta desumanização monopólica-flexibilizada-financeirizada*. Há certamente, por isso, uma crise do Projeto Ético-Político Profissional, crise essa que não deve desembocar no reformismo e na amenização dos pressupostos que o constituíram, mas, ao contrário, na *radicalização dessa direção social* construída ao longo dos anos 1990. Para isso, a crítica radical da ordem burguesa e de seus pressupostos (a propriedade privada, a apropriação privada da riqueza socialmente produzida, o trabalho estranhado, os amplos e complexos processos de alienação-estranhamento, entre outros), precisa ser feita com firmeza e clareza teórico-prática. Para tanto, como lembra José Paulo Netto (1989, p. 101), "[...] Sem Marx, e a tradição marxista, o serviço social tende a empobrecer-se [...]". Vejamos as ponderações feitas por Yazbek.

> O direito, o direito que a gente consegue construir, ele é funcional a essa ordem, ele é uma conquista da ordem liberal burguesa. Existem autores que dizem que nós ainda não tivemos uma "revolução francesa" no Brasil, ou seja, nem a revolução burguesa nós conseguimos fazer com o objetivo de garantir o respeito ao direito pleno da cidadania. Então, claro, sem ter a ingenuidade de achar que o direito em si mesmo resolve, eu acho que há uma categoria que a gente tem trabalhado muito pouco no Serviço Social é a mediação. Quer dizer, o que são as mediações para uma profissão (nós estamos falando de uma profissão) contribuir, colaborar nesse processo mais amplo de construção de direitos, de construção da cidadania, democracia e dessa forma apontar para a construção de outra ordem societária onde possa ocorrer emancipação humana? Eu tenho observado um total desconhecimento do significado da categoria emancipação humana do ponto de vista marxiano. Todos falam da emancipação. Mas eu não acho ruim, não acho ruim porque o que está por trás, apesar dos equívocos, é uma ideia de ruptura com uma condição que se vive hoje, desse ponto de vista é bom. Tem gente que fica batendo pesado, afirma que a pessoa está falando de emancipação e não sabe o que é. Tem muita gente que fala de autonomia, autonomização da população, também não sabe muito bem o que é isso. Mas o que tem por trás (e eu acho que essas coisas são importantes) é uma perspectiva de romper com determinada condição que hoje essa população vive e com a qual nós trabalhamos. [...] quando o assistente social defende essa autonomia o profissional está defendendo que ela consiga por si própria,

> pelo seu esforço, pela sua capacidade, sobreviver com dignidade. Claro que quando se fala de emancipação política eu acho que se dá um passo além. Na perspectiva marxiana e no pensamento de Gramsci, em termos de poder de uma classe, se essa classe com seu apoio conseguir colocar na agenda os seus interesses, os interesses das classes subalternas, conseguir uma hegemonia dos seus interesses, politicamente falando, conseguir lugar, conseguir disputar o poder, conseguir ter poder, eu acho que já é muita coisa, e nesse nível a gente pode contribuir também. Mas isso está muito longe do miudinho, naquele miudinho do CRAS, do CREAS. Você vai lá, Dona Maria, está com um problema desse tamanho e isso é vital para ela, tem um filho que está começando a se aproximar do mundo das drogas. Marilda afirma e eu lembro o tempo todo dessa afirmação: "a profissão é socialmente determinada". Entre as determinações colocadas ao exercício dessa profissão estão essas condições que eu estou me referindo aqui. Isso deixa o assistente social "esquizofrênico", porque ele vai ao CBAS, por exemplo, e discute a vida política, a emancipação humana (que já é outra ordem societária), é socialismo ou barbárie (não é assim que o Zé Paulo termina a fala?), e aí ele chega lá em seu cotidiano e ele tem que atender a dona Maria, que tem o filho frequentando um lugar de drogas e ela está morrendo de medo, e o que ela faz? E ela precisa conversar, e precisa de uma orientação, aí o assistente social pensa: "Bom, eu não sei nada disso, vou buscar o enfoque sistêmico". Existe algum erro nosso, dos que não são sistêmicos, que gera essa questão e que não dá nenhuma resposta. [...] (Carmelita Yazbek — entrevista).

Em que pesem as boas e necessárias reflexões indicadas por Yazbek (sobretudo em relação à necessidade de fundamentar os assistentes sociais que vivem a dureza do cotidiano profissional), é preciso ressaltar que crer em uma revolução burguesa no Brasil que garanta o "respeito pleno da cidadania", aos moldes da revolução industrial e francesa europeia, é uma *ilusão*. Além das condições atuais em que a afirmação de direitos democráticos é, cada vez mais, negação da ordem do capital como luta anticapitalista, é preciso relembrar que a revolução burguesa *já se objetivou no Brasil nas condições hipertardias e pela via colonial*. Não existe outra revolução burguesa por se realizar; o que existe, ontologicamente, é a revolução burguesa concretamente realizada nas condições particulares do Brasil, e o que vier depois recuperará esse legado. A não apreensão correta desse processo pode gerar equívocos interpretativos importantes que justificariam uma atitude *gradualista* ou de crença de uma revolução burguesa brasileira ainda por ser feita. Ela, de fato, é inconclusa, mas por sua natureza (permitindo a convivência entre velho e o novo, o arcaico e o moderno), ou seja, o é por suas características determinadas pela inserção do Brasil no capitalismo internacional.

É verdadeira e séria a "esquizofrenia" profissional a que se refere muito pertinentemente Carmelita, recuperando o distanciamento entre as discussões teóricas (particularmente inspiradas em Marx) e as atividades que o assistente social deve executar no espaço de atuação profissional.[17] Entretanto, é preciso ressaltar outra "esquizofrenia": aquela que atinge as pessoas atendidas pelos serviços do Cras-Creas. As marcas da história brasileira (do açoite mandonista/patriarcal reproduzido nos troncos próximos às senzalas, às fábricas flexibilizadas e higienizadas pela pouca presença humana — de trabalho vivo) são reais na vida das pessoas atendidas pelo assistente social no âmbito da assistência social. Desconsiderar ou minimizar essa relação com o cotidiano profissional é fatal ao exercício profissional crítico do assistente social. Uma tremenda ilusão, logicamente alienada/estranhada.

> Eu fui daqui de Franca, só que eu fui criada no Lar São Vicente de Paula, mais criada no Lar. Eu nunca fui criada com a minha mãe, eu fui mais criada com os outros, assim, família de gente rica, essas coisas, morei em São Paulo, com uma mulher, me levou pra lá, me pegou lá no Lar escola, me levou para a casa dela, fiquei muito tempo na casa dela, aí depois eu não quis ficar lá mais, o menino me batia sabe, chicote de cavalo todo

17. Embora isso não seja uma exclusividade do marxismo no Serviço Social (ainda que se diga o contrário). Vale lembrar que as terapias familiares de perfil sistêmico banalizam a própria riqueza das "teorias sistêmicas", por exemplo. O que existe é uma falsa impressão, altamente estranhada, de que o profissional — ao lançar mão desses recursos — está seguro no seu campo de atuação profissional, dá conta da malfadada "questão social" ou, pelo menos, lida sem angústias com ela e "faz o possível". O caminho da emancipação humana está, ao contrário, em tensionar, com bases reais, na direção do "impossível"!

dia, aí eu peguei e falei: "eu não vou ficar aqui apanhando". Eu fazia de tudo pra ela, fazia até doce eu fazia pra ela, aí ela começou a me bater e aí eu peguei e vim embora pra casa da minha mãe, aí em vim pra casa da minha mãe, minhas irmãs não deixaram eu ficar lá casa da minha mãe, aí o que eu fiz? Eu saí de lá, fui ficar na casa de um parente do vizinho, aí o vizinho, eu costurava sapato, tirava R$ 200,00, R$ 300,00 de sapato de costura, pra mim poder pagar a pensão que eu ficava na casa da mulher, eu deixava o dinheiro todo com a mulher, nunca peguei dinheiro pra sair, essas coisas, não fui mulher de sair pra forró não, graças a Deus não. Aí depois eu arrumei ele né, nós amigamos, ficamos 8 anos amigados, depois de oito anos nós casamos e tá casado até hoje. [...] (Ana — usuária da assistência social).

Então, eu não saio de lá também, qualquer probleminha eu tô lá, elas são ótimas, são pessoas excelentes. E a Beth era conselheira do Carlos na época e eu procurei lá pra pedir ajuda, eu queria ir embora de Ribeirão, eu queria um abrigo pra ir embora com o meu filho, por agressões, e a Lei Maria da Penha é bem leiga, é bem devagar, ele ficou preso, já cumpriu, já pagou, só que hoje por consequências disso, eu estou desempregada, porque ele quebrou a minha mão, não trabalho, tem a mão quebrada, então dependo desse benefício, dependo de bolsa, cesta básica, dependo da ajuda da Ana Carolina, ela que me ajudou. [...] Horrível né? Ele pôs fogo na casa, perdi tudo, hoje eu não tenho nada, a minha casa eu consegui dar um pintadinha nela, mas eu não tenho móveis, eu não tenho nada, não consegui mais adquirir, o que está lá é doação ou é emprestado, um terço que é doação, e o psicológico, né? Hoje eu consigo falar bem sobre esse assunto, antes eu não falaria, chorava muito, mas hoje eu tomo remédio, tomo três tipos de remédio controlado, não tomei pra vir aqui, porque dá um sono, mas é complicado. [...] Eu sofro violência sexual desde os onze, que eu sou filha adotiva, já fui estuprada duas vezes, parente que não me considera parente e agressão de marido (o segundo). O primeiro marido também me batia muito, hoje ele está preso, traficante. Não era na época porque ele trabalhava num clube, Iate Clube em Ribeirão. Este que eu estou é bem mais novo do que eu, ele não aceita, quando falo em separação com ele, ele fica louco, possessivo, ele vai todo dia, me procura todo dia. Eu já digo pras meninas que é já uma obsessão, doença. Ele ficou preso um mês por causa da Lei

> Maria da Penha e me escrevia carta todo dia. Então eu falei pra ele que precisa de tratamento uma pessoa igual a ele, perturbada, porque isso não é amor, isso é doença, porque a gente quando ama não bate [...] (Rosa — usuária da assistência social).

De fato, é preciso reconstruir mediações considerando tais dramas e as particularidades do Serviço Social como profissão. Para isso, afirmar a máxima de Rosa de Luxemburgo, "socialismo ou barbárie", e completá-la com Mészáros (2003, p. 108-9): "Socialismo e barbárie [...] se tivermos sorte. [...]", é algo *absolutamente essencial.* As mediações somente serão reconstruídas, como "concreto pensado", como mediações genuinamente humanas, se essa máxima for afirmada na sua radicalidade. Caso contrário, a "esquizofrenia" do assistente social e da população atendida permanecerá e se aprofundará não pelo "descompasso" entre o que se escuta nos congressos e se vê diariamente na prática, mas pela *dureza* e pelo *aprofundamento* da "questão social" expressos imediatamente em dramas pessoais no cotidiano profissional. José Paulo Netto e Potyara Pereira, ainda que por caminhos diferentes, destacam essa tensão com pertinência:

> No seu estágio contemporâneo, no capitalismo dos nossos dias, fica cada vez mais patente, cada vez mais claro, que a relação originária entre ordem do capital e demandas democráticas, que era uma relação de contradição, tem se transformado numa relação de antagonismo. [...] A luta por direitos, velhos e novos — e percam as ilusões aqueles que as têm —, é nesse momento uma luta anticapitalista. [...] (Netto, 2004, conferência proferida no XI Congresso Brasileiro).
>
> [...] o Serviço Social como profissão sempre se deparou com diferentes crises capitalistas, que são cíclicas, e quase sempre funcionou como instrumento anticrise, de par com a política social. Mas não devemos esquecer que encarar tanto o Serviço Social como a política social por esse ângulo é deixar de lado uma rica perspectiva analítica e abrir mão de um rico veio político com vista a um Serviço Social e a uma política social não avalizadores da barbárie que o capitalismo, principalmente o contemporâneo, vem impondo. Para tanto é preciso trabalhar, tanto teórica como politicamente, com a categoria "contradição". Sem isso

> estaremos tratando do Serviço Social funcionalisticamente. Como diz Mészáros a crise estrutural do capital iniciou-se no segundo pós-guerra e aprofundou-se no início dos anos 1970. Trata-se de fato de uma crise sem precedentes históricos por três razões: pelo seu caráter universal (açambarca todas as dimensões da vida humana e, por isso, é considerada sistêmica); é global (o mundo é o seu espaço); e é permanente (esgota o comportamento cíclico e, portanto, revoluciona as teorias dos ciclos críticos do capital como a de Nicolai Kandratieff). Neste caso as estratégias anticíclicas ou reformistas não surtem mais efeito. Este é o grande desafio de nossa profissão. [...] (Potyara Pereira — entrevista).

Se por um lado é preciso defender, sim, conquistas inscritas no âmbito da emancipação política no período pós-autoritário brasileiro, por outro é necessário ter claro que *tais reformas não efetivaram e não efetivarão, por si sós ou gradualmente, a emancipação humana. A defesa de uma ação gradualista e etapista não trará, diretamente, por meio de um aprofundamento dos direitos, a emancipação humana*. É fundamental, também, discutir claramente como essas políticas estão sendo elaboradas e implementadas, analisando como o profissional de Serviço Social tem se inserido nesta trama. A questão que se coloca — não somente para os assistentes sociais — é se esse tipo de emancipação política possível de ser objetivada nas condições de reprodução do capital no Brasil deste início de século (marcado, inevitavelmente, por ações que tendem ao minimalismo) pode ter alguma utilidade à emancipação humana. É crucial analisar, com criticidade, o que não vale a pena insistir e ingenuamente investir potencial profissional precioso (dada a sua disfuncionalidade para a emancipação humana) e, ao contrário, *aqueles aspectos importantes ligados à administração pública e estatal de direitos que jamais devem ser entregues de bandeja aos "bicos carniceiros dos urubus"*. Grande parte dos espaços objetivamente disponíveis aos profissionais de Serviço Social pode ser qualificada e, alguns outros, descartados com firmeza (ainda que façam parte da dinâmica do real). Nesse terreno marcado por um "esterco de contradições" e diversas armadilhas (e não há como ser diferente), há de se ressaltar e valorizar, ao mesmo tempo, outros aspectos desconsiderados ou pouco considerados.

O patamar inaugurado por Marilda Iamamoto na década de 80 do século XX (o Serviço Social como uma especialização do trabalho coletivo) e suas considerações críticas sobre o messianismo e o fatalismo (Iamamoto, 1994, p. 113) são importantes para que não esperemos do Serviço Social *o que ele objetivamente não poderá jamais oferecer: a revolução e a emancipação humana (uma tarefa da práxis social). Porém, ao mesmo tempo, isso impõe à profissão a necessidade de ela forcejar nesta direção nos níveis de atuação profissional em que isso é possível — e nem todos eles o são — sem gradualismos e etapismos sustentados na sobrevalorização do papel desempenhado pelos direitos*. Trata-se de um grande desafio posto para aqueles que se inspiram na perspectiva de intenção de ruptura (Netto, 1991). Desconsiderar essa possibilidade significa inscrever as diferentes ações dos profissionais e a profissão — em todos os seus níveis de intervenção — no campo único da reprodução do capital. Isso não apenas "arrebenta" com o Serviço Social como também, simultaneamente, engessa as possibilidades que estão inscritas na correlação de forças (dentro e fora dos espaços institucionais), anulando o profissional como sujeito histórico possível capaz de comprometer-se — ética e politicamente — nas suas pequenas e grandes ações, com a emancipação humana (mesmo sabendo que a sua profissão, em si, não a realizará). Evidentemente que são nulas as possibilidades de o profissional desenvolver ações que acumulem forças comprometidas com a emancipação humana em espaços sócio-ocupacionais restritos à filantropia ou às propostas baseadas na "responsabilidade social cidadã", ambas centradas na "inclusão social" do cidadão como consumidor e na meritocracia de mercado que naturalizam a desigualdade social. É preciso reconhecer isso com toda clareza e não criar ilusões.

Portanto, a afirmação de direitos não realiza, mesmo que radicalizada, a emancipação humana. O seu empobrecimento e banalização ou, em outras palavras, a sua captura e utilização a partir dos interesses de mercado, que restringem e empobrecem as noções de democracia e de cidadania "para os mais fortes", também são sérios e concretos obstáculos à emancipação humana. Esse contexto se torna ainda mais grave quando tudo isso é desenvolvido tendo por base as conquistas que significaram — pelo menos legalmente — certa emancipação política de importantes segmentos populacionais, bem como quando as ações são executadas por profissionais que acreditam que elas promovam por si sós e ou gradualmente, emancipação humana. Isso não significa, em absoluto, que tais espaços não devam ser ocupados e potencializados pelos assistentes sociais, *mas que deve ser feito com clara direção ético-política comprometida com a emancipação humana* (*ainda que ela não se realize, jamais, nos marcos da profissão*). Caso contrário, é melhor deixar que os "urubus cuidem do jantar" e demonstrem, com suas *forces propres*, seus objetivos e intenções (Silva, 2008).

Sendo assim, a luta não pode deixar de ocupar espaços oficiais e institucionais (pelo menos aqueles que propiciam a contradição e o debate), ainda que tenhamos claro que essas instâncias são absolutamente insuficientes. Com todas as suas limitações, a atual implantação do conjunto Cras-Creas, por exemplo, pode ser desenvolvida de diferentes maneiras. Se por um lado pode significar — inclusive com o apoio dos profissionais de Serviço Social — simples extensão de velhas e novas práticas coercitivas e tuteladoras dos núcleos familiares (hoje priorizados pela maioria dos programas e projetos sociais "socioeducativos"), também, ao contrário, pode ter outros rumos que propiciem e favoreçam boas condições para potencializar capacidades individuais e coletivas de organização e reivindicação (ainda que os limites aqui também se apresentem e sejam insuprimíveis). Para tanto, é preciso, entre outras coisas, formar profissionais capazes de potencializar *múltiplas instâncias que ponham em movimento forças comprometidas com a emancipação humana e, ao mesmo tempo, rechacem aquelas que estão contra isto.* É exatamente nesse sentido que as frases de Iamamoto (2000, p. 21), a seguir descritas, devem ser consideradas:

> [...] as possibilidades estão dadas na realidade, mas não são automaticamente transformadas em alternativas profissionais. Cabe aos profissionais apropriarem-se dessas possibilidades e, como sujeitos, desenvolvê-las transformando-as em projetos e frentes de trabalho. [...]

Quadros vanguardistas do Serviço Social têm acreditado na importância da defesa dos direitos e participado, com honestidade e dedicação (é preciso dizer isso), do desenvolvimento de propostas governamentais que também foram eleitas a partir de bandeiras populares (como no caso do Partido dos Trabalhadores e do governo Lula-Dilma). No entanto, as recentes reflexões explicitadas por Netto (2004) reforçam as preocupações já apontadas:

> O registro de que estamos nessa hora da verdade, que põe à prova as vanguardas profissionais (das quais representantes respeitáveis estão exercendo funções no aparelho governamental), deve ser feito sem que dele derivem julgamentos de valor acerca do comportamento de protagonistas singulares. Também aqui a questão não se coloca no plano individual ou biográfico: coloca-se coletivamente, como questão para as organizações da categoria em todos os níveis — acadêmico, profissional etc. E coloca-se exigindo um debate coletivo, um amplo confronto de ideias e posições, com a reiteração dos mesmos procedimentos abertos e democráticos que nos levaram à constituição do projeto ético-político. [...] Salvo melhor juízo, só nos resta, enquanto categoria profissional, preservar, contra ventos e marés, a autonomia para conduzir e aprofundar as exigências do projeto ético-político: preservar a autonomia de nossas organizações (o conjunto Cfess-Cress, a Abepss e, no caso dos estudantes, a Enesso) em face do governo e do PT (e de todo e qualquer outro partido). [...] (Netto, 2004, p. 24).

Mas quais as vantagens propiciadas por uma aproximação entre o Serviço Social e a perspectiva ontológica regida pelo ponto de vista de totalidade e pela centralidade da categoria trabalho? As opções, nesse sentido, devem ser consideradas com todos os cuidados já indicados por Netto (1989), na medida em que se estabelece o diálogo entre uma teoria social crítica, macroscópica e revolucionária e uma profissão que surgiu sob as bases do pensamento conservador demandada, desde seus primórdios, para gerenciar tensões sociais oriundas da contraditória e insolúvel relação capital-trabalho. Insistamos nessa direção.

CAPÍTULO 3

Reafirmando o debate marxista no Serviço Social

Reafirmar a importância da contribuição marxiana e de sua tradição para o Serviço Social nos dias atuais significa, necessariamente, perquirir e radicalizar a direção social empreendida por meio do Projeto Ético-Político Profissional, no Brasil, a partir do legado deixado pela perspectiva de "intenção de ruptura" na era pós-reconceituada (formulada, sobretudo, com maior maturidade, na década de 1990), sem deixar de reconhecer as bases conservadoras e reformistas que marcaram a gênese do Serviço Social no mundo e no Brasil (ontologicamente dadas — portanto, insuprimíveis sob a ordem burguesa). Essa afirmação possui o exato sentido de que o legado marxiano e o de parte de sua tradição são essenciais à crítica radical do Serviço Social, desde a sua gênese até os dias atuais, ainda que, como lembra José Paulo Netto (1989, p. 101),

> [...] *por mais que seja rigorosa, intensa e extensa a interlocução com a tradição marxista, não se constituirá um serviço social "marxista" — enquanto profissão,*[1] o serviço social sempre contemplará uma tal complexidade que no seu campo se moverão legitimamente profissionais que, incorporando dife-

1. Grifos de Netto.

rentes expressões do pensamento contemporâneo, encontrarão espaços de prática e intervenção diversos e plurais. [...]

Assumir essa direção e reafirmá-la no atual estágio de desenvolvimento do capitalismo de monopólios no Brasil tem o exato significado de rechaçar toda e qualquer espécie de endogenia (já criticada anteriormente) que se proponha a explicar o Serviço Social a partir de si próprio, como um movimento que se basta e se autoexplica. É preciso reconhecer que essa profissão, como todas as demais, vem sendo tecida na história e sob uma dada historicidade, portanto, socialmente determinada, cumprindo funções na divisão internacional do trabalho, determinada pela ordem burguesa monopólica em suas diferentes fases, como trabalho combinado, em seus diversos padrões de acumulação (nas condições particulares em que se deu a revolução burguesa no Brasil). Isso quer dizer que é preciso *reafirmar a atualidade da luta de classes, da centralidade da categoria trabalho como base da sociabilidade humana (ainda que ela assuma, sob o mando do capital, a forma alienada/estranhada); reafirmar que o pauperismo somente será radicalmente criticado se explicado como expressão direta da "lei geral da acumulação capitalista" no atual estágio de desenvolvimento e crise do capital, orientado pelo ponto de vista ontológico e pela perspectiva da totalidade, como guias insubstituíveis para a produção de conhecimentos genuinamente humanos.*

A categoria da totalidade não pode ser comicamente confundida com as noções de "tudo", "todo" ou de "perfeição-exatidão", considerando-se o processo de produção de conhecimentos necessário à explicação de múltiplos complexos sociais (por exemplo, a "questão social" e suas formas particulares de expressão). Como categoria, ou seja, como "formas de vida e determinações de existência" (Marx, 1989, p. 415), que se objetiva com base em um legado sócio-histórico e sob as condições de uma dada historicidade, o ponto de vista de totalidade também se inscreve na vida material orientando a razão que se debruça sobre o real e seu movimento. Os complexos sociais não são "fatos sociais" ou "fenômenos" mesuráveis "neutramente" por cientistas abençoados pelo receituário acadêmico composto por fórmulas que, corretamente aplicadas, garantem um conhecimento seguro da realidade. Os complexos sociais — irrigados por múltiplas mediações (conexões explicativas reais) nada formais ou justapostas — possuem uma existência material imbricada com a vida de seres sociais, com a produção e reprodução deles como seres potencialmente constituídos de gênero humano comprometidos com a emancipação humana (Marx, 2005a), ainda que, sob o mando do capital, haja um estranhamento desse gênero na medida em que ele é reduzido à vida singular e à satisfação de suas carências. Como lembra Marx (2004, p. 84),

> Na medida em que o trabalho estranhado 1) estranha do homem a natureza; 2) [e o homem] de si mesmo, de sua própria função ativa, de sua atividade vital; ela estranha do homem o gênero [humano]. Faz-lhe da *vida genérica* apenas um meio de vida individual. Primeiro estranha a vida genérica, assim como a vida individual. Segundo, faz da última em sua abstração um fim da primeira, igualmente em sua forma abstrata e estranhada. Pois primeiramente o trabalho, a *atividade vital*, a *vida produtiva* mesma aparece ao homem apenas como um *meio* para a satisfação de uma carência, a necessidade de manutenção da existência física. [...] A vida mesma aparece só como *meio de vida*[2] [...].

O ponto de vista de totalidade, portanto, não é um ato puro da razão pensante que roda sobre ela mesma e/ou submete e manipula o real conforme regras abstratamente estabelecidas pelas "ciências" e por seu "corpo técnico instrumental", mas uma reconstrução "concreto-pensada" que mescla-separa (portanto, não identifica) o ser social e o mundo em que ele vive, o pensar e o existir (concreto), o conhecer e o ser (real-sensível). A perspectiva de totalidade está empenhada em perquirir a trama que constitui os complexos sociais reconstruindo a "lógica da coisa" (Marx, 2005a, p. 39), suas leis, suas características, suas múltiplas e complexas mediações (Silva, 2013b). Nas palavras de Lukács (1979),

2. Grifos de Marx.

> [...] a totalidade não é um fato formal do pensamento, mas constitui a reprodução mental do realmente existente [...]. Do ponto de vista metodológico, é preciso observar desde o início que Marx separa nitidamente dois complexos: o ser social, que existe independentemente do fato de que seja ou não conhecido corretamente; e o método para captá-lo no pensamento, da maneira mais adequada possível [...] (Lukács, 1979b, p. 28 e 35).

O primeiro ganho propiciado pelo debate entre Marx, sua tradição e o Serviço Social, já indicado por José Paulo Netto (1989 e 1996) e Marilda Iamamoto (2007), relaciona-se com a possibilidade de o assistente social analisar e explicar as tramas reais e concretas que agem sob as bases sociais que sustentam a sua profissão na divisão social do trabalho, como uma especialização do trabalho coletivo. A sua legitimidade como profissão origina-se justamente disso e não de uma "teoria própria" como forma de obter reconhecimento científico e legitimidade no campo das "Ciências Sociais Aplicadas". Como salienta Mota (2008, p. 37),

> Não se trata mais, nos dias correntes, de procurar identidades, especificidades, teorias ou métodos próprios, mas, de adensar a discussão em torno de temas e questões que permitam particularizar a profissão de Serviço Social no conjunto das práticas sociais da sociedade burguesa, refinando a sua capacidade de conhecer, analisar e transformar o real — e, neste adensamento, o trato *forte* da questão social é um objeto inarredável [...].

O Serviço Social é uma profissão cujos profissionais exercem uma forma particular-especializada de trabalho abstrato-concreto (o primeiro subsumindo o segundo, mas não o eliminando como ato criativo e portador de um valor de uso). Trata-se, portanto, de um trabalhador assalariado, produtivo ou improdutivo (conforme sua inserção na divisão social do trabalho – como produtores diretos ou não de mais-valia), que atua na relação homem-homem (e não homem-natureza) no campo das políticas, programas e projetos sociais (portanto, também no campo ideológico, dos valores, do convencimento e da abordagem).[3]

Ao se concentrar no Livro 1 de *O capital*, Lessa (2000, p. 52) nega que o exercício profissional do assistente social possa se constituir como determinada forma de trabalho, na sua forma concreta-abstrata, já que o Serviço Social "não realiza a transformação da natureza nos bens materiais necessários à reprodução social".[4] Ao contrário do que pretende Lessa, Marx é muito claro ao afirmar que o essencial está no fato de o *trabalho ser coletivo*, racionalmente organizado por meio de trabalhos individuais, particulares, que desempenham funções específicas no processo de acumulação, independentemente de ele ser realizado pelo engenheiro, pelo técnico ou o operário manual, trabalhando "com as mãos" ou "com a cabeça".

> [...] com o desenvolvimento da *subordinação real do trabalho ao capital ou do modo de produção especificamente capitalista* não é o operário individual que se converte no agente *(Funktionar. Al.) real* do processo de trabalho no seu conjunto mas sim uma capacidade de *trabalho socialmente combinada;* e, como as diversas capacidades de trabalho que cooperam e formam a máquina produtiva total participam de maneira muito diferente no processo imediato de formação de mercadorias, ou melhor, neste caso, de produtos — um trabalha mais com as mãos, outro mais com a cabeça, este como diretor (*manager.* Ing.), engenheiro (*engineer*, Ing.), técnico etc., aquele como capataz (*overlooker*, Ing.), aquele outro como operário manual ou até como simples servente — temos que são cada vez em maior número as *funções da capacidade de trabalho* incluídas no conceito imediato de *trabalho produtivo*, diretamente explorados pelo capital e *subordinados* em geral ao seu processo de valorização e de produção. Se

3. Diga-se de passagem, uma discussão que deve ser feita atualmente com cuidado já que as formas de contratação e subcontratação, precarizadas, envolvendo assistentes sociais e espaços gerenciados pelo Estado, são extremamente heterogêneas. Muitos assistentes sociais têm sido contratados para exercerem funções nos Cras e nos Creas, não mais como trabalhadores concursados pelas prefeituras, mas por meio de organizações sociais com vínculos e objetivos (de classe) diversos. É preciso investigar esse cenário com maior atenção.

4. Grifos nossos.

> se considerar o *trabalhador coletivo* constituído pela oficina, a sua *atividade combinada* realiza-se *materialmente* e de maneira direta num *produto total* que, simultaneamente, é uma massa total de mercadorias e aqui é absolutamente indiferente que a função deste ou daquele trabalhador, mero elo deste trabalhador coletivo, esteja mais próxima ou mais distante do trabalho manual direto. Porém, então, a atividade desta capacidade de trabalho coletiva é o seu *consumo direto pelo capital*, ou por outra, o processo de autovalorização do capital, a produção direta de mais-valia [...] (Marx, 1985a, p. 110).[5]

Marx destaca que uma mesma função, um mesmo trabalho realizado, pode ser, em determinadas condições, produtivo ou improdutivo. Para tanto, utiliza os exemplos da cantora e do professor que, cantando ou ensinando diretamente às pessoas, exercem trabalho improdutivo. Por outro lado, se tais profissionais vendem sua força de trabalho ao capitalista, cantando ou ensinando por meio dele, são produtivos, geram mais-valia.

> Uma cantora que canta como um pássaro é uma trabalhadora improdutiva. Na medida em que vende o seu canto é uma assalariada ou uma comerciante. Porém, a mesma cantora contratada por um empresário (*entrepeneur*, Fr.) que a põe a cantar para ganhar dinheiro, é uma trabalhadora produtiva, pois *produz* diretamente capital. Um mestre-escola que é contratado com outros para valorizar, mediante o seu trabalho, o dinheiro do empresário da instituição que trafica com o conhecimento (*knowledge mongering institution*, Ing.) é um trabalhador produtivo. [...] (Marx, 1985a, p. 115).

O que interessa aqui é que Marx sempre se refere às atividades ora indicadas, sejam elas produtivas ou improdutivas (portanto, todas elas), *como trabalho* inserido, coletivamente, no circuito produtivo de capital. O que está em pauta, então, não é se elas se constituem ou não como trabalho, exercidas por trabalhadores manuais ou intelectuais,

5. Grifos de Marx.

mas qual a inserção e a funcionalidade desses trabalhos para a reprodução social, para a produção e reprodução do capital.

> Só a tacanhez mental da burguesia, que tem por absoluta a forma capitalista de produção, e que, consequentemente, a considera forma natural da produção, pode confundir a questão do *trabalho produtivo e do trabalhador produtivo* do ponto de vista do capital, com a questão do *trabalho produtivo em geral*,[6] contentando-se assim com a resposta tautológica de que é produtivo todo o trabalho que produz, em geral, ou que desemboca num produto, ou num valor de uso, em resumo: num resultado. [...] (Marx, 1985a, p. 109).

Vale ressaltar, todavia, para que não pairem quaisquer dúvidas, que mesmo no livro 1 — que destaca a relação orgânica homem-natureza e aponta as distorções geradas pelo trabalho alienado-estranhado (do proletariado), objetivado sob as condições impostas pelo capital —, Marx é enfático ao tratar do trabalho (produtivo ou improdutivo) do "mestre-escola" (professor), para além da produção material, gerador ou não de mais-valia. O autor de *O capital* é, mais uma vez, extremamente claro ao se referir ao *trabalho* executado "fora da esfera da produção material":

> Se for permitido escolher um exemplo fora da esfera da produção material, então um mestre-escola é um trabalhador produtivo se ele não apenas trabalha as cabeças das crianças, mas extenua a si mesmo para enriquecer o empresário. O fato de que este último tenha investido seu capital numa fábrica de ensinar, em vez de uma fábrica de salsichas, não altera nada na relação. O conceito de trabalho produtivo, portanto, não encerra de modo algum apenas uma relação entre a atividade e efeito útil, entre trabalhador e produto do trabalho, mas também uma relação de produção especificamente social, formada historicamente, a qual marca o trabalhador como meio direto de valorização do capital. [...] (Marx, 1984a, p. 105-6).

---

6. Grifos de Marx.

É preciso, portanto, *saturar de história e de historicidade* a discussão sobre o trabalho (concreto-abstrato, produtivo e improdutivo, sob o mundo do capital), recuperando a obra marxiana na sua totalidade (particularmente os capítulos 1, 5, 13, 14, 15, 16 e 22 e o capítulo VI inédito). Lukács (mimeo., s.d.) também contribui com essa discussão, por exemplo, no manuscrito sobre *O trabalho* (parte da Ontologia do Ser Social — em fase de tradução oficial ao português), ao destacar a teleologia como finalidade-causalidade de primeira ordem (sustentada na relação homem-natureza) e de segunda ordem (baseada na relação homem-homem). Evidentemente que as formas de trabalho sustentadas na teleologia de segunda ordem se justificam e se organizam, necessariamente, a partir da teleologia de primeira ordem cuja base é a relação orgânica homem-natureza (práxis primeira e fundante do ser). Assim sendo, o Serviço Social é uma profissão cujos profissionais desenvolvem determinada forma de trabalho concreto (portador de valor de uso por meio dos serviços prestados), porém subsumido pelo trabalho abstrato (como parte do trabalho social coletivo e médio), funcional à reprodução do capital. Sobre isso, as recentes considerações de Iamamoto (2007, p. 214) são relevantes:

> [...] parte-se do suposto de que a identificação da *particularidade dessa atividade profissional na divisão social e técnica do trabalho social não se esgota na indicação do valor de uso dos serviços prestados, da qualidade do trabalho realizado.* Isso porque ela é também portadora de trabalho humano indiferenciado, *trabalho humano abstrato, analisado na óptica de sua quantidade, parte do trabalho social médio,* que participa na produção e/ou distribuição da mais-valia socialmente produzida e na luta pela hegemonia entre forças sociais. Transitar da análise da *profissão* para o seu efetivo *exercício* agrega um complexo de novas determinações e mediações essenciais para *elucidar o significado social do trabalho do assistente social* — considerado na sua unidade contraditória de trabalho concreto e trabalho abstrato — *enquanto exercício profissional especializado que se realiza por meio de trabalho assalariado alienado* [...].[7]

7. Grifos de Iamamoto.

Os desdobramentos que surgem desta interlocução são altamente positivos para a categoria profissional dos assistentes sociais, pois oferecem elementos — situados para além da profissão — que explicam seu significado social e impedem a retomada de qualquer tipo de postura sistêmica e endógena. Mais do que isso, exigem que o profissional, como sujeito histórico possível, reconhecendo os limites intrínsecos das profissões (e seus próprios limites como profissional), mergulhe na trama particular em que está inserido seu trabalho profissional no sentido de pensar criticamente e agir propositivamente. Ou seja, embora a profissão não possa, pela sua própria natureza, emancipar humanamente os "usuários" (uma tarefa impensável sem a revolução), certamente *pode e deve imprimir outra direção social e contribuir com esse processo*. O impacto disso nos espaços de inserção profissional é claro: um profissional empenhado em qualificar-se teórica e praticamente (ou pelo menos intencionado nessa direção), perquirindo diversas categorias concretamente e diariamente enfrentadas pelos assistentes sociais. As indagações, nesse sentido, são certeiras: de qual emancipação se fala? Como ocupar propositivamente espaços próximos ao campo da emancipação política e da afirmação de direitos, reconhecendo as contradições intrínsecas dessa empreitada? Qual o lugar da assistência social no campo da seguridade social e na reprodução da ordem do capital? É possível pensar o conjunto Cras-Creas não apenas a partir do instituído legalmente, oficialmente, sistemicamente e hegemonicamente? O que significa socioeducativo? Quais os aspectos perversos que consomem as preciosas forças dos assistentes sociais na esfera da vida cotidiana, impedindo que outros caminhos sejam trilhados e potencializados? O que significa "incluir socialmente", considerando o intenso processo de mundialização do capital e seus impactos no trabalho e na vida humana?

Para responder a tais perguntas (boa parte delas já analisadas exaustivamente neste livro), é necessário insistir em uma perspectiva ontológica e de totalidade em todo processo teórico-prático que sustenta o trabalho profissional dos assistentes sociais (formação, intervenção e produção de conhecimentos). É preciso considerar as contraditórias demandas sociais impostas pelo capital e por sua sociabilidade ao

Serviço Social (como profissão), *negando-as na sua imediaticidade, afirmando-as como problemas genuinamente humanos, sob o ponto de vista do trabalho (e dos trabalhadores — considerando os inúmeros problemas que afetam a classe)*. Sem uma abordagem ontológica e de totalidade, sem a inspiração delas (em que pesem os limites da profissão), o exercício profissional do assistente social se limitará a reproduzir procedimentos de cunho psicossocial-interpessoal, no nível das relações de ajuda, de perfil sistêmico (nas suas diversas formas e variações — no seu limite), restringindo a ação socioeducativa a formas mais ou menos sofisticadas de controle e de coerção (ainda que tomadas como "novas formas de atuação", discursivamente negadoras do passado profissional).

Os assistentes sociais lidam, cotidianamente, com desdobramentos particulares da "questão social" imediatamente e frequentemente visíveis como problemas e demandas unicamente pessoais, que dizem respeito prioritariamente à esfera individual da vida social ou, por um viés um pouco mais abrangente, como problemas resolvidos por meio de ações sustentadas em princípios sistêmicos empenhados em articular os subsistemas que interagem com o "usuário" e influem na sua "inclusão socioeducativa". É nesse contexto que a dita "centralidade da família" e a importância das ações sentidas e encaminhadas no âmbito do território, na articulação global-sistêmica da rede, que os "dramas pessoais" (como se fossem apenas pessoais) são priorizados e enfrentados. É nesse contexto que a rede sistêmica (de serviços) deve funcionar eficiente e eficazmente, ainda que esteja muito longe disso e, como já foi dito, não tenha condições objetivas de solucionar os problemas a que se propõe (mesmo que em pleno funcionamento e interação). Não se trata, aqui, de descaracterizar a importância das famílias e das demandas imediatamente expressas no âmbito do território (considerando-se a descentralização administrativa, o papel dos conselhos de direito ou o efeito evolutivo e humanizador da afirmação de direitos na sociedade burguesa, por exemplo), *mas de discutir os limites concretos desses espaços e sua funcionalidade diante das contradições estruturais.*[8] Vale

8. Se por um lado é preciso reconhecer os recentes avanços propiciados pelo conjunto Loas-Pnas-Suas (se comparados com o entulho repressivo-assistencialista que existia antes de 1988),

destacar, nesse contexto, que as ditas individualidades estão inseridas em uma dada sociabilidade (a burguesa) e que essa lógica oferece o terreno e as regras do jogo pelos quais as individualidades-sociais buscam acomodar suas demandas.

Com base nisso, é possível explicar o significado social do Serviço Social como profissão e com qual direção ético-política o trabalho profissional dos assistentes sociais tem se materializado nos espaços em que é requisitado. Nesse contexto é plenamente saudável e necessário rediscutir e redimensionar o sentido da atuação socioeducativa como uma ação que — embora seja sempre limitada e insuficiente — precisa estar contaminada, desde os pequenos gestos até os mais complexos, pela crítica permanente das contradições ontológicas que constituem geneticamente a ordem burguesa. Nesse sentido, a realização de direitos pode ser útil à emancipação humana *se as tensões implícitas na composição desse tipo de emancipação política (seus limites e possibilidades) forem forcejadas nas suas próprias contradições como direitos abstratos (não reais* — Marx, 2005a). Assim, a emancipação humana não será alcançada pela simples afirmação de direitos (abstratos e legalmente inscritos — muito comum em países latino-americanos). Ao contrário, poderá se desenvolver por meio de atitudes e ações permanentes que demonstrem as contradições não apenas entre o que está previsto em lei e sua incoerência prática, mas, sobretudo, *contradições que revelam a incapacidade e a impossibilidade de estes direitos romperem com o criadouro da desigualdade social: a apropriação privada da produção social (a propriedade privada — nas condições em que ela se apresenta na atualidade).* Evidentemente, essa não é uma tarefa de uma profissão, ou das profissões, já que elas estão limitadas por sua própria natureza e alcance. Exigir delas essa tarefa é, no mínimo, insano. Porém, sem qualquer concessão ao idealismo, é preciso sintonizá-las na direção da emancipação humana que, por sua vez, evidentemente, extrapola os

---

por outro é necessário destacar que esse avanço possui o exato sentido de modernizar a política assistencial (e não poderia realizar mais do que isso). Isso precisa ser ressaltado, ainda que seja uma obviedade espantosa.

marcos das profissões (Silva, 2008, p. 46). Trata-se, então, de forcejar no sentido de valorizar a *dimensão negativa da política, a crítica radical da política em curso e de suas inerentes contradições, agindo política e negativamente contra os limites da emancipação política, orientado pela crítica radical propiciada pela economia-política*.

> Do ponto de vista teórico é fundamental uma formação teórico-crítica que abra para o estudante e para o profissional essa força heurístico-analítica de Marx. Do ponto de vista operativo é mais complicado (estou pensando, por exemplo, nos alunos que estão lá na graduação, como é que isso vai rebater na prática profissional de um cara que está lá no Cras). Eu acho que nós devemos evitar duas implicações dessa formação: [...] essa concepção teórica não pode ser um impeditivo da ação profissional, correto? Agora, ela não pode ser também — na medida em que a gente interdita, cancela esse papel "militantista" do assistente social —, não pode também levá-lo ao burocratismo: "já que essa porcaria aqui não muda, nada vamos tocar aqui, preencher formulários, administrar o serviço, fazer a triagem e vigiar". Ela tem que ser um elemento que permita (veja que eu quero precisar bem isso) que ele opere tensionando, mas opere nos marcos funcionais dessa agência terminal de política social que é o Cras, está claro? Mas que ele tenha clareza, a máxima clareza possível, do significado social da sua ação. Resumindo: uma formação teórica que permita compreender a negatividade ontológica do político. Do ponto de vista teórico-ideológico, ela é importantíssima, porque ela vai permitir o cara apreender o sentido social da sua intervenção e, portanto, sinalizar para ele seus limites, suas possibilidades de empurrar esses limites mediante os arcos de aliança, proposições de projetos, identificação de aliados, de adversários, de inimigos, estabelecimento de alianças com sujeitos coletivos. Um Cras desse permite vinculações a sujeitos coletivos lá existentes, não tem por que individualizar as políticas à prestação de serviços. Isso eu estou dizendo do horizonte contraditório para isso. Mas para fazer isso você tem que ter essa formação política. [...] (José Paulo Netto — entrevista).

As ponderações de José Paulo Netto, pronunciadas no estrito sentido de oferecer uma contribuição ao Serviço Social, sem superestimá-lo ou subestimá-lo, reportam diretamente a um dos pilares da direção social construída na década de 1990, hoje seriamente aviltado: a formação profissional entendida, aqui, como a *composição de um acúmulo crítico que atue insistentemente na direção da práxis profissional.* Nesse nível, os problemas são concretos e imensos. Eles vão desde o absoluto abismo entre a academia e os mais remotos confins da intervenção profissional (no geral, muito distantes entre si), passam pela perversa e irresponsável expansão das unidades de ensino (que se configuram em cursos precários também vulgarizados pelo ensino a distância — Braz e Rodrigues, 2013) e desembocam em problemas relacionados com a superficialidade e com o ecletismo teórico e uma errônea visão sobre o significado do pluralismo profissional. A unidade diversa entre teoria e prática no âmbito da profissão, a práxis profissional, deve ser evidentemente plural, mas no sentido de incorporar e superar, criticamente, sem eliminar o necessário debate, orientações distintas. Precisa, ainda, ter uma direção coletiva (hegemônica) assumida pela categoria profissional. O assistente social deve estar voltado à reconstrução da dinâmica do real como "concreto-pensado", movimento este que não está circunscrito à sua cabeça, à sua lógica (a lógica pensada), mas à lógica da realidade (da coisa em si — Marx, 2005b, p. 39) que o provoca e exige dele posições e ações materiais. Sobre isso Yazbek (2005) e Simionatto (2005) tecem observações reais:

> Esse descompasso se pode observar também na pesquisa que, muitas vezes, não consegue trabalhar a universalidade contida no singular, que não faz os vínculos e as passagens de nossa compreensão teórico-metodológica da realidade para situações singulares que configuram nosso exercício profissional cotidiano. É tarefa de a pesquisa evidenciar os processos sociais e históricos de um tempo e lugar, em suas múltiplas dimensões, nos mostrando como a realidade se tece e se move pela ação de sujeitos sociais. [...] (Yazbek, 2005, p. 155-6).
>
> Consideradas as particularidades das ações investigativas e interventivas, verifica-se um deslocamento da produção de conhecimentos dos objetos reais da profissão para o movimento geral da sociedade, sem efetuar-se o "caminho de volta". Evidencia-se a dificuldade tanto em

> passar do geral ao particular, de categorias mais abstratas para situações mais concretas, quanto em relação ao procedimento inverso, realizando um movimento de superação crítica. Trata-se de compreender de que forma as complexas determinações sociais das novas condições históricas se materializam em situações e problemas sociais específicos ao campo profissional, que não poderão ser captados somente pelo domínio da "razão teórica" deslocada do real, ou inversamente, de um real que se esgota em si mesmo. [...] (Simionatto, 2005, p. 58).

É preciso reconhecer que há, de fato, a necessidade de pensar as determinações e desafios atuais enfrentados pelo Serviço Social e pelos assistentes sociais no cotidiano profissional. É verdade, também, que nem sempre as mediações necessárias são reconstruídas na sua concretude. Não reconhecer isso significa aprofundar o abismo provocado pela racionalidade instrumental burguesa já suficientemente criticada ao longo deste livro. Por outro lado, é necessário analisar esse processo com o máximo de cuidado para não crer que contribuições teóricas que não tratam diretamente do Serviço Social *não tenham valor ou tenham um valor menor para o processo de formação do assistente social.* Afirmar que é preciso apanhar as determinações que atingem concretamente os profissionais e as atividades por eles desenvolvidas (por meio de múltiplas mediações) não significa, em hipótese alguma, *limitar, priorizar e reconhecer, somente, aquelas pesquisas que respondam mais diretamente ao Serviço Social.* Existem muitos estudos (marxistas ou não), que não tratam imediatamente do Serviço Social, mas que, nem por isso, deixam de ser essenciais para os assistentes sociais e para suas ações. Se isso não for verdade, então será preciso reconhecer que as contribuições de Marx-Engels, Lênin, Lukács, Gramsci, Mészáros, Caio Prado, Florestan Fernandes, Octavio Ianni, Hirano, Ricardo Antunes, por exemplo — limitando-se a Marx e à sua tradição —, seriam produções insignificantes para o Serviço Social. Claro: é preciso reconstruir as particularidades da profissão, indicar suas potencialidades e limitações, por meio de múltiplas e complexas mediações. Todavia, sem uma abordagem macroscópica (que não se encerra em si mesma), contida na formação continuada do assistente social, não será possível reconstruir mediações concretas, mas apenas epifenômenos incompreensíveis, imersos nas fragmentações eternas, sem as suas determinações universais que se objetivam particularmente nas singularidades imediatamente postas.

Sobre as dificuldades atuais no campo da formação profissional, Marilda Iamamoto é bastante clara. Elas ocupam todos os níveis da formação, da graduação à pós-graduação, passando pelas esferas intermediárias, do ensino presencial a distância, reproduzindo, no geral, uma precarização que desemboca, inevitavelmente, em uma "decadência ideológica" das "condições gerais da pesquisa científica" (Lukács, 1981, p. 109).

> A gente está vivendo um processo, vamos dizer assim, no geral, de certa superficialidade, certa decadência mesmo do ensino universitário, ou seja, da função mesmo da universidade, a política de educação superior está aí. Agora, como prioridade do Serviço Social eu destaco duas coisas na graduação. Em primeiro lugar, a privatização do ensino amplíssima, que a gente não chegou a pensar (a Abpess à medida que defende o ensino público, educação pública de qualidade). Acho que a gente investiu muito pouco na compreensão de como está de fato o ensino superior privado, que é a maioria na nossa área. Acho que a gente conhece muito pouco isso, são poucas as pesquisas sobre isso. Então eu acho que tem essa degradação pela linha da privatização que ainda não é a distância. E você tem, em segundo lugar, a potenciação dessa lógica da lucratividade que subordina a qualidade do ensino à rentabilidade. Para o capital você tem isso potenciado no campo do ensino a distância. Para mim é uma potenciação dessa lógica, essa captura da educação como campo de acumulação capitalista, de investimento, de negócio. Eu acho que aí está a massificação do ensino, da superficialização do ensino, a perda. Esse processo da privatização gera o rebaixamento na qualidade do ensino e também torna a crítica muito rarefeita. Então eu acho que esse é um entrave importante na linha do projeto, na linha da continuidade desse patrimônio que a gente vem construindo historicamente. [...] Como prioridade, é prioridade mesmo do plano nacional de educação. Eles estão dizendo o seguinte: a instrução da Capes hoje, a Capes até fez uma nova regulamentação do mestrado profissional. Se você forma docente, professor e pesquisador é

> mestrado acadêmico; se os egressos, os alunos do mestrado vão para o mercado de trabalho, políticas públicas, então a preocupação deve ser mais profissionalizante. Nós bloqueamos isso no Serviço Social (até agora), não temos nem ficha de avaliação. Porque tem que existir dois mestrados: acadêmico e profissional. Nós não temos isso ainda, porque bloqueamos. Fizemos uma discussão política com todos os coordenadores, inclusive fechando que não iríamos apresentar. Só que agora essas iniciativas podem vir também das residências. Então, por exemplo, residência médica na área de saúde pode fazer uma proposta de mestrado profissional, porque o mestrado profissional incorpora profissionais de larga experiência e que não são necessariamente mestres-doutores, mas que tem algo a trazer. Então fura um pouco o bloqueio para além, a questão do serviço, no treinamento serviço entra também. Então eu acho que é uma coisa muito ligada ao mercado, à transferência de um linguajar, da adequação da pós ao mercado. E para o capital isso é maravilhoso. Nem precisa fazer universidade coorporativa mais. É só com dinheiro público. [...] Eu não quero deixar passar nenhuma visão monolítica aqui. Eu acho que tudo tem alternativa na sociedade contraditória. Não é porque a Capes, o governo da Capes define um rumo, que esse rumo vai ser seguido. É lógico que existem forças que estão colocando esse rumo como caminho, mas existe resistência no processo. Então eu acho que essa tensão, ela é fundamental. [...] (Marilda Iamamoto — entrevista).

Iamamoto valoriza o legado construído pelo Serviço Social brasileiro e seu impacto na atualidade, fato que permitiu um acúmulo crítico que trouxe um diferencial em relação às disciplinas especializadas que fazem parte das chamadas "Ciências Humanas e Sociais" (o que é fato). Nesse processo de acumulação crítica, humano-social, o humano potencializa o social, faz parte dele, embora não se identifique com ele. O social, por sua vez, compõe o humano, ajuda a formá-lo como ser humanizado. Por isso: ser social.

> [...] eu acho que hoje nós estamos contraditoriamente com todas essas dificuldades numa situação absolutamente privilegiada. Olha que interessante. Sabe por quê? Porque, veja, se você ver, quando você vê as Ciências Sociais, quando você vê a Psicologia, estão todos sufocadinhos,

> cada um tem o seu nicho, tem o seu cantinho. Aquilo que para a gente era um estigma o fato do Serviço Social estar, do assistente social estar em todos os campos, não estar em nenhum. Cadê o meu pedaço? Cadê a minha especificidade? Cadê a minha identidade? Eu acho que isso hoje, esse caminho nosso da não especialização é a nossa grande conquista, nosso grande patrimônio. Isso nós estamos muito bem, porque nós somos capazes de fazer vínculos de relações que os especialistas não conseguem. Então eu acho que a gente tem uma possibilidade de ter um faro, uma sintonia com a discussão da totalidade, da compreensão da processualidade histórica, das contradições, das tensões e um diálogo muito privilegiado e muito à vontade com as diferentes áreas do conhecimento. Vamos dizer "áreas" entre aspas, das diferentes gavetinhas que o conhecimento foi aprisionado. Eu acho que isso é uma coisa muito interessante. [...] (Marilda Iamamoto — entrevista).

Potyara Pereira e Carmelita Yazbek igualmente destacam os problemas relativos à mercantilização do ensino que reduzem a *formação* à *informação* para operar acriticamente, burocraticamente, ações, programas e projetos previamente determinados. Tais problemas, hoje um desafio insano a ser enfrentado, se apresentam nos níveis de graduação e de pós-graduação, estimulados não apenas pelo setor privado, mas também pela esfera público-estatal, pelos principais órgãos de fomento à pesquisa (como acima apontado por Iamamoto). O reducionismo aqui é inevitável, minando abordagens coletivas, fragmentando e engavetando os conhecimentos em departamentos e estimulando um manuseio grosseiro de informações.

> No que tange à *formação profissional*, deve ficar claro que esta é um processo que não se resume à transmissão de competências intelectuais e operativas, pois deve também visar à formação de *atores sociais*. Em outras palavras isso quer dizer que a formação do assistente social só será qualitativamente relevante se — parafraseando José de Sousa Martins (1978) — os cursos de Serviço Social se transformarem em fontes criadoras de *tipos humanos* que, além da capacidade de compreender adequadamente a realidade e atenderem com eficiência os reclamos sociais a eles dirigidos, possam estabelecer compromisso indiscutível

com valores que não têm preço. Sendo assim, há que se fazer distinção entre *formação*, cujo objetivo é gerar profissionais capazes de criar além das restritas ou nulas possibilidades que lhe são oferecidas (idem, p. 33) e *adestramento*, de acordo com o qual os cursos de Serviço Social seriam moldados pelas demandas do mercado e pelos imperativos do poder estabelecido. Se guiados pelos propósitos da *formação*, os cursos de Serviço Social se identificarão com os objetivos e sentidos originais de uma universidade que são os de desenvolver funções criadoras por meio de seus diplomados; mas, se guiados pelo *adestramento*, tais cursos assumirão a feição de treinamentos técnicos ajustados a fins definidos externamente e sem a sua participação. [...] A formação em Serviço Social está também sob a mira e ingerência da mercantilização. Não é à toa a expansão dos cursos de caráter privado e das modalidades de ensino a distância, aligeirados e de escasso aprofundamento. O próprio governo, com o seu Programa de reforma denominado ReUni parece avalizar essa tendência. Manter cursos de graduação e de pós-graduação de qualidade está sendo difícil. Isso é um campo propício ao reducionismo teórico no Serviço Social e à legitimação do domínio de poucas cabeças pensantes (Potyara Pereira — entrevista).

Quanto à formação temos dois grandes desafios: um que é a questão da formação a distância, e da precarização do ensino de um modo geral. Sabemos que há um ensino presencial muito precário, muito precário. Eu tive no último encontro da Abepss aqui em São Paulo e observei que a condição de trabalho do professor de algumas universidades privadas ou escolas particulares é muito precária (o professor tem cinco, seis, sete disciplinas sem uma hora para a preparação). É o professor hora/aula, sem condições de se qualificar. E mesmo assim (isso que é admirável nessa profissão) fazendo doutorado escondido, não é? Nós temos alunos aqui, fazendo doutorado, que esconderam das universidades onde eles trabalham, pois se a universidade souber, ele é demitido, eles não querem profissionais mais qualificados, que teriam que receber um pouco mais[9]. Então a formação ela é um desafio permanente, o ensino a distância, a mercantilização. [...] (Carmelita Yazbek — entrevista).

9. Essa observação de Yazbek, sobre o descarte dos professores doutores ou da omissão da titulação no currículo do candidato, é uma triste constatação.

José Paulo Netto chama a atenção para a urgência de viabilizar o que denomina "formação pós-universitária", que não se confunde com formação em nível de pós-graduação. Ressalta, como exemplo, a importância dos cursos a distância coordenados pelos CFESS-CRESS e outras possíveis modalidades, bem como o cuidado que deve ser dado à formação de base na graduação (aquela que é exigida como patamar mínimo para a atuação profissional — destinada a todos). Isso põe em pauta uma estratégia central: a necessidade de combater todo nível de precarização formativa no âmbito básico da graduação (e, evidentemente, nos outros níveis), criticando e combatendo, inclusive, o ensino a distância e cuidando dos cursos presenciais (uma tarefa necessária, fundamental, ainda que pesada e difícil nas atuais condições). Todavia, a formação pós-universitária deve ser enfrentada de todas as formas possíveis, desde que a organização e as estratégias utilizadas estejam comprometidas com um projeto de formação voltado à qualificação intelectual, como espaço de socialização de produções e de conhecimentos (relacionados ou não, diretamente, ao Serviço Social) que contribuam para isso.

> Eu acho que nos é fundamental, fundamental, encontrar sistemas, meios, modos de promover o acesso da massa dos profissionais do Serviço Social a momentos de formação pós-universitária. Não é a pós-graduada, mas, sim, a pós-universitária. Aquele curso que o CFESS patrocinou, vai fazer de novo, eu acho que isso é absolutamente importante em todos os níveis. Os CRESS têm que fazer isso, as universidades têm que abrir para os supervisores de campo. Esse é o único jeito que eu vejo de socializar informações produzidas pelas vanguardas de forma a torná-las mais acessíveis aos assistentes sociais. Eu não sou contra educação a distância, não. Eu sou contra essa educação a distância que está aí. Eu acho que nós temos que valer dos meios tecnológicos, da teleeducação etc. O problema é como fazer isso não é? Eu estou no Rio de Janeiro desde 1987 e fiquei só dois anos sem dar aula na graduação. Nesses anos todos eu estou na graduação e na pós. Eu acho muito mais importante o trabalho na graduação. Entre nós: quando se qualifica o professor da graduação logo dizem: "Vamos dar aula na pós". Eu dou aula, quero dar aula, quero continuar dando aula no primeiro período, ali. Acho que

> o trabalho na graduação é essencial. A pós é importante? É muito importante, mas é na graduação que você forma o profissional, não é na pós. A pós é para quem vai para pesquisa e para docência. O profissional faz outro tipo de cursos (particularmente as especializações). Mas a graduação é para todos (é a base). Por isso ela é absolutamente importante. E não é importante, é absolutamente importante. Nós devemos jogar todas as nossas fichas, todas, numa boa formação de graduação. [...] (José Paulo Netto — entrevista).

Há, portanto, necessidade de investir profundamente na qualidade da formação profissional, comprometida com a densidade teórico-prática e investigativa dos assistentes sociais, no sentido há pouco reivindicado (diga-se de passagem, uma verdadeira contracorrente na atualidade). No âmbito da formação profissional, em todos os seus níveis (desde a graduação até a pós-graduação — dentro e fora do espaço acadêmico), estes são desafios absolutamente essenciais, *sem os quais não haverá a menor condição de manter e, muito menos, radicalizar as proposições contidas no Projeto Ético-Político Profissional* (*como direção social estratégica*). Nisso tudo há um aspecto absolutamente fundamental: *é preciso investir em uma formação profissional densa e sólida empenhada em formar intelectuais que pensem criticamente coisas concretas.* Essa formação, no entanto, vem sendo fortemente questionada — por diferentes tendências — como demasiadamente complexa e desnecessária para uma profissão "prioritariamente prática" em que a dimensão técnico-operativa se sobrepõe às outras dimensões (ainda que frequentemente se diga o contrário). Nesse contexto, por exemplo, há quem defenda uma formação teórico-metodológica submetida aos desafios da prática, seja no sentido de responder diretamente ao que "se pede" na prática ou, de forma um pouco mais elaborada, desenvolver estudos mais densos, desde que eles estejam circunscritos às demandas práticas e que respondam imediatamente a elas (como também nos alerta, corretamente, Montaño [2007, p. 161]). Todas essas formas, por um ou outro caminho, recaem em uma relação pragmática e utilitarista (da prática sobre a teoria), reduzindo a nada o perfil intelectual aqui reivindicado. O que se pretende é negar a separação entre os "práticos" — como especialistas do fazer — e os "acadêmicos", isto é, os "iluminados" que pensam e produzem conhecimentos que serão aplicados como receitas e consumidos como mercadorias acadêmicas impostas mecanicamente pelo pragmatismo da prática (e isso vale para todas as formas de utilitarismo, sejam elas mais grotescas ou mais elaboradas).

> Para a *eleição de um paradigma alternativo*,[10] o Serviço Social deve romper não apenas com o positivismo que já encontrou os seus limites, mas também com o pós-modernismo a ele associado, com sua fluidez analítica, sua visão caleidoscópica do mundo e seus exacerbados relativismo e pragmatismo. Em seu lugar há que se eleger outro paradigma cuja postura teórica e metodológica reconheça que: — há unidade concreta no todo, que é dialeticamente contraditório, e não integradamente holístico ou confusamente caleidoscópico; — perceba diferenças entre realidade e fantasia; não seja expressão de uma cosmovisão conservadora nem queira recriar o mundo à imagem e semelhança dos poderes estabelecidos; — não encare como natural a desigualdade social e se constitua em pressuposto de pesquisas e políticas que se coloquem a serviço das necessidades humanas e não as do capital. [...] (Potyara Pereira — entrevista).

Potyara utiliza a terminologia "paradigma alternativo" para denominar uma orientação capaz de se contrapor dialeticamente à racionalidade em curso que beneficia o capital em detrimento das necessidades humanas (uma afirmação incontestável). Entretanto, o enfrentamento contemporâneo do positivismo e de seus modernos primos-irmãos sistêmicos, bem como das inúmeras tendências genericamente situadas no campo da pós-modernidade, deve ser feito com base em uma razão ontológica (Silva, 2013b) que adote o ponto de vista de totalidade, a crítica radical do trabalho na sua forma alienada/abstrata e o claro compromisso com a superação da ordem burguesa na direção de uma sociedade emancipada socialmente. Isso reafirma a necessidade atual de um debate denso e sério com a teoria social de

10. Grifos de Pereira.

Marx. Se só com ela não é possível ir tão longe (nesses mais de 150 anos de marxismo), sem ela não apenas não se sai do lugar como também se fixa cada vez mais nele, perpetuando aquilo com o qual o Serviço Social se defronta: a "questão social". Não existe, portanto, qualquer possibilidade de adotar uma perspectiva ontológica e de totalidade, no campo em que se insere o Serviço Social, sem qualificar os assistentes sociais, que são os sujeitos privilegiados que põem em movimento as possibilidades concretamente inseridas na realidade. Uma apropriação empobrecida da dinâmica do mundo material tem impactos reducionistas na atuação profissional e na explicação da trama social e institucional. Isso, ao mesmo tempo, desqualifica a profissão e o profissional reduzindo-os à esfera operativa da vida social.

É preciso investir em uma inserção profissional que estimule a resistência aos procedimentos e regras que têm inibido níveis crescentes de emancipação (ainda que esses níveis não superem, sob o mundo do capital, a afirmação de direitos — a emancipação política, nos dizeres de Marx [2005a, p. 42]). Isso certamente levará o trabalho profissional (obviamente assalariado-abstrato) aos limites mais distantes (forcejando ao máximo as possibilidades existentes), sem reforçar certo tipo de ingenuidade de que tais ações serão capazes de viabilizar transformações estruturais sob as condições da sociabilidade burguesa. Os profissionais reconhecem, então, que as profissões possuem uma funcionalidade para o capital (e isso é insuprimível), mas que, também, podem se constituir como instâncias de contra-hegemonia na trama tensa e contraditória que sustenta as relações sociais burguesas.

Disso tudo há uma única certeza: embora seja absolutamente fundamental insistir nessa direção no sentido de "manter, consolidar e aprofundar a atual direção estratégica" (Netto, 1996, p. 117), os desafios na área da formação profissional são imensos. Ao mesmo tempo, a profissão jamais poderá superar — sob o mando do capital —, suas determinações ontológicas, reais e concretas, comprometidas (ainda que não somente) com a gestão de tensões sociais oriundas da mercantilização contínua das relações humanas intrínsecas à sociabilidade burguesa.

Outro aspecto central e diretamente vinculado à formação, nos termos aqui reivindicados (na medida em que também é potencializado e qualificado por ela), diz respeito *à forma como os assistentes sociais estão ocupando os múltiplos espaços e respondendo às diversas demandas que imediatamente lhes são apresentadas*. Embora tais demandas caoticamente e imediatamente se expressem no cotidiano profissional (com uma existência material incontestável que não pode ser simplesmente ignorada), isso não significa que a profissão e os profissionais devam assumir prestativamente, altruisticamente e acriticamente, da forma como inicialmente são encaminhadas, as solicitações e desafios. É preciso lembrar, por exemplo, que muitas conquistas do período pós-ditatorial brasileiro (certamente situadas no campo da emancipação política) têm sido competentemente capturadas e empobrecidas a favor do retrocesso e do conservadorismo burguês deste início de século. É comum, hoje, por exemplo, a convivência de um defensor do "extinto" Código de Menores com o Estatuto da Criança e do Adolescente, sem grandes incompatibilidades e até com certa coerência. O mesmo ocorre, por exemplo, com defensores e colaboradores de regimes autoritários que, tranquilamente, se dizem representantes da sociedade civil nos Conselhos de Direito ou se proclamam autodefensores das crianças e dos jovens nos Conselhos Tutelares.[11]

Alguns assistentes sociais reconhecem clara e criticamente — com diferentes níveis — os limites que enfrentam no cotidiano profissional. Essa clareza é, na verdade, o primeiro passo necessário à negação do instituído, à crítica da política em curso, à "negatividade ontológica do político" (nos dizeres de José Paulo Netto), ainda que restrito à esfera profissional, revelando uma visão densa dos limites instituídos e do alcance dos programas e projetos sociais gerenciados. Nota-se que esse primeiro passo na direção de uma crítica mais radical carece de dois elementos cruciais sem os quais não existe a possibilidade desse salto qualitativo:

---

11. Diga-se de passagem, o próprio ECA e a proliferação de conselhos abrem brechas nesta direção ao sacralizarem e nivelarem a "sociedade civil".

1. a base formativa (não limitada à esfera operativa, mas saturada de economia-política e tensionada pelo ponto de vista de totalidade) que ofereça uma estrutura teórica que subsidie o pensar concreto;
2. a própria dureza e concretude da vida material/profissional cotidiana sobre a qual o pensar concreto recolhe e analisa os dados empíricos (em si e por si sem valor), constata as dificuldades práticas e põe em movimento as possibilidades inscritas na realidade (sempre limitadas).

Todavia, o que está claro nos depoimentos é que as ações sociais funcionais para o capitalismo monopolista em tempos de acumulação flexível cada vez mais *dragam as forças críticas daqueles que a possuem, ocupam mecanicamente seu tempo, atribuem aos assistentes sociais a função de gerenciar o ingerenciável, o caos, sem oferecer a eles as condições objetivas para uma abordagem que supere ações paliativas e puramente focais*. O criativo, aqui, por mais que o seja, move-se em um lamaçal composto por dramas socioindividuais e programas e projetos sociais com um alcance limitadíssimo, que precisam ser viabilizados para que as pessoas atendidas possam lidar com determinada carências humanas necessárias à sobrevivência. O que se vê, então, nesses casos, é um profissional que pensa criticamente, mas não visualiza perspectivas para viabilizar alternativas que operem para além da gestão de "situações terminais", mesmo que aponte caminhos a serem percorridos e potencializados: "fazer junto com a população", "com os outros profissionais".

> Acredito que o primeiro grande limite para atuação é justamente a precariedade da condição de vida da população atendida, a dificuldade de acesso a direitos sociais e a precariedade das políticas públicas, em sua maioria paliativas, focalistas e fragmentadas. Em meu trabalho, de modo geral, a população atendida vive em condições quase subumanas, tem baixa escolaridade e dificuldades que restringem em muito a possibilidade de autonomia, uma vez que na maioria das vezes não possuem

acesso nem mesmo a transporte ou a uma alimentação satisfatória. Assim, vejo minha ação, em alguns momentos, restrita à provisão de pequenos recursos que auxiliem esse sujeito a minimizar esta condição, de forma emergencial e paliativa, como a concessão de benefícios temporários de auxílio financeiro (em valor irrisório), vale-transportes e cestas básicas. Apesar de entender a ineficácia destes benefícios, que acabam inclusive por reforçar a condição de subalternidade dos sujeitos, não vejo, no momento, vistas as condições das políticas sociais no município, possibilidade de prescindir destas ações, já que também não é possível ao sujeito avançar se não tiver, ainda que precariamente, satisfeitas suas necessidades elementares. [...] Outras limitações estão no âmbito institucional, na forma como o serviço é organizado, que dificulta ações que visem o coletivo e que poderiam potencializar o enfrentamento destas demandas coletivamente, já que são demandas comuns da população local. Há uma exigência de individualização do atendimento e a única proposta permitida é a realização de atendimento em grupos e mesmo assim com atividades já direcionadas, com foco em questões individuais e familiares. Então como exemplifiquei acima, o que nos resta de possibilidade, no que tange à busca pela efetivação dos direitos, é o encaminhamento das "situações" ao judiciário, o que entendo como uma forma de "judicialização" da questão social, restrição da atividade profissional a elaboração de laudos e pareceres técnicos [...] (Manoela — assistente social).

Você precisa ter um conhecimento, ter uma formação básica e este conhecimento vai se aprimorando no contato com a realidade. É importante que o profissional conheça onde ele vai atuar, se ele vai atuar em um determinado CRAS, por exemplo, de uma determinada região, ele precisa conhecer qual é a dinâmica da região, quais são as características, qual é a sua demanda. Então essa questão do conhecimento e do diagnóstico é muito importante, você precisa ter uma referência teórica anterior e ir interagindo com essa realidade, para você conhecê-la. O outro ponto que considero importante é que o profissional não deve agir pela comunidade, uma tendência natural, é mais fácil, não é? Eu acho que o profissional tem que fazer junto, porque a gente se soma. O profissional vem com o seu preparo, com a sua formação e a comunidade sua experiência. Então é importante atuar junto com a população, sempre com espírito de equipe. Enquanto assistente social eu fico muito preocupada com essa questão, como eu disse anteriormente, eu acredito que o assistente social tem um papel de articulação com os outros profissionais, pela sua própria formação. Ele tem uma visão mais ampla das coisas. Então ele pode ser o articulador junto a profissionais de outras áreas. Isso é importante [...] (Gabriela — assistente social e gestora).

José Paulo Netto, igualmente, destaca a tendência atual de reduzir o Serviço Social à assistência social, bem como de, cada vez mais, atribuir aos assistentes sociais a tarefa de lidar com o pauperismo e gerenciar a barbárie com instrumentos muito limitados. Valoriza, entretanto, os espaços contraditórios e o tratamento crítico deles, como instâncias de confronto em oposição à harmonia e à paz social pretendida em nome da "superação" da pobreza. Fora desse contexto, é impossível pensar um Serviço Social que seja capaz de reconhecer suas limitações, forcejar seus limites, buscar caminhos não trilhados, enfrentar o desconhecido, cultivar a "massa crítica" e desconfiar do imediatamente dado.

Para o Serviço Social isso põe questões seríssimas. Primeiro, e não é uma coisa única, em nosso campo profissional vemos um cenário cortado por tendências, por distintas concepções de profissão, porque há no nosso campo distintas concepções de sociedade, de história etc. Isso é extremamente natural, isso se expressa nas práticas do Serviço Social, não é?! Penso que há uma tendência forte a levar o Serviço Social a ser um dos coadjuvantes na administração da barbárie, da miséria, da contenção da miséria em face da barbárie etc. Penso que isso está muito nítido e não só no Brasil: vê-se isso na Europa claramente, vê-se na América Latina. Essa é uma tendência forte. Estou convencido que isso tem muito a ver com a redução do campo profissional às atividades assistenciais (quero deixar claro que eu penso que a assistência é um campo legítimo do Serviço Social, importante, mas penso que reduzir o Serviço Social à assistência é uma redução que estreita largamente o campo de intervenção societária dos assistentes sociais). Acho que também dentro do Serviço Social brasileiro, há correntes que tem uma visão crítica da conjuntura, do quadro histórico que atravessamos e que procuram formas de atuação, que tragam em si elementos eman-

> cipadores, tanto do ponto de vista político quanto do ponto de vista humano. Então, neste sentido eu vejo o Serviço Social como um campo de confrontos, e penso que por causa disso o investimento na pesquisa, na formação teórica, na formação das novas gerações dos assistentes sociais é absolutamente importante para que eles tenham clareza de que o seu âmbito profissional é também um campo de confronto de colisão e não só de "vamos nos dar as mãos em face do futuro". [...] (José Paulo Netto — entrevista).

> Antes, porém, é preciso que os assistentes sociais rompam com o ranço colonialista da profissão; é preciso, sem demora, estabelecer estratégias que ataquem pelo menos três frentes: a *formação profissional; a eleição de um paradigma alternativo* tanto ao empirismo positivista, ainda influente, quanto à atual onda pós-modernista que atinge a profissão; e o *estreitamento dos nexos* entre *prática profissional, pesquisa, teoria*, valendo-se, inclusive, da autonomia relativa que o assistente social, como profissional, possui [...] (Potyara Pereira — entrevista).

O sentido socioeducativo, então, adquire outra direção: não se limita a repassar informações formais aos pobres por meio de atividades individuais, grupais e comunitárias, muito menos reproduzir velhas e "novas" formas de controle quase sempre utilizadas em nome da "participação democrática". Ele também não se confunde com perspectivas messiânicas que creem que o trabalhador social conduz, por si mesmo, endogenamente, um processo dito de "transformação" e de "conscientização", privilegiando um politicismo que desconsidera as condições objetivas para realizá-las. *O que nasce aqui é outro tipo de trabalho socioeducativo fundado na realidade dos seres sociais atendidos, no sentido de valorizar um denso processo que unifica sem identificar pensamento e realidade, ontologia e gnosiologia, teoria e prática, o imediatamente visível e sua complexidade mediata, carências-necessidades e possibilidades reais de satisfazê-las por meio de programas e projetos sociais, demandas apresentadas e formas de encaminhá-las mais amplamente com o apoio do trabalho profissional*. Trata-se, assim, de um trabalho socioeducativo edificado a partir de bases ontológicas, *contaminado de economia-política, levado às suas fronteiras mais distantes e forcejado em suas contradições teórico-metodológicas, técnico-*

-operativas e ético-políticas. Isso impõe ao assistente social a necessidade de uma articulação pessoal e profissional com instâncias localizadas para além dos limites da esfera profissional: movimentos sociais e outros grupos comprometidos com certo tipo de crítica à ordem burguesa.

> Eu compartilho da ideia, que me parece que quem formulou com mais precisão foi a Marilda, de que o assistente social é um profissional que goza de alguma autonomia no seu fazer. Marilda não fala "alguma", Marilda fala em "relativa autonomia". Acho que essa ideia dela é muito boa, é operativa e instrumental. Mas para mim essa autonomia é uma autonomia que tem que ser muito precisada. Isso significa que mesmo em um campo, em uma área, o nome que você queira dar, na execução de políticas como as que estão aí, não me parece que o sujeito profissional é um ser passivo. O que eu quero dizer é o seguinte: eu acho que nesta área de atuação as coisas não estão predeterminadas não é? A execução destas políticas passa por injunções municipais, passa por injunções locais, isso dá ao agente profissional uma margem de manobra que não o torna um mero reprodutor, um mero "fazedor". O que eu quero dizer com isso? Eu acho que se ele desempenhar as atividades profissionais visando algo mais do que a reprodução do que aí está. Estou convencido de que isso é possível. Para isso são necessárias duas condições fundamentais: primeiro, que se trate de um agente, de um sujeito técnico, de um assistente social com uma sólida formação teórico-política. Sem isso é inviável, sem isso ele será mais uma "arruela" desse motor, não é? Mas não basta só isso, é preciso também que ele encontre, saiba encontrar — o que também é derivação da sua formação, da sua qualificação — que ele encontre aliados no plano institucional, no plano dos usuários etc. Com isso eu quero dizer que a política de assistência, mesmo essa que está aí, ela não determina automática, necessária e diretamente efeitos de mero controle, e acho que isso pode permitir tencioná-la, mas sabendo dos limites desse tensionamento. Segundo aspecto: eu estou convencido de que essa política que está aí vai continuar no próximo governo, independentemente de quem seja o Presidente da República. Pode mudar os seus operadores, pode mudar centralmente os seus gestores, mas esse formato é o formato que corresponde a essa orientação econômico-financeira que está aí. [...] (José Paulo Netto — entrevista).

A recomposição do socioeducativo, aqui, alimenta-se da contradição, da "autonomia relativa" (nos dizeres de Iamamoto), do "ser não passivo" enriquecido por uma formação profissional densa ("teórico-política", ou seja, consistente teoricamente e intencionada politicamente pela emancipação humana), que se objetiva a partir das condições concretamente dadas, uma autonomia real que, todavia, não se contenta com aquela imediatamente, institucionalmente atribuída (nos moldes indicados por José Paulo Netto). O que se pretende, aqui, é estimular uma atuação profissional radicalmente comprometida com *o tensionamento permanente dos limites da profissão* sem que isso assuma um procedimento de pura *negação paralisante e niilista* ou, ao contrário, idealisticamente endosse um messianismo obreiro incapaz de decodificar as determinações reais da profissão. Isso significa, verdadeiramente, exercitar o sentido ontológico negativo da política, que não abre mão da crítica-crítica, que cria a recria ações e propostas fomentadoras do respeito e do acolhimento dos que procuram o serviço sem que, com isso, se objetive uma prática restrita de autoajuda "inclusiva" como oposição à "exclusão social". Não há dúvida de que a dureza do espaço propício à gestão terminal do pauperismo exigirá uma abordagem que ouça atenciosamente, que favoreça o desabafo, o desafogo das mágoas pessoais e o cultivo de programas e projetos que permitam que as pessoas não morram fisicamente. Negar isso, hoje, nas condições concretamente estabelecidas, é ilusão. Mas é preciso ter claro que esses procedimentos são, apenas, básicos, iniciais, estritamente óbvios para que se possa incentivar outras esferas necessárias a níveis crescentes e certeiros de emancipação.

É preciso explorar a riqueza cotidiana em que os Cras e os Creas estão imersos, dar vida ao "território", revelá-lo na sua complexidade, explicá-lo como espaço particular, não isolado e insuficiente por si mesmo. Isso deve ser feito não apenas para levantar recursos responsáveis pela "rede cidadã e solidária de serviços" (hoje a meta social da ordem burguesa madura, centrada na ideia abstrata de que é possível solucionar ou equacionar correta e racionalmente a "questão social"), mas para forcejar seus limites e contribuir com a concentração de forças populares, comunitárias e regionais (forças genuinamente sociais). Isso exige, necessariamente, conversar com os que vivem da venda da força do trabalho, falar e decodificar sua língua, seus códigos, pensar criticamente com eles, favorecer o florescimento da potência individual-coletiva contida nele e em suas vidas e histórias desumanizadas. É fundamental, também, manter o vínculo com as instâncias organizativas dos trabalhadores (particularmente os sindicatos), as diferentes organizações de bairro e outras dimensões organizativas relevantes, estabelecendo uma interlocução (crítica) com elas, nas suas diferentes expressões, fortalecendo as organizações que ainda teimam em defender a "falecida" classe social tecida na luta de classes. Em tempos duros de fragmentação, é primordial atuar reunindo forças comprometidas com aqueles que "vivem do trabalho". Socializar as informações e angústias vividas pelos assistentes sociais no conjunto Cras-Creas, discutir os limites do instituído com outras instâncias que atuem junto aos trabalhadores é passo crucial para congregar forças e exercitar a crítica negativa da política junto às massas.

Urge, então, pensar não apenas em como pôr em movimento as demandas instituídas, legalmente previstas no âmbito da gestão terminal da pobreza, mas, principalmente, *pensar no significado delas, fazer a crítica política da política em curso e indicar o que não está sendo feito, que precisa ser feito e que merece ocupar a nossa reflexão.* É necessário que isso consuma parte do tempo do assistente social, ocupe contraditoriamente seu cotidiano profissional, dinamize a sua "autonomia relativa", seja o celeiro que forneça a matéria-prima da criação. Não há dúvida de que tudo isso conta com outro aspecto central: a luta por condições dignas de trabalho, em que se inserem a recente conquista nacional da jornada de trabalho de 30 horas semanais e a luta por um piso salarial digno (ainda em curso).

> Acho que seria uma atuação profissional com essa consciência, com a consciência de, digamos assim, desfazer o estabelecido. Porque se você ficar só repassando os serviços, repassando benefícios sem questionamentos (nos Cras, nos Creas ou em outros espaços profissionais), você

estará desenvolvendo uma atuação profissional meramente reiterativa. De manutenção das coisas como estão. [...] O que eu acho fundamental é que os assistentes sociais são trabalhadores como qualquer outro trabalhador, muito explorados. E se você fala do contexto da assistência social, da Política de Assistência Social, por exemplo, no contexto dos CRAS e os CREAS, onde eles atuam no âmbito da Política de Assistência Social, as condições de trabalho são precárias. Se um médico é contratado para ir para o interior ele ganha R$ 10.000,00 (dez mil reais), R$ 15.000,00 (quinze mil reais). Querem que o assistente social vá para o interior ganhando R$ 1.000,00 (mil reais)! Quer dizer, os assistentes sociais fazem parte de uma categoria profissional muito explorada, daí por que nós encontramos, por exemplo, assistentes sociais que passam dois dias num município, dois dias em outro município e às vezes trabalha em dois, três municípios, passando alguns dias, alguns expedientes num município, depois em outro, depois em outro, para poder ter dois ou três salários, porque um só não é suficiente. Quer dizer, então a gente tem que exigir condições de trabalho. Qual é o tempo, qual é a condição que esses profissionais têm inclusive para estar atualizados, porque a formação de uma consciência crítica com um embasamento teórico-metodológico para orientar uma prática profissional exige investimento. Investimento de dinheiro, investimento de tempo também. Então os profissionais às vezes entram nessa rotina porque fazem parte de uma categoria de profissional muito explorada. [...] (Ozanira Silva e Silva — entrevista).

O primeiro é reafirmar o nosso Projeto Ético-Político, é efetivamente dar corpo, visibilidade, construir o Projeto. Porque o Serviço Social que enfrenta essa conjuntura difícil, é um Serviço Social que amadureceu, que alcançou maturidade teórica, alcançou maturidade política, que tem nível organizativo invejável, uma profissão bem articulada, bem organizada, que tem presença política. [...] O segundo é a formação que abordo sob dois ângulos: a necessária formação continuada do profissional. Não é porque termina sua graduação, seu mestrado, seu doutorado, seu pós-doutorado, a formação ela é contínua, as nossas entidades têm que dar conta disso, criar possibilidades dessa formação. [...] No mercado de trabalho, a defesa das condições de trabalho (porque a crise do trabalho alcança o assistente social, nossa precarização), o contrato

> terceirizado, o contrato por projeto. A defesa das condições que as nossas entidades estão fazendo, que é outra questão importante. [...] O último desafio desse contexto aqui é inserir a profissão nos processos mais amplos de construção da sociedade democrática, entendendo isso como uma mediação, entendendo que a construção de direitos, a participação democrática, a construção da democracia, da cidadania são mediações para essa profissão alcançar naquilo que ela se propõe no seu Código, nos seus objetivos. Então é mais ou menos isso que eu estou falando, ou seja, construir o político na política social, que também é uma coisa que me preocupa muitíssimo, que eu acho que toda essa discussão das políticas, da assistência, isso está profundamente despolitizado. É preciso deixar claro qual o horizonte, qual a perspectiva. [...] (Carmelita Yazbek — entrevista).

Na esteira do que vem sendo tratado, vale destacar, também, o atual distanciamento do Serviço Social e dos assistentes sociais com relação aos movimentos sociais e aos trabalhos populares (mesmo com toda crise que também os afeta). Não se deseja, com isto, ressuscitar velhas fórmulas de conscientização pautadas no "catecismo sectário" de perfil autoritário-dogmático, mas, ao contrário, *revitalizar um importante espaço que sintoniza a profissão com outras instâncias absolutamente necessárias à práxis social*. Isso significa que é importante retomar a "conversa com o povo", conhecer suas necessidades e demandas atuais, abandonar o isolamento técnico-institucional e *o posto unicamente gerencial*, criando melhores condições para enriquecer os espaços oficiais exatamente com aquilo que eles não possuem: *potência contestatória*. Essa oxigenação vem sendo absolutamente rompida seja pela cooptação de lideranças (já indicada anteriormente), seja pelo proposital desprestígio e isolamento destes espaços (encarados, no máximo, como esferas a serem manejadas e manobradas por interesses partidários e de cúpula). Ao mesmo tempo, o trabalho profissional dos assistentes sociais pode contribuir para que as lutas empreendidas pelos diversos movimentos locais, regionais e nacionais não se resumam a reivindicações pontuais e desarticuladas entre si (um sério problema que afeta os diversos movimentos e a sua própria sobrevivência). Portanto, revitalizar o vínculo com os movimentos sociais e qualificar o trabalho popular é caminho necessário para estabelecer importantes contatos entre a "academia", a esfera de atuação profissional que se situa fora dela, os movimentos e as demandas sociais.[12]

É nesse rico celeiro que devemos concentrar nossas forças produtoras de conhecimento e de atuação profissional, ainda que, também aqui, os problemas sejam muitos. O trabalho popular é, assim, importante espaço para qualificar esta relação no sentido de perseguir a práxis social sem desqualificar e/ou reduzi-la à práxis profissional e às importantes conquistas no campo da emancipação política (com todas as suas limitações). Mais ainda, oxigena o trabalho profissional no campo institucional e exige dele ações no mínimo diferenciadas.

> Onde eu acho que nós pecamos muito? É na questão da prevenção, a coisa da reivindicação, aquela coisa bem do Serviço Social (que a gente trabalha em grupo), nos bairros, como quando eu comecei trabalhando lá em 1990, que eu fazia muito isso. Nós nos reuníamos com as comunidades. Eu vejo que hoje isso está meio perdido nesse emaranhado de coisas e acho que isso é um ponto essencial da nossa atuação. É o que a gente está tentando resgatar agora, que é começando os trabalhados de articulação nos bairros (que o CREAS tem esse papel articulador). [...] (Fernanda — assistente social).

Mas o que é imediatamente fundamental aos que sofrem da "doença terminal" do pauperismo? Aqui, também, a contradição está presente mesclando a concretude da vida material necessária à satisfação de algumas carências humanas e o suspiro da consciência em si, alienada/estranhada, repleta de complexos sociais ricos para a consciência emancipada: a consciência para si.

> Fundamental? Fundamental pra viver com melhores condições é amar, é um ter amor pelo outro, em primeiro lugar. E segundo, eu acho que a

12. Diga-se de passagem, um tema que mereceria um resgate refinado.

> gente ter um trabalho digno né, porque eu acho que o sonho de todo ser humano, eu como uma pessoa de baixa renda, e que tenho meus filhos, é ter a sua casa própria também. [...] (Júlia — usuária da assistência social).

> O meu sonho, vou dizer a verdade pra você, é ter a minha casa, minha mesmo, dos meus filhos, meu marido. A casa minha é isso aqui, mas isso não é casa, isso aqui é uma favela, meu sonho é isso. Eu tento mandar uma cartinha pra ver se eles me ajudam. A gente manda pro Silvio Santos, pro Gugu. Mas graças a Deus até hoje não apareceu hoje aqui não, vamos ver né? Eu quero ter uma casinha, porque eu vou morrer um dia, e os meus filhos levam, mas agora aqui isso não é só meu, eu não posso sonhar que isso aqui é meu. Eu tenho que sonhar que eu quero uma casa pra mim mesmo, pra por no meu nome e no nome das crianças, porque no meu nome não vai adiantar nada, porque vai sair briga. Então o sonho meu é esse. É esse que eu penso, eu penso no meu sonho pra eles. [...] (Ana — usuária da assistência social).

O caminho a percorrer é longo. Nele, certamente, a densidade e a grandeza da história não podem ser reduzidas à finitude mortal de cada um de nós, à nossa historicidade finita. Fundamental é deixar registrado nessa história nossas marcas como indivíduos sociais, como seres sociais que a tecem como podem, conscientemente, ao mesmo tempo que são tecidos por ela. O tempo é propício para um acúmulo de forças que resista firmemente ancorado em um "marxismo impenitente" (Netto, 2004), tempos duros e sombrios em que urge "resistir ao estranhamento enquanto preparamos a emancipação" (Iasi, 2010, p. 80).

> [...] Mas, poderiam argumentar alguns mais pragmáticos, uma vez que não estão dadas as condições de uma ruptura revolucionária, o que deveríamos fazer? Com o risco de parecer cético, responderia: se não estão dadas as condições de uma ruptura revolucionária, nem objetiva (embora acredite que cada vez mais estas se apresentem mais desenvolvidas), nem subjetivamente, cabe a nós, naquilo que nos compete, desenvolver ações que possam preparar a necessária ruptura e, enquanto

isso, resistir ao estranhamento e à exploração. Negar-se a encontrar formas que tornem as relações alienadas mais aceitáveis aos explorados e ao gênero humano subsumido ao estranhamento. Em poucas palavras, resistir ao estranhamento enquanto preparamos a emancipação. [...] (Iasi, 2010, p. 79-80).

COMENTÁRIOS INCONCLUSIVOS

O estudo aqui apresentado representa um esforço de reconstrução mental do materialmente posto, perseguição da dinâmica material que interfere na produção e reprodução de seres sociais concretos e históricos, que tecem sua individualidade social em dada historicidade. É, por isso, um texto elaborado sob bases ontológicas, comprometido com o ponto de vista da totalidade, empenhado em apanhar — sempre relativamente — a trama concretamente desenhada nas lutas sociais, tendo o Serviço Social brasileiro e sua inserção na divisão social e técnica do trabalho como preocupação particular. Produzir conhecimentos sob esse ponto de vista significa, sempre, assumir posições para além dos bancos daquela academia quase sempre comprometida em descrever a realidade, preocupada em mensurar dados por meio da comparação de variáveis, como um cientista que se "puxa pelos cabelos" para sair do atoleiro que contamina a "ciência livre de julgamentos de valor". Longe da razão determinada pela "sapiência" das teorias do conhecimento que falam por si (Lukács, 2010, p. 100), da descrição das "coisas da lógica" inspiradas nas travessuras do Barão de Münchhausen (Löwy, 1987), o nosso caminho foi radicalmente oposto: o da polêmica, o da ciência não neutra, o do debate necessário, o da pluralidade que vive da crítica permanente e, por isso tudo, o do respeito com a verdade.

O ponto de vista ontológico não está comprometido com conclusões, mas com observações finais que permitem acúmulos individuais-coletivos e reabrem possibilidades teórico-práticas, potencializam a natureza humano-genérica do ser social na sua totalidade (Lukács, 2010), contexto esse tecido sob lutas, dúvidas, incertezas, erros e acertos, derrotas e vitórias, perspectivas e limitações (subjetivas ou objetivas), portanto sempre inconclusivas, sujeita a correções de rumo, revisões que devem ser efetuadas no debate radical. Todavia, sem perder a direção, em nome de um consenso que nem sempre existe (de fato), certamente "contra a corrente" (Coutinho, 2000), assumindo posições pensadas e mensuradas, não suicidas e idealistas, porém claras, duras e necessárias.

Nesse processo não é possível desconsiderar a dureza do mundo contemporâneo, *a insustentabilidade entre democracia e capitalismo,* os impactos disto nas lutas sociais e na "afirmação de direitos" comprometida, no seu limite, com a sobrevivência do corpo biológico. Tudo isto contamina a "questão social" e impacta decisivamente o espaço sócio-ocupacional do assistente social como trabalhador assalariado, endurece sua potência crítica, amortece suas insatisfações lançando-o à imediaticidade da vida profissional.

> [...] eu diria que no último meio século, pelo menos, se esgotaram, se exauriram, chegaram ao fim essas possibilidades de compatibilizar desenvolvimento capitalista, desenvolvimento no marco da regência do capital e conquistas civilizatórias. Esses últimos 50 anos indicaram claramente que o capitalismo contemporâneo torna-se incompatível, inclusive com aqueles direitos que foram constituídos ao longo da sua história. Então, neste sentido, e essa é uma velha formulação do movimento socialista (não tem nenhuma novidade nisso), mas eu creio que há um dado novo: a disjuntiva entre desenvolvimento capitalista e princípios civilizatórios mínimos. Essa disjuntiva se torna extremamente atual. Se você observa os últimos 30 anos, o desenvolvimento da xenofobia, o desenvolvimento do racismo, o desenvolvimento de um tipo de individualismo (que já era muito conhecido, mas que agora ganha uma intensidade), um individualismo possessivo. Esses traços põem a barbárie não como uma possibilidade remota, como uma possibilidade contemporânea, não apenas a barbárie do ponto de vista da mera reprodução fisiológica da humanidade. [...] É um cenário, e eu estou convencido disso, que não é um quadro de uma crise, mas do exaurimento das pos-

> sibilidades civilizatórias sob o capitalismo. Se essa análise tem procedência, e eu estou convencido que tem, o que a ordem do capital tem a oferecer daqui para frente é uma polarização cada vez maior entre riqueza e pauperismo, de insegurança (insegurança ao longo da vida), de uma violência generalizada que não é apenas a violência que você, por exemplo, já estudou.[13] Também não é, apenas, a violência chamada simbólica. É a violência como constitutivo ineliminável, uma violência sob todas as suas formas, não é? Como um constitutivo ineliminável da vida cotidiana, ela já não é mais uma excepcionalidade, ela não é uma excepcionalidade, ela passa a ser um elemento constitutivo donde inclusive a facilidade de ser naturalizada. Ou seja, insegurança, violência e, ao mesmo tempo, uma produção exponenciada de riqueza o que é um escândalo aparente de tudo isso, pauperização relativa, absoluta ou generalizada. É uma concentração de riqueza como nunca a história da humanidade viu, seja na sua magnitude, seja na sua diferença, na sua assimetria. [...] (José Paulo Netto — entrevista).

Esta dureza sócio-histórica jamais anula os sujeitos históricos, ainda que ao mesmo tempo os limite, pondo e repondo desafios que devem ser enfrentados com a concretude que merecem (como complexos ontologicamente dados), sem jamais adequá-los ao imediatamente posto em nome do "possível a ser feito". Sem qualquer concessão às diferentes formas de idealismo, é preciso perseguir, com olho na realidade, o impossível, forcejar e tensionar os limites impostos pela barbárie, questioná-los, revelá-los, e não se mover unicamente no espaço permitido por essa barbárie: no limite, a reprodução mínima do corpo biológico e a negação civilizatória do ser social.

A indagação contida no título desse livro, *Serviço Social: resistência e emancipação?*, remete a questões de fundo importantes para o debate contemporâneo no Serviço Social, sua direção hegemônica. Conforme já insistimos ao logo do texto, esse debate é inseparável do rigor teórico, da crítica-crítica da "lógica da coisa", da reconstrução de categorias de análise ontológicas, realmente existentes na vida de seres sociais

13. José Paulo Netto se refere, aqui, ao nosso estudo de doutorado publicado no livro intitulado *Justiceiros e violência urbana* (Silva, J. F. da, 2004).

e pertinentes a sua produção e reprodução como seres orgânicos ativos, não mudos, redutores permanentes das barreiras naturais (Lukács, 2010, p. 111). Isto seria inviável sem a contribuição da razão ontológica que se debruça sobre a realidade, põe em movimento as possibilidades objetivamente dadas, interfere ativamente na história revelando, com o apoio inseparável da razão, a complexidade da vida social e suas múltiplas, mutáveis e históricas mediações.

Não se trata, em absoluto, de descartar a utilidade do Serviço Social — e das profissões — para processos crescentes e organizados de resistência e de emancipação, *mas de indicar quando e de que forma eles podem ou não ter alguma utilidade*, estabelecer uma interlocução crítica que permita explicar o significado social dessa profissão no mundo capitalista, na sua fase monopolista, toyotista e financeirizada, suas contradições e suas particularidades no Brasil. Relegar às profissões (e ao Serviço Social) a esfera única da reprodução do capital (ainda que elas tenham sua funcionalidade na gestão da pobreza) é descartar um espaço que pode ser contraditoriamente útil a processos de resistência e de organização dos diferentes segmentos que vivem da venda da força de seu trabalho (Antunes, 1999 e 2000). Mais do que isto, tal redução exigiria o mesmo rigor com outras esferas mais amplas e tradicionalmente comprometidas com as lutas sociais libertárias, hoje enfrentando momentos difíceis: os sindicatos dos trabalhadores e os partidos políticos libertários, por exemplo. A conclusão disto? Adeus a qualquer possibilidade de resistência em duros tempos de barbárie social!

Por outro lado, atribuir às profissões o que elas não podem realizar (e não o podem simplesmente porque estão circunscritas a esse espaço e limitadas por sua própria natureza), é outro erro fatal. Essa opção desconsidera, igualmente, como já nos alertou corretamente Marilda Iamamoto (2007), as condições objetivas da profissão e as condições subjetivas dos profissionais que operam a política em curso. Mais grosseiro é atribuir abstratamente à cidadania, à defesa restrita de direitos à sobrevivência biológica do corpo, às diversas atividades "solidárias" e "socioeducativas", o espaço de uma "emancipação crescente", por doses homeopáticas, dócil, politicamente responsável e, por isto tudo, absolutamente despida de economia-política crítica.

Perguntaria, então, um leitor atento: qual a alternativa? É preciso dizer, claramente, que o Serviço Social é, tão somente, uma profissão (Iamamoto e Carvalho, 1985) e, por isto, carrega com ele as atribuições das profissões e seus limites no campo da gestão da pobreza. Este aspecto *é insuprimível, ineliminável, ontologicamente posto ao Serviço Social pelas condições objetivas mantidas pelo capital e por sua sociabilidade.* Esta determinação somente se alterará "para além do capital" (e aqui o debate seria longo, instigante e profícuo), em outra sociabilidade que mire a genuína revolução social e estabeleça uma transição socialista. Em claras palavras, não há como um assistente social dizer que seu trabalho profissional não opera a política em curso e a gestão do pauperismo no mundo burguês (por mais que o profissional não queira fazer isso), *simplesmente porque é exatamente por isso que a profissão existe e foi socialmente legitimada como tal nesta sociabilidade.* É preciso assumir isso criticamente sem abstrações messiânicas. A questão é outra: *como o Serviço Social como profissão e os profissionais assistentes sociais têm assumido e posto em movimento esse processo que, certamente, é complexo e contraditório? Qual a direção social empreendida pelos assistentes sociais ao assumirem tais funções? Qual a clareza sobre as contradições e armadilhas contidas nesse processo?*

Nesse debate — preservadas as mazelas inerentes ao Serviço Social — é necessário destacar posições e respostas progressistas das organizações da categoria dos assistentes sociais, posicionamentos certamente minoritários no campo heterogêneo das profissões (o que não pode ser desprezado). As bandeiras de luta assumidas pelo conjunto CFESS-CRESS, ABEPSS, ENESSO, por exemplo, expressam compromissos concretos na defesa real dos direitos dos usuários, da formação profissional de qualidade e das condições de trabalho dos profissionais de Serviço Social. Trata-se de um erro crasso desconsiderar, subestimar ou simplesmente ridicularizar (e há quem o faça) esse aspecto e a utilidade dele para o acúmulo de forças em processos emancipatórios e de resistência dentro e fora do Serviço Social.

Ora, isso demonstra que o contraditório está posto também na gênese da profissão (dinamizado pela luta de classes que tem sua base fincada na tensa relação capital e trabalho — há tempos já destacado por Marilda Iamamoto) e pode intensificar-se com as lutas sociais que têm crescido não apenas nas regiões periféricas do mundo, mas também nas regiões centrais da economia burguesa. As sábias observações marxianas sobre o caráter autodestrutivo do capital são reaquecidas e levadas a seu extremo na atualidade: *as mesmas condições necessárias à acumulação do capital em sua fase madura repõem suas contradições insolúveis, reafirmam sua instabilidade estrutural e, portanto, a possibilidade de ruptura, do reaquecimento das forças sociais comprometidas com a crítica à propriedade privada.* Ao mesmo tempo, se exaurem aceleradamente as possibilidades históricas de gerenciamento das velho-novas tensões estruturais, materialmente visíveis no que se convencionou caracterizar como "questão social".

O Serviço Social e as ações dos profissionais precisam se articular com os segmentos sociais comprometidos com demandas sociais genuinamente humanas e civilizatórias. Aliás, diga-se de passagem, a possibilidade de ampliação dos espaços e a qualificação das discussões neles travadas, depende diretamente do reaquecimento das lutas sociais *tendo o capital e sua sociabilidade como foco principal à crítica.* Todavia, defender essa relação não significa, em absoluto, identificar a profissão com os movimentos sociais, com os sindicatos e com os partidos políticos, por exemplo. Articular, organizar e viabilizar ações conjuntas, lutar coletivamente, não pode genericamente identificar instâncias diferentes, que possuem demandas imediatamente heterogêneas, que exigem habilidades igualmente diferentes daqueles que operam tais setores. O que se pretende é *unificar sem identificar*, resguardando as particularidades das instâncias inseridas no processo. Isto deve, ao invés de fragmentar (e esse é um desafio permanente), unificar na diversidade, enriquecer as informações e os focos de resistência, qualificar o acúmulo crítico. Portanto, uma velha discussão no Serviço Social precisa ser reafirmada criticamente: *"profissão não é partido político", mas é preciso, ao mesmo tempo, não negar a rica e necessária relação orgânica entre eles e as demais instâncias.* A negação disto gerou, nas últimas décadas, na sua forma mais avançada, ótimos gestores da política em curso (nada mais do que isso).[14]

Evidentemente que é preciso, ainda, observar que o mesmo profissional pode e deve ter inserções diferenciadas na vida social que se comunicam entre si. Essas inserções são qualitativamente diferentes, geram compromissos diferentes, mas dialogam entre si, enriquecem o mesmo ser social assistente social que atua em espaços diferentes. Ou seja, trabalhar como assistente social durante o horário de expediente não inviabiliza a reorganização desse espaço e dos horários cumpridos para fomentar outros tipos de interlocução (ainda que a instituição não estimule isso), bem como não impede que o mesmo profissional seja militante político no partido e/ou sindicalista fora do seu horário de trabalho. O importante é que se tenha a exata medida sobre as diferenças e as potencialidades/necessidades de articulação entre tais instâncias

Há, por fim, um aspecto absolutamente central para o tensionamento desse rico e contraditório contexto: a qualificação da "massa crítica" dos atores envolvidos. Trata-se de um desafio imenso e que hoje encontra barreiras reais para reforçar o que qualificamos neste livro como intelectuais. O aligeiramento da formação profissional não se limita ao ensino a distância (por mais competente que possa ser), mas também atinge o ensino presencial (Braz e Rodrigues, In: Silva, 2013-2, et al.). Guardados os imensos desafios institucionalmente impostos tanto no setor público-estatal como no setor privado da educação, bem como as concessões legais que flexibilizam a formação em nome do "acesso democrático" à universidade, há de se reconhecer limitações e sabotagens endossadas por docentes (nem sempre explícitas) às atuais diretrizes curriculares. Quase sempre tais atentados estão vinculados à estreiteza formativa que descarta conteúdos de fi-

14. Ou, o que é pior, obedientes operadores da política em curso, com o *status* de gerentes do social em tempos de "solidariedade cidadã". Um ótimo caminho, na "modernidade", para reafirmar o "compromisso moral" (quase sempre "cristão") com "a população" e contra a pobreza (absoluta).

losofia, economia-política, entre outros (vistos como excessivamente teóricos), em nome de uma maior aproximação com o Serviço Social, com suas demandas "concretas" (leiam-se, imediatas). Essas movimentações internas se articulam com os estímulos institucionais e legais (leiam-se, de mercado), promovendo um tremendo estrago formativo.

A formação profissional deve, sim, considerar o cotidiano profissional inserido em uma dada sociabilidade — a burguesa — não para deixar que as experiências práticas e os desafios imediatos falem por si próprios descartando conteúdos teóricos "desnecessários" e "prolixos" para os assistentes sociais. É preciso negar qualquer perspectiva endógena que, em nome do Serviço Social, do "fazer profissional" e das "demandas efetivamente enfrentadas pelos assistentes sociais", promova a *emasculação da práxis profissional, sua redução à prática em si que, no limite, busca descuidadamente nas teorias apoio para entender e praticar o imediatamente solicitado.*

Considerando que também a atuação profissional parte de demandas imediatas e retorne à vida cotidiana para lidar com elas, todo trabalho exige um movimento capaz de transcender a imediaticidade das relações cotidianas. A formação e a produção de conhecimentos em Serviço Social devem enriquecer a apropriação crítica dos assistentes sociais para além de demandas imediatas; em outras palavras, *é preciso combater o utilitarismo-pragmatismo no uso de "conhecimentos" diante das demandas práticas (e vice-versa), valorizando aquele tipo de produção que enriqueça a acumulação crítica, o debate crítico, fincado na explicação dos mecanismos de produção e de reprodução da sociabilidade burguesa e, nela, as particularidades do Serviço Social. Essa contribuição pode ser feita tanto por meio de estudos que respondam mais diretamente às demandas práticas, como pelo envolvimento de conhecimentos sobre o real que não estão necessariamente relacionados com as demandas imediatamente apresentadas aos assistentes sociais.* Esse aspecto não pode ser desconsiderado ou visto como mais um assunto que deve ou não ser levado em conta; ao contrário, é central para reafirmar, nas condições atuais, o que pretendemos e entendemos coletivamente ao defender o chamado Projeto Ético-Político Profissional. Sem isso a razão instrumental triunfará sobre a razão ontológica (Silva, 2013, p. 1) e o futuro nos reservará a exclusiva função de operadores do instituído na área social ou o papel de gestores terminais (ainda que a realidade ofereça as condições reais para uma atuação diferente). O que haverá, neste caso, é uma progressiva paralização da razão crítica-ontológica, desqualificando intelectualmente os sujeitos históricos capazes de reconstruírem a dinâmica do real e de porem em movimento as possibilidades implícitas na realidade.

O estudo permanente deve ser simultaneamente acompanhado pelo envolvimento real com coisas reais, pela militância propositiva, crítica e autocrítica. Nessa empreitada o amplo debate com autores heterogêneos é fundamental para qualificar a interlocução, sustentar a radicalidade da crítica e tornar nossas convicções mais sólidas e argumentadas. Para a tradição vinculada ao que José Paulo Netto (1991) denominou de "intenção de ruptura", a genuína herdeira da tradição critica do Serviço Social e a que, de longe, tem contribuído decisivamente para o avanço da profissão pelo menos nos últimos 30 anos, o debate com Marx e sua tradição é mais do que obrigação: é necessidade de sobrevivência. *Trata-se de uma relação crucial para forcejar e criticar ao máximo as relações historicamente estabelecidas, na era dos direitos restritos, entre o pensamento conservador (nas suas diversas expressões) e o exercício profissional dos assistentes sociais*, frequentemente marcado por ações tuteladoras e reiteradoras da ordem hoje hegemônica em escala planetária: a burguesa.

É fundamental que *não caiamos no "canto da sereia" de que é possível humanizar o capital e harmonizar suas contradições em tempos de "solidariedade cidadã", de fragmentação e de empobrecimento da vida social e das "ciências" que se debruçam sobre ela*. A permanente angústia vivida e reclamada por diversos assistentes sociais ao lidarem com a "questão social" não tem como causa o debate estabelecido entre o Serviço Social, Marx e sua tradição (que remete à falsa ideia de que esse diálogo é inadequado, impertinente e gera confusões). *A verdadeira causa dessa angústia é ontológica, ou seja, está relacionada com a vida real dos seres sociais com os quais nós, assistentes sociais, trabalhamos e com nossa própria condição real como trabalhadores assalariados, alienado-estranhados, cenário esse reforçado pela desigualdade social estrutural que constitui a natureza da ordem burguesa em curso.* O que propicia a aproximação com a teoria social de Marx? Elementos preciosos para o desvelamento do estranhamento social, a possibilidade de resistir às investidas do capital para além de sua simples negação abstrata.

O estudo de Marx e de sua tradição, ao tratar criticamente do método dialético, da teoria do valor-trabalho e da perspectiva da revolução como possibilidade real, tendo a história e a historicidade como base material concreta, exige uma ciência autenticamente ontológica. Esse caminho, pela sua radicalidade, impõe uma apropriação crítica daqueles autores e dos conteúdos que divergem dessa tradição teórica. Trata-se, neste sentido, de uma teoria social que exercita a verdadeira pluralidade e autocrítica, pois este procedimento é necessário para afirmar seus pressupostos. Não há como descortinar o significado do Serviço Social como profissão, revelar sua trama, seus vínculos, tensões, potencialidades e limitações, sem Marx e os marxistas, pelo menos enquanto o capitalismo agoniar e ceifar lentamente muitas vidas. O "velho alemão barbudo", condenado às prateleiras das bibliotecas pela ciência burguesa, teima em rugir de sua catacumba como uma alma penada que atormenta os sonhos liberais-burgueses que eternizam a sociedade de mercado. E não há nada de místico nisto. Trata-se de uma afirmação ontológica!

> [...] Más de una mano en lo oscuro me conforta y más de un paso siento marchar conmigo, pero si no tuviera, no importa: sé que hay muertos que alumbran los caminos. [...] *Música* (*La Vergüenza* — Silvio Rodríguez).

REFERÊNCIAS

ABESS. Cedepss. Diretrizes Gerais para o Curso de Serviço Social (com base no currículo mínimo aprovado em Assembleia Geral Extraordinária de 8 de novembro de 1996). *Cadernos Abess*, São Paulo, ed. esp., n. 7, p. 58-76, 1997.

______. Proposta básica para o projeto de formação profissional: novos subsídios para o debate. *Cadernos Abess*, São Paulo, ed. esp., v. 7, p. 15-57, 1997.

ALMEIDA, Ana Augusta. *Possibilidades e limites da teoria do Serviço Social*. Rio de Janeiro: Francisco Alves, 1978.

______. Reflexões sobre a construção do Serviço Social a partir de uma abordagem de compreensão, ou seja, interpretação fenomenológica do estudo científico do Serviço Social. *Teorização do Serviço Social*: documentos. 2. ed. Rio de Janeiro: Agir, 1986. p. 183-193.

AMMANN, Safira Bezerra. *Ideologia do desenvolvimento de comunidade no Brasil*. São Paulo: Cortez, 1982.

ANTUNES, Ricardo. *Adeus ao trabalho?* Ensaios sobre as metamorfoses e a centralidade do mundo do trabalho. 6. ed. São Paulo: Cortez; Campinas: Ed. Unicamp, 1999.

______. *Os sentidos do trabalho*: ensaio sobre a afirmação e a negação do trabalho. 3. ed. São Paulo: Boitempo, 2000.

BARROCO, Maria Lúcia Silva. *Ética e Serviço Social*: fundamentos ontológicos. São Paulo: Cortez, 2001.

BEHRING, Elaine Rossetti. *Brasil em contrarreforma*: desestruturação do estado e perda de direitos. São Paulo: Cortez, 2003.

BEHRING, Elaine Rossetti. *Política social no capitalismo tardio*. São Paulo: Cortez, 1998.

______; BOSCHETTI, Ivanete. *Política social*: fundamentos e história. São Paulo: Cortez, 2006. (Biblioteca Básica de Serviço Social, v. 2.)

BOSCHETTI, Ivanete. *Assistência social*: um direito entre originalidade e conservadorismo. 2. ed. São Paulo: Cortez, 2003.

BOTTOMORE, Tom. *Dicionário do pensamento marxista*. 3. ed. Rio de Janeiro: Jorge Zahar Editor, 1993.

BRASIL. Política Nacional de Assistência Social. Brasília: MDS, set. 2004.

BRAZ, Marcelo; RODRIGUES, Mavi. O ensino de Serviço Social na era neoliberal (1990-2010): avanços, retrocessos de enormes desafios. In: SILVA, J. F. S. et al. (Orgs.). *Sociabilidade burguesa e Serviço Social*. Rio de Janeiro: Lumen Juris, 2013, p. 255-28. (Coletânea Nova de Serviço Social.)

CADERNOS ABESS. O processo da formação profissional do assistente social. São Paulo: Cortez, v. 1, 87 p., 1986.

______. *Ensino em Serviço Social*: pluralismo e formação profissional. São Paulo: Cortez, v. 4, 147 p., 1991.

______. A produção do conhecimento e o Serviço Social. São Paulo: Cortez, v. 5, 136 p., 1992.

______. Produção científica e formação profissional. São Paulo: Cortez, v. 6, 196 p., 1993.

______. Diretrizes curriculares e pesquisa em Serviço Social. São Paulo: Cortez, v. 8, 117 p., 1998.

CAPALBO, Creusa. Algumas considerações sobre a fenomenologia que podem interessar ao Serviço Social. In: *CBCISS*, Teorização do Serviço Social: documentos de Araxá, Teresópolis e Sumaré. Rio de Janeiro: Agir, p. 173-182, 1986.

______. Fenomenologia: tendências históricas e atuais. *Cadernos Abess*: Ensino em Serviço Social — pluralismo e formação profissional. São Paulo: Cortez, v. 4, p. 23-36, 1991.

CARDOSO, Miriam Limoeiro. *Ideologia do desenvolvimento. Brasil*: JK-JQ. Rio de Janeiro: Paz e Terra, 1977a.

______. *La construcción de conocimientos*. México: Era, 1977b.

CARVALHO, Alba Maria Pinho de. *A questão da transformação e o trabalho social.* São Paulo: Cortez, 1986.

CASTEL, Robert. *As metamorfoses da questão social*: uma crônica do salário. Petrópolis: Vozes, 1998.

CASTRO, Manuel Manrique. *História do Serviço Social na América Latina*. 3. ed. São Paulo: Cortez/Celats, 1989.

CAPRA, Fritjof. *Teorias sistêmicas*. São Paulo: Cultrix, 2002.

CBCISS. *Teorização do Serviço Social*: documentos de Araxá, Teresópolis e Sumaré. 2. ed. Rio de Janeiro: Agir, 1986.

CHASIN, José. *O integralismo de Plínio Salgado*: forma de regressividade no capitalismo hipertardio. São Paulo: Ciências Humanas, 1978. 663p.

CONSELHO REGIONAL DE SERVIÇO SOCIAL (Cress, 9ª Região). *A atuação do assistente social no Cras*. São Paulo: Cress, 2009. (Cadernos Cress, n. 4.)

COUTINHO, Carlos Nelson. *Contra corrente*: ensaios sobre democracia e socialismo. São Paulo: Cortez, 2000.

______. *O estruturalismo e a miséria da razão.* São Paulo: Expressão Popular, 2010. (Debates e Perspectivas)

______. *Marxismo e política*: a dualidade de poderes e outros ensaios. 2. ed. São Paulo: Cortez, 1996.

ENGELS, Friedrich. *A situação da classe trabalhadora na Inglaterra*. 2. ed. São Paulo: Global, 1988.

FERNANDES, Florestan. *Nova república?* Rio de Janeiro: Jorge Zahar, 1986. (Brasil os anos de autoritarismo.)

______. *A revolução burguesa no Brasil*: ensaio de interpretação sociológica. 3. ed. Rio de Janeiro: Guanabara, 1987.

FREDERICO, Celso. *O jovem Marx. As origens da ontologia do ser social.* São Paulo: Cortez, 1995.

GRAMSCI, Antonio. *Caderno do cárcere — Introdução ao estudo da filosofia*: a filosofia de Benedetto Croce. Tradução de Carlos Nelson Coutinho. 2. ed. Rio de Janeiro: Civilização Brasileira, 2001. v. 1.

GRAMSCI, Antonio. *Caderno do cárcere — Maquiavel*: notas sobre o estado e a política. Tradução de Carlos Nelson Coutinho. 3. ed. Rio de Janeiro: Civilização Brasileira, 2007. v. 3.

______. *Caderno do cárcere — os intelectuais — o princípio educativo*: jornalismo. Tradução de Carlos Nelson Coutinho. Rio de Janeiro: Civilização Brasileira, 2001. v. 1.

______. *Maquiavel, a política e o Estado moderno*. 7. ed. Rio de Janeiro: Civilização Brasileira, 1989.

GUERRA, Yolanda. *A instrumentalidade do Serviço Social*. São Paulo: Cortez, 1995.

GUEVARA, Ernesto Che. *El socialismo y el hombre en Cuba*. Discurso proferido em 12 de março de 1965. Disponível em: <http://www.marxists.org/espanol/guevara/65-socyh.htm>. Acesso em: 20 dez 2012.

HARVEY, David. A transformação político-econômica do capitalismo no final do século XX. In: ______. *Condição pós-moderna*. 12. ed. São Paulo: Loyola, 2003. p. 115-184.

HEGEL, G. W. F. *Filosofia do direito*. São Paulo: Loyola, 2010.

______. *Filosofia da história*. 2. ed. Tradução de Maria Rodrigues. Brasília: Ed. UnB, 1999.

HELLER, Agnes. *O cotidiano e a história*. 3. ed. Rio de Janeiro: Paz e Terra, 1989.

HIRANO, Sedi. *Formação do Brasil colonial*: pré-capitalismo e capitalismo. 2. ed. São Paulo: Edusp, 2008.

HOBBES, Thomas. *Leviatã*. São Paulo: Mantin Claret, 2008.

HOBSBAWM, E. J. *A era dos impérios (1875-1914)*. 3. ed. Rio de Janeiro: Paz e Terra, 1988.

______. *A era das revoluções (1789-1848)*. 7. ed. Rio de Janeiro: Paz e Terra, 1989.

______. *A era dos extremos*: o breve século XX (1914-1991). São Paulo: Companhia das Letras, 1995.

______. *A era do capital (1848-1875)*. 5. ed. Rio de Janeiro: Paz e Terra, 1997.

IAMAMOTO, Marilda Villela. *Renovação e conservadorismo no Serviço Social*: ensaios críticos. São Paulo: Cortez: Celats, 1994.

IAMAMOTO, Marilda Villela. *Serviço Social em tempo de capital fetiche*: capital financeiro, trabalho e questão social. São Paulo: Cortez, 2007.

______. *O Serviço Social na contemporaneidade*: trabalho e formação profissional. 3. ed. São Paulo: Cortez, 2000.

______. *Trabalho e indivíduo social*. São Paulo: Cortez, 2001.

______; CARVALHO, Raul de. *Relações sociais e Serviço Social no Brasil*: esboço de uma interpretação histórico-metodológica. 3. ed. São Paulo: Cortez, 1985.

IANNI, Octavio. A cultura da violência. In: ______. *Capitalismo, violência e terrorismo*. Rio de Janeiro: Civilização Brasileira, 2004. p. 165-184.

IASI, Mauro. *Ensaios sobre consciência e emancipação*. São Paulo: Expressão Popular, 2007.

______. Trabalho: emancipação e estranhamento? In: LOURENÇO, E. A. S. et al. (Orgs.). *Avesso do trabalho II*: trabalho, precarização e saúde do trabalhador. São Paulo: Expressão Popular, 2010. p. 59-81.

JUNQUEIRA, Helena Iracy. Quase duas décadas de reconceituação do Serviço Social: uma abordagem crítica. *Serviço Social & Sociedade*, São Paulo, Cortez, ano 2, v. 4, p. 1-38, dez. 1980.

______. Quase duas décadas de reconceituação do Serviço Social: uma abordagem crítica. *Serviço Social & Sociedade*, São Paulo, Cortez, ano 2, v. 1, p. 1-138, dez. 1980.

LABICA, Georges. *As "teses sobre Feuerbach" de Karl Marx*. Rio de Janeiro: Jorge Zahar, 1990.

LÊNIN, V. I. *O estado e a revolução*. São Paulo: Expressão Popular, 2007.

______. *O imperialismo*: fase superior do capitalismo. Tradução de Leila Prado. São Paulo: Centauro, 2008.

LESSA, Sérgio. Serviço Social e trabalho: do que se trata? *Temporalis*, Brasília, ano 1, n. 2, p. 35-58, jul./dez. 2000.

______. A emancipação política e a defesa de direitos. *Serviço Social & Sociedade*, São Paulo, Cortez, ano 28, v. 90, p. 35-57, jun. 2007a.

______. *Trabalho e proletariado no capitalismo contemporâneo*. São Paulo: Cortez, 2007b.

LOCKE, John. *Dois tratados sobre o governo*. São Paulo: Martins Editora, 2005.

LOCKE, John. *Segundo tratado sobre o governo*. São Paulo: Martin Claret, 2002.

______. *Ensaio sobre o entendimento humano*. São Paulo: Martins Editora, 2012.

LOPES, Josefa Batista. *Objeto e especificidade do Serviço Social*: o pensamento latino-americano. São Paulo: Cortez, 1979.

LÖWY, Michael. *As aventuras de Karl Marx contra o Barão de Münchhausen. Marxismo e positivismo na sociologia do conhecimento*. 2. ed. São Paulo: Busca Vida, 1988.

______. *A teoria da revolução no jovem Marx*. Rio de Janeiro: Vozes, 2002.

LOURENÇO, E. A. S. et al. (Orgs.). *Avesso do trabalho II*: trabalho, precarização e saúde do trabalhador. São Paulo: Expressão Popular, 2010.

LUKÁCS, György. *Lukács*. Organizado por José Paulo Netto. São Paulo: Ática, 1981. (Grandes Cientistas Sociais.)

______. *Introdução a uma estética marxista*. Tradução de Carlos Nelson Coutinho. Rio de Janeiro: Civilização Brasileira, 1978.

______. *Ontologia do ser social*: a falsa e a verdadeira ontologia de Hegel. São Paulo: Ciências Humanas, 1979a.

______. *Ontologia do ser social*: os princípios ontológicos de Marx. São Paulo: Ciências Humanas, 1979b.

______. *Ontologia do ser social*: o trabalho. Tradução de Ivo Tonet. (Mimeo., s.d.)

______. *Prolegômenos para uma ontologia do ser social*. São Paulo: Boitempo, 2010.

LUXEMBURGO, Rosa. *Reforma ou revolução?* São Paulo: Expressão Popular, 1999.

MACEDO, Myrtes de Aguiar. *Reconceituação do Serviço Social*. São Paulo: Cortez, 1986.

MAQUIAVEL, Nicolau. *O príncipe*. São Paulo: WMF Martins Fontes, 2010.

MARANHÃO, Cézar Henrique. Acumulação, trabalho e superpopulação: crítica ao conceito de exclusão social. In: MOTA, A. E. (Org.). *O mito da assistência social*: ensaios sobre estado, política e sociedade. São Paulo: Cortez, 2008. p. 93-129.

MARTINELLI, Maria Lúcia. *Serviço Social identidade e alienação*. 3. ed. São Paulo: Cortez, 1993.

MARX, Karl. *As lutas de classes na França (1848-1850)*. São Paulo: Global, 1986.

______. *Capítulo inédito de "O capital"*: resultados do processo de produção imediata. São Paulo: Moraes, 1985a.

______. *Crítica da filosofia do direito de Hegel*. São Paulo: Boitempo, 2005a.

______. Crítica da filosofia do direito de Hegel — Introdução. In: ______. *Crítica da filosofia do direito de Hegel*. São Paulo: Boitempo, 2005b. p. 145-56.

______. *Grundrisse — Manuscritos económicos de 1857-1858*: esboços da crítica da economia política. São Paulo: Boitempo, 2011.

______. Glosas críticas marginais ao artigo "O rei da Prússia e a reforma social". *De um prussiano. Lutas de Classes na Alemanha*. São Paulo: Boitempo, 2010. p. 25-52.

______. *Manuscritos econômico-filosóficos*. São Paulo: Boitempo, 2004.

______. *O capital*: crítica da economia política. São Paulo: Abril Cultural, 1983. t. 1, v. 1, l. 1.

______. *O capital*: crítica da economia política. São Paulo: Abril Cultural, 1984a. t. 2, v. 1, l. 1.

______. *O capital*: crítica da economia política. São Paulo: Abril Cultural, 1984b. t. 1, v. 3, l. 3.

______. *O capital*: crítica da economia política. São Paulo: Abril Cultural, 1985b. t. 2, v. 3, l. 3.

______. *O Dezoito Brumário de Louis Bonaparte*. São Paulo: Moraes, 1987.

______. Infraestrutura e superestrutura: o "Prefácio" da *Contribuição à crítica da economia política*. In: IANNI, Octavio (Org.). *Marx*: sociologia. 6. ed. São Paulo: Ática, 1988. p. 82-83. (Grandes Cientistas Sociais.)

______. O método da economia política. In: FERNANDES, Florestan (Org.). *Marx e Engels*: História. 3. ed. São Paulo: Ática, 1989. (Textos originais de Marx e Engels.)

______. *Para a questão judaica*. São Paulo: Expressão Popular, 2009b.

______; ENGELS, F. *A ideologia alemã*. São Paulo: Boitempo, 2007. [Edição completa.]

MARX, Karl. *O manifesto do partido comunista*. Prólogo de José Paulo Netto. São Paulo: Cortez, 1998.

MÉSZÁROS. István. Crise estrutural do sistema do capital. In: ______. *Para além do capital*. São Paulo: Boitempo, 2002. p. 605-980.

______. *O século XXI*: socialismo ou barbárie? São Paulo: Boitempo, 2003.

MONTAÑO, Carlos. *A natureza do Serviço Social*: um ensaio sobre sua gênese, a "especificidade" e sua reprodução. São Paulo: Cortez, 2007.

______. *Terceiro setor e questão social*: crítica ao padrão emergente de intervenção social. São Paulo: Cortez, 2002.

MONTESQUIEU, C. L. de. *O espírito das leis*. São Paulo: Martin Claret, 2010.

MOTA, Ana Elisabete da. *O feitiço da ajuda*: as determinações do Serviço Social na empresa. São Paulo: Cortez, 1985.

______. *Cultura da crise e seguridade social*: um estudo sobre as tendências da previdência e da assistência social brasileira nos anos 80 e 90. São Paulo: Cortez, 1995.

______ (Org.). *A nova fábrica de consensos*: ensaios sobre a reestruturação empresarial, o trabalho e as demandas ao Serviço Social. São Paulo: Cortez, 2000.

______. *O mito da assistência social*: ensaios sobre estado, política e sociedade. São Paulo: Cortez, 2008.

NETTO, José Paulo. A crítica conservadora à reconceituação. *Serviço Social & Sociedade*. São Paulo: Cortez, ano 2, v. 5, p. 59-75, 1981.

______. O Serviço Social e a tradição marxista. *Serviço Social & Sociedade*. São Paulo: Cortez, n. 30, p. 89-102, abr. 1989.

______. *Capitalismo monopolista e Serviço Social*. São Paulo: Cortez, 1992.

______. *Ditadura e Serviço Social*: uma análise do Serviço Social no Brasil pós-64. São Paulo: Cortez, 1991.

______. Transformações societárias e Serviço Social: notas para uma análise prospectiva da profissão no Brasil. *Serviço Social & Sociedade*. São Paulo: Cortez, n. 50, p. 87-132, abr. 1996.

______. Cinco notas a propósito da "questão social". *Temporalis*, revista da Associação Brasileira de Ensino e Pesquisa em Serviço Social (Abepss). Brasília, n. 3, p. 41-49, jan./jul. 2001.

NETTO, José Paulo. *Marxismo impenitente*: contribuição à história das ideias marxistas. São Paulo: Cortez, 2004.

______. *A construção do projeto ético-político do Serviço Social.* Disponível em: <http://www.fnepas.org.br/pdf/servico_social_saude/texto2-1.pdf>. Acesso em: 12 set. 2010.

______; FALEIROS, Vicente de Paula. Teoria, método e história na formação profissional. *Cadernos ABESS*, Processo de formação profissional do assistente social. São Paulo, Cortez, n. 1, p. 43-72, 1986.

______; DALLARI, Dalmo de Abreu. A construção e consolidação de direitos. In: CONGRESSO BRASILEIRO DE ASSISTENTES SOCIAIS, 11., *Anais...*, Fortaleza. São Paulo: Instituto de Vídeo e Com. Ltda., 2004. 1 DVD.

______; BRAZ, Marcelo. *Economia política*: uma introdução. São Paulo: Cortez, 2006. (Biblioteca Básica de Serviço Social; v. 1.)

PASTORINI, Alejandra. *A categoria "questão social" em debate.* São Paulo: Cortez, 2004. (Questões de Nossa Época, v. 109.)

PAULO II, João. *Carta encíclica Fides et Ratio.* Disponível em: <http://www.vatican.va/holy_father/john_paul_ii/encyclicals/documents/hf_jp-ii_enc_14091998_fides-et-ratio_po.html>. Acesso em: 25 fev. 2013.

PEREIRA, Potyara A. P. *Necessidades humanas*: subsídios à crítica dos mínimos sociais. São Paulo: Cortez, 2000.

PRADO JUNIOR, Caio. *Formação do Brasil contemporâneo.* São Paulo: Brasiliense/Publifolha, 2000. (Grandes Nomes do Pensamento Brasileiro.)

QUEIRÓZ, Maria Isaura Pereira de. O mandonismo local na vida política brasileira. In: ______. *Estudo de sociologia e história.* São Paulo: Anhembi, 1957.

ROSANVALLON, Pierre. *La nueva cuestión social*: repensando el Estado Providência. Buenos Aires: Manantial, 1995.

ROUSSEAU, J.-J. *Discursos sobre a origem e os fundamentos da desigualdade entre os homens.* Tradução de Paulo Neves. Porto Alegre: L&PM, 2008.

______. *Do contrato social.* Tradução de Pietro Nassetti. São Paulo: Martin Claret, 2000.

SANTOS, Leila Lima. *Textos de Serviço Social.* 2. ed. São Paulo: Cortez, 1983.

SILVA E SILVA, Maria Ozanira. *O Serviço Social e o popular*: resgate teórico-metodológico do projeto profissional de ruptura. São Paulo: Cortez, 2002.

SILVA E SILVA, Maria Ozanira; CARVALHO, Denise Bomtempo Birche de; YAZBEK, Maria Carmelita. *Serviço Social, pós-graduação e produção de conhecimentos no Brasil*. São Paulo: Cortez, 2005.

SILVA, José Fernando Siqueira da. *Justiceiros e violência urbana*. São Paulo: Cortez, 2004.

______. Violência e desigualdade social: desafios contemporâneos para o Serviço Social. *Ser Social*, Brasília, n. 19, p. 31-58, 2008.

______. Violência e Serviço Social: notas críticas. *Katálysis*, v. 11, n. 2, p. 265-73, 2008. Disponível em: <http://www.scielo.br/scielo.php?script=sci_arttext&pid=S1414-49802008000200012>.

______. Servicio Social: trabajo profesional y producción de conocimientos. In: CONGRESO LATINOAMERICANO DE TRABAJO SOCIAL, *Anais...*, Guayaquil, Celats, 2009.

______. Perspectiva de totalidade e Serviço Social. *Praia Vermelha*, Rio de Janeiro, UFRJ, v. 21, n. 1, 2013a. [No prelo.]

______. Serviço Social: razão ontológica ou instrumental? *Katálysis*, v. 16, n. 1, 2013b. [No prelo.]

______; SANT'ANA, Raquel Santos. Notas críticas para un debate latinoamericano sobre formación y trabajo profesional en Servicio Social. In: CONGRESO LATINOAMERICANO DE TRABAJO SOCIAL, *Anais...*, Guayaquil, Celats, 2009.

______; SILVA, M. I. da. Reprodução do capital, trabalho estranhado e violência. In: LOURENÇO, E. A. S. et al. (Orgs.). *Avesso do trabalho II*: trabalho, precarização e saúde do trabalhador. São Paulo: Expressão Popular, 2010. p. 108-134.

______; SANT'ANA, Raquel Santos; LOURENÇO, E. A. S. (Orgs.). *Sociabilidade burguesa e Serviço Social*. Rio de Janeiro: Lumen Juris, 2013. [No prelo.]

______; CARMO, O. A.; GUTIÉRREZ, T. D. P. M. O Serviço Social e "Trabajo Social": tendências e perspectivas no Brasil e em Cuba. In: NAVARRO, Vera; LOURENÇO, E. A. S. *Avesso do trabalho III*: saúde do trabalhador e questões contemporâneas. São Paulo: Expressão Popular, 2012.

SILVA, Maria Izabel da. *A centralidade da categoria trabalho e o trabalho docente voluntário na UFSC*. Dissertação (Mestrado em Serviço Social), Centro Sócio-Econômico, Universidade Federal de Santa Catarina, Florianópolis, 2007.

SIMIONATTO, Ivete. Os desafios na pesquisa e na produção do conhecimento em Serviço Social. *Temporalis*, revista da Associação Brasileira de Ensino e Pesquisa em Serviço Social — Pesquisa e produção de conhecimento em Serviço Social. Recife: Ed. Universitária da UFPE, ano 5, n. 9, p. 51-62, jan./jun. 2005.

SODRÉ, Nelson Werneck. *A história militar do Brasil*. 3. ed. Rio de Janeiro: Civilização Brasileira, 1979.

SPOSATI, Aldaíza. *Vida urbana e gestão da pobreza*. São Paulo: Cortez, 1989.

TEMPORALIS. Revista da Associação Brasileira de Ensino e Pesquisa em Serviço Social. Brasília, Abepss, ano 1, n. 1, 183p., jan./jul. 2000.

______. Brasília, Abepss, ano 2, n. 3, 88p., jan./jul. 2001.

______. Brasília, Abepss, ano 2, n. 4, 128p., jul./dez. 2001.

______. Brasília, Abepss, ano 3, n. 6, 171p., jul./dez. 2002.

______. Brasília, Abepss, ano 3, supl., 149p., nov. 2002.

YAZBEK, Maria Carmelita. A escola de Serviço Social no período de 1936 a 1945. *Caderno PUC*, São Paulo, Educ/Cortez, n. 6, 1980.

______. *Classes subalternas e assistência social*. São Paulo: Cortez, 1993.

______. Os caminhos para a pesquisa no Serviço Social. *Temporalis*, revista da Associação Brasileira de Ensino e Pesquisa em Serviço Social — Pesquisa e produção de conhecimento em Serviço Social. Recife: Ed. Universitária da UFPE, ano V, n. 9, jan./jun., p. 147-59, 2005.

SOBRE O AUTOR

JOSÉ FERNANDO SIQUEIRA DA SILVA é assistente social, livre-docente pelo departamento de Serviço Social da UNESP-Franca e professor adjunto do departamento de Serviço Social dessa universidade. É pesquisador do Conselho Nacional de Desenvolvimento Científico e Tecnológico (CNPq) na área de Serviço Social. Líder do Grupo de Estudos e Pesquisas Teoria Social de Marx e Serviço Social e orientador do Grupo de Alfabetização Paulo Freire (GAPAF — grupo de extensão universitária). Autor de *Justiceiros e Violência Urbana* (Cortez Editora, 2004), um dos autores/organizadores da obra *Sociabilidade Burguesa e Serviço Social* (Lumen Juris, 2013) e de *O Avesso do Trabalho II*: trabalho, precarização e saúde do trabalhador (Expressão Popular, 2010).

E-mail: jfernandoss@terra.com.br.

LEIA TAMBÉM

▶ POLÍTICA SOCIAL: fundamentos e história

BIBLIOTECA BÁSICA / SERVIÇO SOCIAL
Volume 2

Elaine Rossetti Behring
Ivanete Boschetti

9ª edição • 4ª reimpressão (2013)
216 páginas
ISBN 978-85-249-1259-7

Reagindo à naturalização do ordenamento capitalista, suas desigualdades e lutas, este livro apreende a política social como expressão dos embates das lutas dos trabalhadores pelos direitos sociais universais de cidadania, que têm no Estado uma mediação fundamental. Discute desde a relação da Política Social com o surgimento da questão social no século XIX, até os dias atuais, quando a feição universal dá lugar ao caráter focalizado, e a provisão pública cede espaço ao privado.

LEIA TAMBÉM

▶ TRABALHO E PROLETARIADO NO CAPITALISMO CONTEMPORÂNEO

Sérgio Lessa

2ª edição • 1ª reimpressão (2013)
360 páginas
ISBN 978-85-249-1781-3

Este livro investiga um amplo panorama da discussão internacional acerca do trabalho e das classes sociais, suas transformações e suas configurações desde a década de 1960 até os dias de hoje.